淬鍊的土碳 2

生命之樹

（真實故事改編）

土碳 著

博客思出版社

感謝：

臺北市大湖國小校長 李毓聖

國立臺北大學中文系兼任助理教授 林觀

花蓮縣政府政風處 處長 何定偉

百忙之中，撥冗為本書寫推薦序實感德便、不勝感激

感謝：

淡江中文系 楊紫均同學以豐沛創作力、獨具風格的插圖詮釋故事

朱恩德老師友情封面、封底設計

摯友 高偉芳老師友情力挺義無反顧、全心全意投入新書幫我校稿

臺北市大湖國小二年級：洪芾、施宥竹、李嫣、江晨寧同學幫推薦序插圖

大湖同事們及家長鼎力相助

致予謝忱！

目錄

【淬鍊的人生，不凡的滋味】—李毓聖 8
【望海巷的微光】—林 觀 10
【奇絕般的性靈之美】—何定偉 13
【不經一番寒徹骨，焉得梅花撲鼻香】—土碳 15

1. 夾層裡的小女孩 21
2. 爸爸的秘密 27
3. 鬼啊！有鬼啊！ 33
4. 貓狗情緣 49
5. 無形枷鎖——瘸子 56
6. 不得已的婚禮 59
7. 無緣的戀情 64
8. 麵龜ㄟ 72

9. 消失的漁船 80
10. 令人懷念的天籟之聲 89
11. 養女的心聲《一》 93
12. 養女的心聲《二》 101
13. 火燒山 128
14. 嘲笑會帶來痛苦 136
15. 土石流坍塌了 156
16. 無情的小偷 165
17. 震驚 171
18. 紙箱裡的孩子 185
19. 原諒別人就是寬容自己 200
20. 廁所有鬼 207
21. 回頭探詢真相 214
22. 大西瓜 224
23. 愛心禮物 229
24. 望海的母親 241
25. 不平凡的愛 247

淬鍊的人生 不凡的滋味

臺北市大湖國小
校長 李毓聖

本書記錄了作者兩代之間的家庭史，因為時間橫跨將近一世紀，所以在閱讀過程中，也看到了自民國以來，兩岸遭遇的重大史實和臺灣早期社會的發展。在那個戰亂與物資匱乏的時代，土碳一家人的生命故事充滿了艱辛困頓，卻堅毅不拔地活出人性的光輝。

父母親與姊妹們個個為家庭奉獻、為家人犧牲。父親遭逢無情的戰爭，被迫離鄉背井、骨肉分離、身心受創，後半生漂泊異鄉卻毫無怨尤地照顧沒有血緣關係的妻女們，顯現苦難至深之下的大愛至極。母親為了扶養眾多子女長大成人，歷盡各種粗活，市場賣菜、當搬運工、養雞鴨、買賣煤炭鱉甲，因為環境所迫，無奈出養心愛骨肉，卻一輩子牽掛，因命運捉弄，年輕時即失去兩任丈夫與兩個孩子，還得遭受帶煞剋夫剋子的譏諷，雖然如此，卻從不怨天尤人，總是樂觀、勇敢與堅強。兩位老人家承載了許多不堪與不幸，仍展現出無比的毅力與勇氣，正向積極、正直善良和與人為善——「只要生命還在，就會有希望」、「做人要飲水思源、知恩圖報，心存感激」。至於作者土碳姊妹的人生也多悲苦，或者被出養、或者情路坎坷、或者來不及長大，沒有人有順遂的人生，卻都有著惺惺相惜的手足情深。

小二　江晨寧

此書讀來讓人鼻酸揪心，充滿感動與感傷，對於曾經與上一代一起成長，共同體驗過那段辛酸歲月的四、五、六年級同學而言，多多少少有過與書中類似的生活背景與親情互動，必能感同身受、情感投射；對於正在辛苦打拼的年輕一代而言，閱讀前人的悲苦與努力，或許可以從中找到持續奮鬥的勇氣與對生命疑惑的解答，誠如作者所言：「老天會給予每個人不同的考題，沒有任何人可以逃避自己的考題，苦就是補！讓我們品嚐出不凡的滋味！」

望海巷的微光

國立臺北大學中文系
兼任助理教授 林觀

何老師的筆有一種神奇的魔力，能將悲苦的經驗轉化成生命的碩果，將看似灰暗的色調染上一抹橘黃，猶如陽光為淒清的景色奉上無私的溫暖。何老師回顧過往，不只是單純的回顧，而是一種站在生命高度之上的「看」。看進了生命的幽微、看見了生命頑強的韌性、看見了種種扭曲背後的純真與良善。

讀著這些生命故事，我們也被帶到高度之上去看人間的各種癡迷。彷彿是一場在人間舞臺劇場上演的戲，曲終人散後，猶有餘味縈繞著觀眾的心。各式各樣的人生經歷、決定、被決定，如何才能無悔？故事中的女性，生命的苦難與安頓無不跟隨著婚姻狀況而起伏。過往傳統中，婚姻幾乎是女性的宿命，這宿命往往沉重。書中從大姐寫到七姐，一篇篇故事串起家庭敘事的主軸，而貫串這些姊妹故事的，是母親對這些姐姐的愛。

但我們不宜急著為之貼上傳統慈母的形象標籤，膚淺的標籤無法觸及生命的底層。生命的苦難在這些女性身上留下或深或淺的刻痕。生活總是不易，種種內心無解的苦有時也會劣變成對人對己的折磨。故事中有一幕鮮明的對比，作者童年時，有次到鄰居家找同學玩，下午同學肚子餓了，母親馬上溫柔的為她煮一碗米粉湯填填肚子。作者驚訝的發現：肚子餓竟然可以跟母親說！稍後傍晚時分，作者憶起要趕快回家煮飯燒熱水，害怕晚了會被母親責罰。躡手躡腳走進家門後，迎接著她的是一頓憤怒的毒打。

同學家有慈母的米粉湯，而家裡有的是竹掃把打到飽。然而即使在這對比中，我們並未讀到濃烈的情緒。孩子心中的恐懼害怕、為什麼母親要這樣對我……種種在童年可能出現過的憤懣，都已消失。作者的書寫進入了一種抽離的旁觀。讓敘述就只是敘述，沒有情緒暈染。如何做到？讀完全書後，不難發現作者隱約有種特殊的書寫進路——試圖進入每一位人物的生命內在面，去看見其生命構成的基底——那些曾經承受的苦難與無奈。作者最終選擇了去同理母親行為背後的曲折之情。

最喜歡何老師筆下的童年書寫。不是漁夫的家庭如何經年餐桌上總是有魚？平凡的老媽媽如何擁有全臺最大的「私人轎車」？何老師擁有一枝能與你談天說地的筆。沒有繁複華麗的言詞、沒有嚴肅的說教。說著說著，你可以聽到如何從曬魚乾，談到流浪貓如何成為家裡的嬌客，再說到狗兒萊西如何將初生的小貓視同己出的特殊動物情緣。又如上山撿木柴一節，寫到五姐如花仙子般在芒草叢中引路，沿途教弟妹們採擷月桃花苞當天然口香糖，漫步山頭欣賞遼闊的湛藍海洋，突然間上方空降下一條龜殼花……。敘述流暢，讀之入神。也許打動讀者的不只是流暢的敘述，而是背後純樸的分享之心。聽著聽著，彷彿有一股淨化的力量，讀者跟著進入了那純樸的童年，心也再次簡單了起來。

這些點點滴滴，看似平凡瑣碎，但卻共同織就了人生的質地。尤其，當有意識地去詮釋它、重組它時，也是重新為它賦予意義。人有重新詮釋生命的能力，也永遠存在看見不同生命風景的可能性。重新訴說過往的生命事件，也是一種重新體會、一種重新活過，它的意義不亞於原初的事件本身。或者該說，何老師其實早已走出截然不同的生命道路，除了工作外，她每年的寒暑假也會到育幼院服務。曾經的匱乏不但沒有遮蔽內在的明光，更早已轉化為源源不絕的大愛與行動，無私的熱誠與奉獻令人由衷感動。

何老師的筆是一枝散發溫暖光暈的筆，筆到之處，和煦的光芒隨之暈染開來，為過往的回憶鋪上一層溫暖的色調。一如何老師予人的感覺，總是如此的和善親切。彷彿望海巷的那個家屋，經歷了這許多的人世風霜後，終於在它的黃昏時分，也亮起了這盞返照生命的溫暖微光。

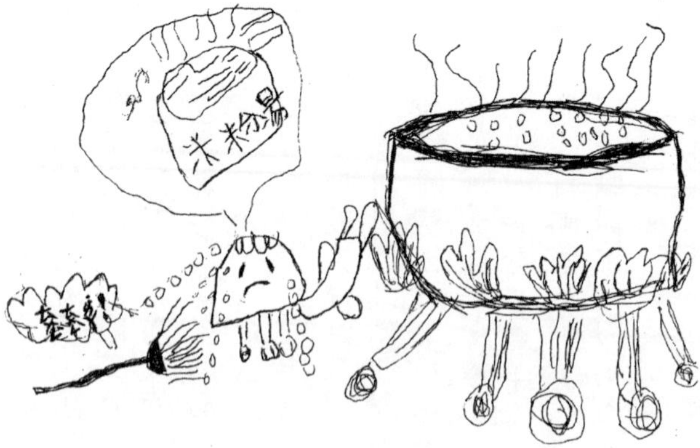

小二　施宥竹

奇絕般的性靈之美

花蓮縣政府政風處
處長　何定偉

「看似平時最奇絕，成如容易卻艱難！」

看到一位有著性靈之美的老師，在寒暑假經常將愛心發揮到東部偏鄉、南部外縣市陌生的小朋友身上，非常令人感動，何以會如此呢？

因為土碳老師有著與眾不同的成長環境，在家中多達10位姊妹1位弟弟的身上（如果加上早逝的兩位哥哥，算算就有13位兄弟姐妹）所謂人生有緣，夢就香甜。或許，這就是彼此結緣的開始。

以現代的角度觀察，是有著許多的不可思議，甚至是絕響的環境。這本小說像在講古般……兩代之間蘊含著新鮮、有趣與驚奇。而它……就真真實實的發生在我跟九姐——土碳（宜華）老師的身上。

提筆寫序的當下，雖然是身處在花蓮一片好山、好水、好空氣、加上濃濃人情味的環境裡，夾雜著午夜夢迴中偶有的忙碌廉政工作，每每翻閱這本書的初稿，腦海中總閃過著太多的兒、少、青、壯的串串回憶。

或許太多的人會問我，怎麼在你家裡，會祭祀著多達五位祖先的牌位呢？你怎麼會有這麼多位不同姓氏的祖先呢？真是嚇人呀！這……你的內心又怎麼能夠平平安安而毫無芥蒂呢？

是滴……從土碳老師的書中讀者們可以看到，一寸寸一篇篇許許多多的不可思議，那真是我們共同走過的一段最美麗、最感人肺腑，也是最多善心善性的一條不平凡人生道路。而我自己深刻的體悟：四海之內皆兄弟～在我家，因為有姐妹們的關懷溫馨，人生旅途中將無有恐懼也！

「室雅何須大，花香不在多」，上一個世紀的家訓，迄今依然傳承惕勵著我們，曾經身為胡璉將軍的參將，是十位姐妹與我心目中永遠神奇的模範父親，也是後輩敬愛的外公（爺爺），在離鄉背井飄蕩流離的世代裡，以堅毅不拔的毅力與精神，放下身段彎下腰，進入基隆市八斗子及新北市瑞芳區挖礦賣煤……然後連結收養了沒有血緣關係的其他七位子女，這樣寬宏無私的心境，迄今身為子女的我們依然自嘆不如也！

認真的人，改變了自己；堅持的人，改變了命運！土碳老師以自己酸甜苦辣鹹……深刻體悟的成長歷程，用生活中簡樸的柴米油鹽醬醋茶當依規，演化出一本韻味十足的琴棋書畫詩酒花，豐富了家人，也將豐富您我現代空乏的心靈～

小二　洪芾

不經一番寒徹骨，焉得梅花撲鼻香～

土碳

從小，我和妹妹就是兩個說話不經大腦、迷迷糊糊的人。我們對任何事情都毫不在意，做事莽莽撞撞的，總是惹麻煩鬧出一堆笑話。為此，母親苦惱不已，她擔心遲早有一天，我們的粗心會讓別人受不了。將來，要是論及婚嫁，恐怕也會造成夫家莫大困擾與不滿。母親深怕我們的婚姻會觸礁，因此，特別叮嚀我們在選擇對象時，必須依照她的意思，從三才中取一才當作選夫婿的條件，才能保證婚姻平順穩定。

母親眼中所謂的三才是：1.人才2.錢財3.奴才。簡單的來說，「人才」就是要有超乎常人的技能，豐富的學識。但是，通常這種有智慧的人，選擇對象都是高智商的人。而愚昧笨拙、反應遲鈍的我，自然不被看好。

母親提出的第二條件是「錢財」。所謂錢財指的就是達官顯貴、富商名流。但是學識淵博的士紳名流，擇偶的首要條件須具備：有智慧、有氣質、聰明又伶俐，而我與之相距甚遠、望塵莫及。

說到媽媽的第三要件就是「奴才」。母親眼裡的奴才，就是勤快、會分擔家務又願意無條件呵護、保護她女兒的人。

儘管，我自認條件不好；但是，還是有一個傻子，願意無微不至的照顧我，當我的佣人，讓我呼來喚去，甘願終身成為我的「奴才」，替我承擔一切。

婚後，我的狐狸尾巴便顯露出來了。下班時，我開著車子就直接回家，到半路時，才意識到，糟了！後座怎麼會沒有人呢？原來，我忘記接小孩回家了！老公受不了的對我說：「唉喲！妳這個人，是怎麼搞的？別人是少了根筋，而妳根本就是沒有筋！以後妳出門，甚麼事都可以忘記，但請別把孩子給漏掉了！」

天啊，地啊！這也不能全怪老公，老是大驚小怪罵我笨。事實上，我真的經常忘東忘西、糊里糊塗的。不過，說也真是奇怪，我的個性是迷糊些，但是，卻是所有人眼中的幸運兒。因為，無論我身在何處，「福氣」就會跟隨我到哪兒。

舉個例子來說，有一次我到校外研習，把機車放在某國小校門口，就去參加三日研習活動。午餐時間到了，我匆忙跑出校門，騎著機車去買午餐。等買好午餐回到研習地點，想停放機車時，卻發現事情大條了，我的機車，竟好端端地停在我眼前。天啊！這是怎麼一回事？我居然把別人的機車，當作自己的車，騎去兜風了。唉呦！這下該怎麼辦啊？要是車主跑去報案，那我不就成了竊盜嫌疑犯？為此，我只好待在原地等待車主。

還好，時隔不久，就看到一位小姐慌慌張張地走過來又走過去，看樣子，八成正在尋找機車。我趕緊向前跟她道歉，並說明是我的疏失，騎錯車子。等我鞠躬道歉完，那位小姐竟然笑嘻嘻對我說：

「剛才，我要來取車時，找不到機車，還以為，是我記錯停車地點了呢？幸虧是妳跑來通知我，不然，我還一直在想，是不是我根本就沒有把機車騎過來停在這裡。」哈哈哈……真是天助我也，沒想到，換她一直跟我道謝，天啊！我真是好運極了，凡事總能逢凶化吉，這麼巧，竟讓我遇到跟我同是天兵的人！哈哈哈……這未免也太過幸運了吧！

還有一次我閃車時，竟將汽車開上分隔島！就在我煩惱該怎麼辦時，一臺堆高機，開到我的面前，主動幫我把車子鏟起，放置地面，還不收我半毛錢，真是何其幸運啊！

另外一次，是下班後，我匆忙帶著狗兒散步。走到門口時，警衛不時衝著我傻笑，讓我覺得好詭異。

散步完後，社區保全一臉竊笑，凝望著我，我只好假裝沒看到。正當我準備搭電梯返回住所時，警衛憋住笑意，大聲叫住了我：

「喂！何老師，妳的狗呢？」

「狗？狗不就在我的後面！」兩個警衛一聽，哈哈哈地笑了出來……。

「沒有，妳的狗並沒有跟在妳的後面喔！」

「這怎麼可能？」我趕緊向後轉，不得了了，我那隻笨狗，真的不見了。放眼望去，偌大空間裡，並沒有狗兒的足跡。急得像熱鍋上螞蟻的我，深怕狗兒走失，會被人拐走，立馬問起警衛：

「請問，你們有看到我的小狗跑往哪個方向？可否幫我看一下監視器？」

「剛才，我們就是在笑，怎麼會有人，只牽著一條狗繩，晃過來又晃過去！妳家的狗，根本就沒跟在妳身邊，早就跑到社區外面遊蕩了。」聽警衛這麼一說，讓我心急如焚，快步往外奔跑。

「喂！何老師，妳快回來啊！難道，妳都沒有看到妳家的狗嗎？」

「沒有啊！你們有看到我的狗，跑到哪裡去了嗎？」

「剛才妳的狗，傻傻地站在馬路中央發抖呢！還好一位隔壁鄰居，怕小狗會被車撞到，她好心跑過馬路，已經幫妳把狗給抱回來了。妳啊！可真是僥倖！前幾天，這附近丟了一條跟妳家雷同的狗，那主人，哭得死去活來呢！」

「請問，那我的狗呢？」

「難道妳沒瞧見嗎？牠就坐在花圃中間，正面對著妳哈氣呢！」說完，警衛室裡傳出哈哈哈的笑聲……。

事情才過沒幾天，有位同事，她是原住民老師，住在我家附近，我們在半路上相遇，她開心的叫住我：

「喂！何老師，妳不是說要跟我加LINE嗎？我怎麼從LINE群組裡，都找不到妳的名字？」

「不可能啊，我真的有加妳喔！不信妳看！」為了取信於她，證明我真的有加她為好友，我就將手機拿給她看。她睜大眼睛看著，突然尖叫了一聲。

「唉喲喂呀！妳這個人，是喝茫了嗎？怎麼可以這樣？」

小二　李嫣

「我是怎麼樣了？」

「人家又不會喝酒，妳怎麼給人家取外號叫『喝啤酒』！」

「喝啤酒？沒錯啊，是妳自己說，妳叫『林迷路』我只是幫妳把它翻成國語啊？」

「唉喲！人家真的是叫林碧茹啦！不是臺語的喝啤酒啦！人家明明要加入妳的好友群組，妳幹嘛，把我加入妳家的社區群組？」

我時常反問自己：妳已經糊塗半生了，日子還要繼續這樣的過下去嗎？

隔周，我回老家尋根，巧遇兒時的玩伴，她對我說：

「妳知道嗎？我們就快要滅村了！財團把漁村的房子幾乎都買光了。以後，我們恐怕就只剩下追憶了。」

走著走著，我又回到已人去樓空的老屋。站在屋前，讓人感嘆萬千，潸然淚下……！

自從三姐去世後，爸媽也相繼離開人間。接著，六姐在醫院裡感染黴漿菌病逝了。而二姐，參加完六姐喪禮，時隔不久，在臺中發生了意外，瞬間就到天國報到了。這一連串不幸的事件，讓我告訴自己必須醒來面對。

小時候，母親一連生下十三個孩子，父親又被巨石壓傷，母親為了養活我們一家人，不辭辛勞、日以繼夜，不間斷地工作。她飽受艱辛、苦難不斷。而小時候的我，面對三姐和母親時，卻心存畏懼。我隱藏自己，不敢和她們說話。母親要我大老遠跟著她到花蓮扛貨物，我可以整天不吃不喝，連身體不舒服變成蜂窩性組織炎、痛得無法睡覺，也不敢跟母親吭一聲、說一句。

懼怕和畏縮，讓我只看到母親和三姐兇悍的一面，卻不知道粗暴的背後，是母親與姊姊們的辛酸與悲痛。

當我重新回顧這一切的一切之後，才發現，三姐凶暴的脾氣是迫於無奈，她有太多辛酸與包袱卻無處可申；而媽媽嚴格的背後，是淚水、也是母親對我們的愛。

幼時，我總認為自己是個受虐的人。但是，時間卻告訴我，我大錯特錯了，因為家裡除了母親之外，同母異父的七個姐姐，她們所承受的壓力和痛苦，更是一輩子都難以抹滅的。這個家，是七個姊姊犧牲了自己，才成就了同母異父的我們。

我相信，在每一個人背後，都有一段撼動人心的生命故事。而我家這七位姊姊，不畏命運捉弄，與天搏命。她們的愛與善良，也讓我瞧見了生命的韌性與美麗。

經過一段時間沉澱與思索，我有一個小小願望，希望在有生之年，能再次出書，及時寫出母親和姐姐們堅韌不拔的故事，但故事內容難免涉及隱私，為不傷及還活著的人，此書以改編故事方式書寫。期許本書，能帶給大家勇氣與堅毅的力量！

感謝：來自四面八方好友的支持，讓《生命之樹》順利出刊。

感謝：同事和同學們，用友誼滋潤我心靈，伴我成長。

感謝：書中的每個人物（十姊妹和弟弟，謝謝你們用關愛寬厚的胸襟，讓我體會生命的真諦及可貴。）

感謝：辛苦的爸爸，把我拉拔大。我想對您說一句，隱藏在我心裡五十幾年的內心話：『在這個世界上，只有您，才是我唯一，最愛的爸爸！』

感謝：這一生中，不被命運擊垮的媽媽，謝謝您，像大樹一樣，讓我們姊妹得以依靠，感謝您教會我們「堅強」這兩個字！

感謝：命運激勵我的鬥志，帶給我無限力量！讓我學會「愛」與「感恩」！

衷心期待本書，能帶給青少年和各界朋友，體驗不一樣的歷練，獲得正面的力量！

1. 夾層裡的小女孩

「失火了，失火了！」望海巷的老宅失火了，房子裡冒出了濃煙，才一會兒工夫就火光滿天，鄰居們紛紛提著水桶奮力滅火，在平靜的午夜，大夥兒全被這突如其來的火焰給嚇醒了。

自從爸媽離世後，老家的房子就空在那裡，這已經是第二次被火入侵了。警察找到三個嫌疑人，對我們說：「有人發現這三個孩子，曾在現場逗留過。」

被帶回派出所的縱火嫌疑犯，還只是個國中生，他們的家長站在一旁斥責孩子。仔細一瞧，其中有一位父親，竟然是我們多年的老鄰居呢！鄰居看到我們來了，滿臉歉意，不停地彎腰揖手，著急地想跟我們道歉：

「阿弟，我家這個兔崽子，他沒放火燒屋，他只是好奇、愛玩，跟著朋友到處跑、鬼混，他沒去你家點火啦！你家，真的不是他放火燒的。」然後又轉頭對著我說：「土碳ㄟ！妳讓我拜託，我兒子足憨ㄟ，他真的是被朋友陷害的！」

老鄰居不停的鞠躬，連說好幾聲：「對不起！對不起！對不起！」

又不停的和我們攀交情，著急地想替孩子脫罪。

警察看了看他們，回頭對我們說：「目前這個案件，我們還在釐清中。如果找到證據，證實他們就是嫌犯，我們警方就會配合偵辦，將此案以蓄意縱火究辦。」

鄰居爸爸一聽，立即眼眶泛紅，拉起弟弟的手想要跪下去。

我和弟弟趕緊上前扶起老鄰居，弟弟拍了拍鄰居的肩膀說：「別這樣嘛，這樣子很難看啊！」

弟弟連忙轉頭示意我到旁邊商量。老實說，這三個孩子年紀都還很小，一旦被究責就會

有前科，有案底就會影響孩子的前途。我和弟弟商討完後，決定從寬處理此事，弟弟走向三個孩子，對他們加以訓斥：「如果這個案子，以縱火案移送，最傷心最難過的，莫過於是你們的父母！不要出於好奇、好玩，就放火燒屋！把房子給燒了，這可不是鬧著玩的，即使你們年紀很小，也會被移送少年法庭。如果是成年縱火者，會依刑法第１７３條故意放火罪，處七年以上有期徒刑。人命關天，萬一鬧出命來，最重可被判無期徒刑。我念在你們年紀還小，你們父親又是我們多年鄰居的情分上，願意再給你們一次機會。但是以後若被我們發現，你們再偷偷侵入我家，那就別怪我不客氣囉！」

告誡完後，弟弟就拜託警察，將此案以電線走火做為結案。

這場火，也掀起了我們幼時的記憶。我和妹妹相約回到這個替我們遮風擋雨五十餘載的老宅，站在老屋前，景物依舊，人事已非，不禁令人感嘆萬千。兒時，全家人嬉鬧的那一幕幕，彷彿又呈現在眼前……這裡曾是我們十三個孩子，打打鬧鬧永不相容的場所。如今，父母不在，這個家已四分五裂了……。看著這殘破屋頂，我和妹妹只能揪心拭淚……，擦拭完淚水，我和妹妹相擁進入屋內。才跨進客廳，煙硝味瀰漫整個屋內，眼前頓時陷入了一片漆黑，正當我努力地讓雙眼適應黑暗時，「啪嚓」一聲，樑柱旁的一根木條，被我這麼粗魯一撞，斷成兩截掉落下來。妹妹和我同時驚吼了一聲：「啊！」一股霉味四處飄散開來……。我和妹妹同時用手捂住了口鼻，妹妹瞬間咳咳咳……咳嗽了起來……。咳完後，妹妹依舊用手掩住口鼻對我說：「算了，都是焦味，我們別再往房裡去了。」

說時遲，那時快，我腳一拐，一個腳步沒踩穩，就這麼「蹦！」的一聲，向後跌坐地面。妹妹擔心的問：「土碳！妳還好嗎？妳有沒有怎樣？」

「ㄛ痛！我的屁股開花了啦！」

「妳到底怎麼了，很痛嗎？」

「還好啦！屁股濕了一塊。」正當我想起身時，手觸摸到地上的一張紙板。

「咦！這裡怎麼有張硬紙卡？是那群小鬼，在這裡偷燒東西嗎？」

「ㄛ！他們在燒什麼啊？」

「這四周也有些散落的紙張！」在黑暗中，我又摸到幾張紙順手拿了起來。

「哦！拿給我看看。」我把撿到的紙遞給了妹妹，妹妹拿起紙張，走向窗邊，在微弱的光線下睜大眼睛瞧著。

「ㄟ！土碳，這個硬紙好像是手札封皮！」

「手札？誰的？」我問妹妹。

「我看看！」妹妹迅速翻閱手中的紙張。

「看這筆跡，是爸爸寫的。」

「爸爸的手札日記？客廳裡，怎麼會有這個呢？」

同時間，我們往屋簷夾層望去……，年久失修，閒置好一段時間的天花板夾層，已然歪斜破洞，手札應該是從屋頂夾層掉落下來的；看到這個屋簷夾層，不禁讓我憶起一段往事：

有一天，外公十萬火急來到我們家，著急地跟媽媽說了一些話，媽媽才一聽完，馬上氣呼呼地拎著皮包，跟著外公往外跑了。那天夜裡，媽媽帶著大我六歲的表姊一起回來。

隔天一大早，酒氣沖天的舅舅，在門口大吼大叫：

「阿麗，阿麗，妳給我死出來！」舅舅在外頭大聲叫著表姊的名字。門口的大狼狗，不斷地對舅舅狂吠……，媽媽在屋裡聽到舅舅的聲音，急忙衝到了廚房的後門，扛起梯子拿進臥房裡。她架好梯子後，要表姊趕緊爬到屋簷夾層，靜靜趴著不要出聲；接著媽媽又把梯子，拿回廚房後門藏了起來。

舅舅進屋後，從這個房間找到了另一個房間，又從屋裡找到屋外，他遍尋不著，怒氣沖天地對著媽媽說：「阿姐，妳是把我女兒藏在哪裡？妳把她還給我。」

舅舅不斷對媽媽大聲咆哮。

媽媽不容舅舅胡鬧，也大聲斥責回嗆：「你是人嗎？天底下，哪有你這種父親？阿麗今年才13歲，都還沒長大。你竟然要把她，賣給你的酒鬼朋友？」

「阿姐，阿麗已經轉大人。阿麗是我女兒，我有權利決定她要嫁給誰！」

「不行，我不能讓阿麗嫁給一個糟老頭。」

「來不及了，我已經收了人家聘金了。這個星期六，我朋友就要帶她去公證了。」

「你把聘金還給人家。」

「聘金？我已經沒有錢了啦！」

「你怎麼可以把聘金全花光光？」媽媽氣呼呼的接著罵舅舅：

「你怎麼可以把女兒，當作搖錢樹？你怎麼這麼可惡！你簡直就是畜生！」

「我不管妳怎麼罵我，今天妳一定得把阿麗交出來。」舅舅對著四周大聲喊著：「阿麗，阿麗，妳給我死出來。」

「有我在，你休想把阿麗帶走。」媽媽大聲對舅舅吼著，讓舅舅惱羞成怒：「今天，妳不把阿麗還給我，我就跟你斷絕姊弟關係。」

「我沒有你這種流氓弟弟。」媽媽氣到脫口而出。舅舅怒不可抑，他突然握起拳頭連揍媽媽好幾拳。媽媽氣急敗壞，順手拿起牆邊的扁擔，跟舅舅對峙力拚……。鄰居們聽到吵架聲，合力將媽媽和舅舅架開，我眾敵寡，舅舅被我們眾人擊退，氣呼呼悻悻然地離開……。

之後，舅舅多次到家裡叫囂。媽媽為了表姐的安全，到鄰居家借了電話，打了一通長途電話給已婚的大姐，請大姐將表姐先帶到她臺北的家；再託請大姐夫，安排表姐去餐廳當洗碗工，讓表姐半工半讀得以完成學業。媽媽為了不讓舅舅再來搗亂，她跟友人借款，親自拿到九份娘家，替表姐解除婚約。

這個事件過後，我們這群孩子，對屋簷夾層非常好奇。有一天我們趁著爸媽不在的時候，偷偷爬上這個三角屋簷。發現在狹小屋頂裡頭，藏著一個黑色的大皮箱，皮箱鎖頭還是個轉盤鎖。好奇的我們像個小偷般，順時針、逆時針、各種組合全都派上用場，一心只想要把行李箱解開，但都徒勞無功。正當大家打算就此罷休準備收手時，不甘心的弟弟，拿出鉗子猛敲，並隨機撥弄轉盤。有點生鏽的號碼鎖「砰」的一聲，居然被他給撬開了！

皮箱裡頭有一本記事本和一疊英文郵件。我們拿出信件想一一探究，但是左看右看就是看不懂。因為那時的我們還只是個小學生，連國字都認識不到幾個，更何況是那些陌生的英文郵件。偷開鎖事件過後，弟弟趁爸爸心情愉悅時，就問爸爸：「為什麼屋頂三角夾層，會藏著一只黑色的大皮箱？為什麼，夾層裡會有一疊英文郵件？那一疊信，是誰寄來的？你很會說英文嗎？」

爸爸總是顧左右而言他。

「什麼英文書信？我根本看不懂。什麼黑皮箱？沒有啊！我不會說英文。」爸爸三緘其口，支吾帶過。沒過多久，那只黑色皮箱及文件就不翼而飛了。至今沒有人知道，這信件裡到底藏了些什麼秘密？

看到手札，彷彿找到了爸爸的秘密，我想到這屋簷夾層翻找，看看是否還有其他的文件？於是，我徒手爬上窗戶，想攀爬到三角夾層摸索。但「砰」的一聲，粗魯的我踩到了搖晃椅子，差點撞到頭。還好我身手矯健，馬上從木椅上一躍而下。但椅子被我這麼一跳，椅腳發出「啪！啪！啪！」的聲音，也揚起了滿室的灰塵，害妹妹「哈啾！哈啾！哈啾！」不停地打著噴嚏。

「ㄛ！太危險了！」妹妹邊哈啾邊說著：「妳看，這破屋頂已被蔓藤雜草密布，就算讓妳爬上去，恐怕也找不到任何文件了。別找了！這屋裡全是霉味了。我氣喘快發作了！」

我抬頭看著已漏水的磚瓦屋頂，決定聽從妹妹建議，趕緊拾起散落在地上的手札與舊紙張，和妹妹快速跑出門口……。

儘管整本日記落滿了灰塵，也出現少許燃燒過的痕跡，但依舊可以從模糊字跡中，看到爸爸的背後居然有一段驚人的故事。

2. 爸爸的秘密

在手札中，爸爸說他來自江西省南昌縣，家裡從事蔗糖業。從小就是個大少爺，家裡有十幾個傭人伺候，一輩子都可以衣食無憂，不愁吃穿。但是自1937年起，日軍全面入侵中國，讓家裡起了大變化。

1938年，日軍對中國步步進逼，整個華北都淪陷了。日軍搶光人民的財產和土地，讓國家的經濟陷入大蕭條。物價飛漲，民不聊生，爸爸的家裡也受到莫大的衝擊。

1939年，一場大災難就此展開。日軍進攻爸爸的故鄉江西南昌，南昌淪陷。日軍侵占江西期間，使用了化學武器，在水井裡放了毒藥，讓爸爸親友在不知情下飲用，死於非命。日軍還發射化學毒藥，用細菌做活體實驗，讓中毒的人手腳潰爛，慢慢受盡折磨而死。

1944年，中日戰事日益擴大，「不打日本鬼子，難過日子。」的口號遍及全國。18歲的爸爸，熱血沸騰。本著一片愛國赤忱，在「一寸山河一寸血，十萬青年十萬軍。」口號的激勵下，休學奔赴前線從軍。他投身第一期青年軍對日抗戰，經由上海赴美，任職情報工作。

1949年，國共內戰。在槍林彈雨中，爸爸回到部隊，跟著國軍退守臺灣。從此以後，海峽阻隔親情，爸爸與家人相隔兩地。在臨走前，爸爸向祖父母磕頭拜謝：「爹啊！娘啊！您們要好好照顧自己身體。不打死日本鬼子，我們就沒有太平日子。您們等我去殺光日本鬼子，就回來見您們！」

「我的兒啊！我等著你回鄉光宗耀祖。」當時祖母含著淚水，不捨地送爸爸到村口。爸爸不時想起，離開家鄉時的那一幕，祖母緊緊握著他的手不肯鬆開。無窮的思念掛滿

了心，來到臺灣後，爸爸便偷偷寫信，託請友人幫忙，從香港轉寄江西。剛開始還輾轉收到幾封回信，但後來，信件遭受管制，寄出去的郵件有如石沉大海，毫無回應。再得到消息時，爸爸的母親因過度思念兒子，已病逝家鄉。海峽阻隔親情，讓爸爸無法承歡膝下，送自己母親最後一程，這是爸爸此生最大的遺憾。

跟著部隊輾轉來到戰地金門後，爸爸追隨胡璉司令第十二兵團第２０８師，擔任參將。司令非常賞識爸爸的忠貞氣節，將義女嫁給了爸爸，讓爸爸肩負起捍衛國家、保護家園的重要使命。

１９５８年，（民國４７年８月２３日），轟然的一聲巨響，中共的砲火對準臺灣的最前線——金門。這時戰火四起，爸爸帶著部隊拼命勇往直前。誰知道一顆子彈，咻——蹦地！劃過了天際……！爸爸馬上倒臥地上，他的心「怦！怦！怦！咚咚咚咚！」地作響，煩躁、焦急、不安的情緒全湧上了心頭。爸爸的心急促地跳動了起來，額頭冒出了珍珠般的冷汗。他伸手猛擦汗水，待一回神，仔細一瞧，天啊！不得了了！剛才擦掉的並不是汗水，而是鮮血啊！爸爸驚慌失措地想著：「這怎麼回事啊？天啊！我的眼睛呢？我的耳朵呢？」

爸爸的額頭被流彈掃到、一隻眼睛被子彈穿過，耳朵被流彈刮破橫掃，僅剩一層皮黏著。血流如注讓爸爸頭暈目眩、視野模糊了起來。正當他想要大聲呼救之際，轟隆隆的炮火聲再起……讓他倒吸了一口氣，趕緊穩住自己的情緒，趴倒在地上。他單手摀著被炮火穿過的眼睛，另一手慢慢往前探去。此時，竟然讓他觸摸到一具又一具冰冷的遺體。原來，在這場戰火中，四個與他同生共死、患難與共的同袍，均已橫躺四周，為國捐軀了……。

八二三戰役，是金門史上遭受最密集炮轟的一天。在炮火猛烈的攻擊下，金門民眾有八十人死亡，二二一人受傷。而爸爸即將臨盆的妻子，在炮聲隆隆中，受到過度驚嚇導致急產。很不幸地，他的愛妻和胎兒在無人接生下雙雙死亡。在這場戰爭中，爸爸目睹了好友陣亡、自己也失去了一隻眼睛、一個耳朵以及即將出世的孩子和他最摯愛的妻子。

戰火讓他家破人亡，獨自苟活。在人生的旅程中，發生了這麼重大的變故，讓爸爸宛如走進了死蔭的幽谷中。

爸爸原本以為成家後，會有一個新的開始……一個美滿的將來。哪知道，戰爭，讓他成為家鄉的過客，變成離鄉背井的遊子；戰爭，讓他家財散盡、家破人亡，與最摯愛的人，陰陽永隔，天各一方。

哀痛欲絕的爸爸不想再當兵了。他默默帶著哀傷，離開了軍旅生活，隱姓埋名，來到望海巷這個偏鄉療傷。

到望海巷後，爸爸租了一個房子，想要自力更生。在尋找工作中，他認識了做臨時工的外公。外公問起爸爸：「少年ㄟ，你是哪一省人？你不好好當兵，從江西省那麼遠的地方，跑來我們這個小鄉鎮做什麼？」

不問還好，被外公這麼一問，爸爸痛苦的回憶又湧上了心頭……，當外公聽完爸爸的遭遇後，告訴爸爸：「我有一個女兒，跟你的遭遇相同，你們兩個可以說是同病相憐啦！」

「同病相憐？」爸爸歪著頭不敢置信，這世上居然有

人跟他命運相同！外公跟爸爸娓娓道來，外公說：

「我女兒足珀命，她水人沒水命。」（註解：人漂亮命卻不好，紅顏多薄命。）

「18歲時，就被我做主，把她嫁給了陳彥。

當時，我老婆生病了，需要一筆錢開刀。陳彥把錢借給我，我無力還債。我那孝順的女兒，為了替我還債，便嫁給了一個她不喜歡的外省人。但是婚後，陳彥非常體貼，我替女兒感到高興。哪知，婚後不到幾年，陳彥卻得了不治之症——肺癆。

除夕夜時，陳彥帶著我的女兒和孫女，到市場採買年菜。正當全家人開開心心，提著年菜準備要回家吃團圓飯之際，陳彥的臉色突然發青，他抱住路邊的大樹，狂咳不止。我女兒雖然聲嘶力竭大聲呼救，卻沒人能夠聽到她的求救聲。陳彥就這樣，躺在樹下吐血身亡。當時我的女兒即將生產，她挺著九個月的身孕，牽著孩子，哭倒在這個無人的大榕樹下。

往事歷歷，已不堪回首……」

外公邊說邊哭，他嗚嗚嗚地……不斷地訴說著：「當別人都在圍爐吃團圓飯時，我的女兒卻帶著孩子，在客廳裡守孝啊！嗚嗚嗚……我的女兒，命好苦啊！」

外公邊說邊捶心肝，讓爸爸心有戚戚焉。

時隔不久，外公氣喘吁吁地跑來跟爸爸說：「我的女兒家出事了，急需一筆救命錢。」

爸爸二話不說，立刻拿出一筆錢接濟。幾天過後，外公又來借了第二筆、第三筆錢。為了感謝好心的爸爸，外公索性把媽媽介紹給爸爸認識。雖然媽媽生過孩子，但風韻猶存，讓爸爸一見傾心。緊接著，外公又帶著兩個拖油瓶前來探班。爸爸初次見到兩個孩子時，一個三歲、一個五歲。兩個孩子怯生生地拉著外公的衣角，雙眼緊盯著眼前這個陌生的叔叔看。

「哇！這寶寶，好可愛呦！」

爸爸看著眼前的孩子，頓時憶起自己無緣的孩子。他掐指一算，這孩子今年三歲，與他那未出世無緣的孩子同齡。爸爸看著眼前的孩子，彷彿看到自己的孩子，他的父愛悄然流露。外公看出端倪，悄悄地告訴爸爸：「你別看我女兒生過孩子，她可是個搶手貨。光是我們這附近的軍營裡，就有一堆阿兵哥在打她的主意！如果你真心喜歡她，那麼就趕緊跟她求婚吧！不然她被別人追走了，我可幫不了你。」

在外公不斷催促下，爸爸決定當起這兩個孩子的父親。

爸媽結婚後，家裡忽然來了兩個小客人。爸爸問媽媽：「這孩子打哪兒來的？」

媽媽說：「是我邀請他們過來玩的。孩子們早早就約定好了，要來我們家彼此作伴。」

一天、兩天、三天過去了，鄰居家的小客人都不想回家，反而在家裡住了下來。爸爸覺得很奇怪，問媽媽：「ㄟ，你鄰居家的小孩，怎麼都不用回家呢？他們的家人，難道都不會擔心他們嗎？」

「噢！你是說這兩個孩子嗎？他們都住在我娘家附近。得等我有空，回九份娘家時，才能把他們帶回去。」就這樣，媽媽娘家來的孩子，一住就是十天。

十天過後，外公來了，他又帶來一個小孩子，這下子，家裡共有五個孩子了。五個孩子見面時非常熱絡，緊緊相互摟著，好像是失散多年的姐妹般不肯鬆開，這讓爸爸心裡有些狐疑，總覺得哪裡怪怪的，但是，看到孩子們歡聚一堂和樂融融，爸爸也被感染到這歡樂的氣息。媽媽看到爸爸開心，就跟爸爸撒起嬌地說：「我阿爸帶來的小孩，是我的結拜姐妹生的孩子。我那結拜姐妹生病住院了，他們的孩子，沒有人可以幫忙照顧，我想替她多照顧幾天好嗎？」

爸爸欣然答應，讓站在一旁的孩子，開心地笑得合不攏嘴。

日子一天天地過去了，鄰居的小孩都把這裡當作自己的家，孩子們都不想回自己的家，這讓爸爸感到相當詫異……。

一天，爸爸下班回來了，老遠就聽到，屋內傳來小孩的嘻鬧聲。他朝窗內一看，哇！怎麼又來了一群陌生的孩子！這群孩子還不停地叫著他的老婆：「阿母、阿母，阿母啊！」爸爸立刻皺起眉頭，跨進大門。他劈頭就問：「媽媽啊！妳得老實跟我說，這究竟怎麼回事啊？」

在爸爸的追問下，媽媽自知無法隱瞞了，終於將實情說出：原來藏在外公家的孩子，全都是媽媽生的。面對爸爸質問，媽媽面紅耳赤不好意思地哭了出來：「嗚……嗚……對不起！對不起！對不起！我不應該騙你。但是，我阿爸說，也只有你最有度量。也只有你，才有能力幫我養孩子。我阿爸還說，如果我跟你坦白，我有過兩段婚姻且生過九個孩子，一定會把你給嚇跑。」

爸爸的懷疑終於揭曉了：原來，九份來的孩子，全是媽媽親生的！這下子，爸爸莫名其妙、平白無故，又多了好幾個孩子！

「天啊！我要養這麼多個跟我沒有血緣的孩子！媽媽啊！妳這是在跟我開玩笑嗎？」爸爸難以置信，無法想像以後日子要如何度過。

幾年後，媽媽和爸爸又陸續生了四個孩子。全家越來越熱鬧了，一群娃兒蹦蹦蹦的跳著，這下子，爸爸的頭可更疼了……。

「天啊！我要養這麼多孩子，該怎麼辦啊？」不知所措的爸爸，陷入人生最大的考驗！

3. 鬼啊！有鬼啊！

爸爸和媽媽結婚後，他的心裡只掛記著：「賺錢！賺錢！我要賺大錢！」但是，爸爸的眼睛在戰場上被打瞎了一隻，變成了獨眼龍，想要找個高職位拿高薪的工作，變得困難重重。為了找到高薪資的工作，爸爸不時的發愁著：「怎麼辦？怎麼辦？我該怎麼辦啊？」

這時，爸爸的好朋友老萬，來到漁村探視爸爸：「哎喲！老何，你才結婚幾年，就垂頭喪氣，還一副愁眉苦臉的樣子？這是怎麼回事啊？」

「呃！老萬啊！為什麼在這裡賺錢這麼的困難？」

「你怎麼了？」老萬一臉疑惑說：「你不是在老吳那裡，做得好好的？你有那麼缺錢嗎？」

「唉！老吳給的那點死薪水，對我來說，是入不敷出啊！我考慮換一個薪水較高的工作。」

「薪水高的工作？老吳給的薪資還不賴啊！怎麼會不夠用呢！」

「你不知道啦！光是我家吃飯這一個問題，就足夠讓我頭疼！「老吳給的薪水是不錯，但也只夠養活一家四口人。」

「那不就結了？」老萬用不解的眼神看著爸爸。

心虛的爸爸吞了吞口水繼續說：

「我家不只四口人，而是十幾口人哪！」

「啥？十幾口人？你別胡扯，哪來這麼多人啊？」

「唉！這……說來話長。」爸爸又用力吞了一下口水說：「我老婆嫁給我時，就已經是九個孩子的媽了！」

「啥?……等等,這件事我得弄明白,你是說你老婆帶了九個拖油瓶嫁給了你?」老萬張大嘴巴、瞪大眼睛,他無法相信地死盯著爸爸說:「你傻了咩!這樣子你也敢娶?你怎麼這麼笨,你怎麼這麼笨啊?」

老萬的一席話,讓爸爸尷尬地低下了頭凝視著地上,……過了半晌後,爸爸才慢慢抬起了頭,回話說:「是的,我老婆跟前夫生了九個孩子,前夫病逝後,她就得獨自一人扶養九個小孩。她前夫過世前,曾經病了整整兩年,不但沒留下遺產,還欠了一屁股債!我老婆為了還債,日以繼夜的拼命工作,經常背後背著一個小孩,前面又牽著好幾個孩子,沿街兜售、四處叫賣各種商品,賺的錢勉強還能糊口。但是不幸的是,老天爺居然跟她開了個玩笑,她的兩個兒子先後發燒了,原本以為孩子發燒只是小感冒,她就用傳統療法給孩子發汗,並且拿了些藥包裡的藥給孩子吃,沒想到病情不但沒有好轉,反而越來越嚴重。沒有及時就醫,讓孩子竟感染了肺炎。為了替孩子治病,她跟親友借了不少錢,也許是有借無還,借錢的次數太多了,再也沒有人願意借錢給她了。孩子的病情日益惡化,沒錢就醫,讓她束手無策,最後,她只能眼睜睜地看著孩子病懨懨躺在床上。唉!這世界就是這麼殘酷,『有錢看病,沒錢等死啊!』」

老萬的眼眶紅了、鼻水也流了出來。雖然故事的主角不是他,但他卻比爸爸更傷懷。老萬嘆了口氣說道:「啊!好可憐哦!這世上怎麼會有這種事啊!」

「眼見孩子癱軟受難,無錢就醫,讓我老婆驚恐極了……她對著我老丈人說:『嗚……,我該怎麼辦啊!我再也忍受不住了……』,那時,我的老丈人就跟她說:『妳一個女人,無依無靠的,哪有辦法養活這麼多孩子?我看吶,只有找個可靠的男人嫁了,事情才有轉圜的餘地,孩子也才有活下去的希望。』」

聽完爸爸敘述,老萬頻頻點頭稱是:「行!厲害!高招!你老丈人不是省油的燈,他是叫你去替他死啊！這下，你老丈人可樂了，有個呆瓜替他養孫子了呀！」

「唉！」爸爸嘆了口氣，繼續說下去：「老丈人，是我到小漁村後，第一個認識的朋友，他跟我提及了他女兒的事。他說：『我的女兒嫁給陳彥後，命就變得很苦！除夕夜時，身懷六甲的她，挺著九個月身孕，手中還牽著一個三歲的小孩，準備跟陳彥回家過年。但是走著走著，那陳彥卻突然胸悶、咳嗽、喘不過氣來、還一直吐血，我女兒嚇得驚惶失措大聲呼救，卻無人理會。因為大家都忙著吃團圓飯，即使有人聽見了，也裝聾作啞當作聽不到。大年夜的……誰也不想觸霉頭！就這樣，陳彥倒在四下無人的大樹下身亡了，而我的女兒也頓時成了寡婦……。』

我老丈人說起她女兒的事，眼淚就不聽使喚，嘩啦啦的落下，讓我起了憐憫之心。可那時，我老丈人告訴我，她女兒只生過兩個小孩。哪知？我們結婚後，小孩卻一個接一個的冒出來了……！

雖然她騙了我，但是在她身上，總散發著一股堅毅的力量。她是一個很樂觀的人，個性大喇喇地，對人總是笑嘻嘻的。跟她聊天時，我的腦海就會浮出一股很奇怪的念頭，……想要照顧她。才幾年功夫，她又替我生了四個寶貝，所以她前後生了13個小孩啦！……」

老萬邊聽邊不停地搖著頭。

「我的天啊！你居然要養13個孩子！」

「ㄛ！不不不……她那個最小的，早早就送人了。還有兩個大的，在我們登記結婚前就癱軟在床上，快要不行了。當時，雖然我們還沒有論及婚嫁，但我老丈人，就已經跟我借了好幾筆錢。後來，我們登記結婚了，我又把身上僅有的錢，全都拿出來，想救他們。沒想到，錢花光了，人卻沒救回來。還有一個老四，我也才養了幾個月，就因為當時我病了一場，不堪負荷而送人養了。」

「送走兩個、死了兩個，那剩下的孩子，也是不少啊！」老萬不可置信看著爸爸。

爸爸若有所思的深深地吸了一口氣，繼續說下去：「其實，嚴格說起來，我現在不只要養九個孩子，連同我老丈人和丈母娘以及小舅子一家六口，都得加減幫忙。」

老萬露出了不可思議的表情……，他的嘴巴張得好大好大：「啥？阿娘喂呀！你這是在說笑話嗎？為什麼連你大舅子家，也要你養？」

「唉！……」爸爸長嘆了一口氣：「你都不知道，我那大舅子是個酒鬼啊！他失業後又愛酗酒，有一次，喝得醉醺醺的，沒錢付酒錢，竟然就把自己的女兒給賣了呀！幸虧，我老婆把那外甥女，藏在我家的屋簷夾層，算是救了那小女孩一命。但是自從那天起，我那大舅子三不五時，就帶著渾身酒氣來家裡鬧得不可開交，還對我老婆拳腳相向，她們姐弟為此事大吵了一頓，這一吵啊！從此就斷絕了姐弟倆的關係！」

「斷得好，跟酗酒成性的酒鬼，拒絕往來，也是對的。」老萬頻頻點頭。

「斷不了囉！我那老婆是個奇葩，胳膊終究還是往內彎的。明明知道我那大舅子，成天只愛喝酒又不顧家，但是她始終還是放不下。每月啊！總是勒緊自己褲帶，把錢往娘家送。以前我老丈人，專門在幫人扛重物到彎彎曲曲的九份山上。有一次，他扛著重物走過狹小山路時，不小心一腳踩空，腰椎受傷了。可能是年紀也大了，康復得很慢。漸漸地，她娘家的事也全得靠我了。」

聽爸爸這麼一說，老萬瞬間明白了，他無法想像，世上竟有如此厚道之人！他拍了拍爸爸的肩膀：「你夠義氣、對父母夠孝順，我服了你！」

爸爸和老萬不斷訴說著過往歲月……這讓我憶起了小時候，每次爸爸剛出門，媽媽隨後就拎起大包小包的菜，趕搭第一班小火車去瑞芳，再換搭公車，然後步行到九份的娘家。媽媽很厲害，她很會精算時間，總是趕在爸爸回家前，就回到屋內。

記得有一天，媽媽回娘家後，竟提前回來了。她的臉色凝重、心情鬱悶，原來是她在娘家門口巧遇了舅舅。舅舅遠遠看到媽媽來了，不由分說拿起掃帚柄，就往媽媽的身上丟去；舅舅還用身體擋住大門，不讓媽媽進屋、跟媽媽對峙；在慌亂中，媽媽省吃儉用帶去接濟外婆的物品，全被舅舅丟到屋前的小路上，這讓媽媽的內心很受傷……。事情過後，媽媽不敢讓爸爸知道，她要我們也不能多話，並且要我們共同瞞著爸爸，她三天兩頭就回娘家的事。

被舅舅趕出娘家才沒幾天哩，媽媽忍不住又偷偷地回娘家了。她不怕和舅舅再次發生口角，也不怕被舅舅拳打腳踢。因為，在她的心裡，外公外婆、舅媽及小外甥的肚子能否填飽，才是最重要的事！

自從老萬知道爸爸的困境後，就四處幫爸爸打聽工作。最後，他幫爸爸找到了一個最急迫的工作。

「老何，你們這裡是貧窮的小漁村，不會有工作機會啦！如果你真的想要多賺點錢，又不怕辛苦，可以去瑞芳。我聽說那裡有好幾個煤礦場，都很缺工人。」老萬接續說著：「據我所知，當礦工有特別優惠專案，老闆會配白米給員工。如果所言不假，那麼你們家吃飯就暫不成問題。當礦工雖然很辛苦，但是日薪比平常人還多了好幾倍呢！不過……」老萬欲言又止。

「不過什麼？」爸爸睜大眼睛問著老萬。

「我知道前幾年，礦坑曾發生過爆炸，當場死了好幾個人！」

爸爸停頓了一下：「幹！這個工作是要錢不要命吶！」

爸爸這麼一說，讓老萬一時語塞，不知如何回答是好？

沉默半响後……，爸爸開口道：

「唉！……最小的孩子也才三個月大，吃喝拉撒，都需要用到錢。她和前夫所生的那幾個大的，還得送她們去上學。看來，想要撐起這個家，不得不和錢打交道了。」爸爸停頓片刻後，便帶著嚴肅的臉說：「我，必須放下身段，去當礦工。」

「老何，『礦工』這個工作真的是拿命換錢，你得想清楚啊！」爸爸不聽勸說，毅然決定投入礦坑的工作。

煤礦俗稱「黑金」，是一種非常優良的燃料，可以發電、煉鋼。它儲存於地下岩層之中，想要挖掘煤炭不是那麼容易，須深入數百呎甚至數千呎的地底，才能找到煤炭的蹤跡。

礦工進入坑道後，唯一的照明就是頭上的那盞頭燈，他們得靠著僅有的照明入坑道內採集煤炭。但坑內的空氣很潮濕，入坑的人都會感到渾身不舒服。而堅硬的煤炭，就在岩層中夾雜著，需要填裝火藥爆破才能挖取。

在通風不良的場所裡引爆火藥，會導致熱氣更加沸騰，讓坑內有如烤爐般熾熱。在隧道裡面做事痛苦無比，不到幾分鐘，大夥兒就會耐不住高溫，迅速逃到坑外，將身體快速噴水降溫。在高溫底下工作，是一件很不容易的事，很多人因受不了熾熱而昏厥坑內。

爸爸說，礦工是拿命換錢的廉價勞工，連基本用餐都得在坑內度過。工人們帶去的便當，幾乎都是隔夜菜，加上坑內溫度很熱，一打開便當往往會聞到一股酸酸的味道。在吃便當的同時，不但吃到酸飯，也會在不知不覺中吞下了不少煤炭粉。

雖然爸爸並不喜歡礦工這個工作，但是，只要一想起媽媽，還有我們這麼多個嗷嗷待哺的孩子，在家裡等著他回來，不管有多辛苦，他都會咬牙撐過。

當了一段時間的礦工後，咳嗽、失眠、頭痛、畏光全變成爸爸的職業病。為了一家老小，他默默忍受著病痛，依舊不辭勞苦的去礦場上班。

在一個秋意甚濃的深夜，爸爸下班了。他獨自一人，沿著濱海公路走回家。越走，心裡就越感到痛苦；越想，心裡就越覺得悲哀。不知不覺中，他走到了黑漆漆的海邊，跳到一顆大石頭上。他深深的吸了一口氣，準備一躍而下。忽然間傳來一個聲音……

「老……何……」

「老……」

此時，一個大浪湧了上來，打濕了他的衣襟，讓他渾身顫抖。驚嚇之餘，他睜大雙眼，看了看四周。黑漆漆的海邊空無一人，只有浪濤不斷衝擊石頭的聲音。爸爸嘆了口氣：

「唉！是我聽錯了嗎？這裡根本沒有人影。」海風帶著一陣寒意吹了過來，爸爸不禁打了一個寒顫。

「唉喲！濕濕涼涼的。」他低頭一瞧，原來是他胸前的衣服被海水打濕了一片！他彎下腰，擰了擰溼透的上衣，在大礁石上坐了下來。才坐下沒幾秒呢！卻聽到一陣細微的人聲，

「誰？」爸爸靜置不動，屏息傾聽……

「是誰？」環顧四周，的確這黑夜裡四下無人，可能是自己胡思亂想聽錯了。

黑暗中大海的浪濤，一波波不斷地翻滾湧來……彷彿在訴說著悲痛的往事……。突然間，爸爸想起了自己的命運，憶起江西的老家，骨肉分離的老父母、死於戰亂的前妻以及未出世的嬰孩。他回顧這一生，漂漂蕩蕩、起起伏伏，而現在更是身負重任，得養一大群孩子。這樣的重擔，壓得他快要喘不過氣來！他鼻頭一酸，

「嗚……嗚……」地哭了出來！面對著茫茫大海，不覺中落下了男兒淚。

「嗚……啊！……老天爺……啊！」

「我過得好苦……！」

「我過得好苦啊……！」語畢，爸爸準備一躍而下。就在這個時候，空氣中竟有些許微

弱顫動聲響，彷彿有人聽懂他內心的苦楚。爸爸用袖子拭了拭淚水，又開始「嗚……嗚……」的哭了起來。此時，似乎有人在他耳際呢喃。爸爸雞皮疙瘩四起，他忍住眼淚，專心聆聽。

「年……輕……人……」

「大難不死……必有後福……」爸爸一驚，背脊一陣發涼。

「誰？誰？是誰在跟我說話？」這裡烏漆麻黑的，怎麼會有人在跟我說話呢？爸爸感到非常困惑，他鼓足勇氣，再次大聲叫著：

「誰？誰？是誰啊？」海風呼呼的吹著……

「嘻……嘻嘻……呼……呼呼……」

「嘻……嘻嘻……呼……呼呼……」黑暗中竟傳來模糊人聲。爸爸豎起耳朵仔細聽著，這聲音好像是……在叫著他的名字？！

「何……何……老何……」

「別……別……別……別……跳啊！……」一股寒意在爸爸心中迅速竄起，嚇得他拎起鞋子往前狂奔。赤腳才跑了幾步路，腳底就被沙灘上的小石頭扎了一下。他趕緊把手中的鞋子扔回地上，迫不及待地想把鞋子穿回自己的腳上。但腳趾卻怎麼塞、怎麼擠、都無法穿進自己的鞋子裡。爸爸頓時嚇出一身冷汗，只好把鞋子高高舉起，拿到自己眼前仔細端詳，鞋內竟然被塞了一個好小好小的小葫蘆瓶！爸爸先震了一下，

「這小玩意，是何時跑進我鞋子裡的？」他察看了四周，萬籟俱寂，鴉雀無聲。爸爸連想都不想，就把手中的小葫蘆瓶，往空中一拋，穿起鞋子就想走。但是，說也奇怪，被甩出去的小葫蘆瓶卻在半空中轉了一圈，又自動地飛了回來，瓶內還發出了咚咚的作響聲……

「咚咚咚……！」

「咚咚咚……！」

「咚咚咚……咚咚咚……！」爸爸著實嚇了一跳，心臟噗通、噗通地跳了起來……他既害怕又有點好奇。猶豫一會兒後，他告訴自己：「我曾為軍人，絕不信邪。」他彎起腰，撿起了葫蘆瓶，嘴裡對著那瓶口念念有詞，

「何方妖魔鬼怪，見到本參將還不自動讓路？」爸爸用力將瓶蓋口一扭，「啵！」的一聲，瓶口被打開了，爸爸對小葫蘆瓶喊道：

「妖怪，快滾開！」這時，一縷白煙卻從瓶口緩緩升起，慢慢地掠過他的身邊。爸爸不寒而慄，全身的毛細孔急劇地收縮了起來。忽淡又忽厚的白煙，慢慢地把爸爸包圍住，忽地又消失不見；才一會兒功夫，白霧又變得越來越重，籠罩了整個空中，茫茫白霧如同黏膠般把爸爸的腳底，牢牢黏在地上，讓他無法動彈；幾秒鐘過後，雲霧在眼前蔓延翻滾……三尺遠的霧中，隱約浮出一雙平伸的手。這雙手飄啊飄的……慢慢飄到爸爸的眼前。爸爸覺得驚悚、腎上腺素激增……。飽受驚嚇的他，踮起腳尖，努力地想把腳拔開。但是漫天的雲霧，似乎不放過爸爸。

「何……何……」

「何……老何……」鬼魂似的發出微弱聲，呼喚著爸爸，讓他毛骨悚然、冷汗直流……

「老何……回……」

「回……回……」爸爸嚇得失了魂，緊閉眼睛，背對雲霧。

「回頭啊……」那魂魄再次呼喚著爸爸名諱，要爸爸回頭。

「天啊！有鬼啊！我該怎麼辦啊？」爸爸念念有詞，自己跟自己說著心裡話：

「我到底要不要回頭啊？」

「看……看……」

「回頭……看啊！……」那魂魄又再次呼喚著。

「若我不回頭，這鬼肯定不會放過我！」爸爸雞皮疙瘩四起，他僵硬的慢慢地轉頭看……。才轉過身一看，

「咦！什麼鬼也沒有？」只有一團團的雲霧。這雲霧忽然變成了淡淡的花朵，裡面依序排著字幕，

「起」……

「不」……

「看」……

「人」……

「這在幹麼啊？」爸爸心想怎麼出現字呢？「讓」……「會」……「殺」……「自」……字跡停滯後，爸爸腦海中一團謎霧？這什麼跟什麼啊？

「起……不看人……讓會殺自？」爸爸跟著花朵字幕念著。

「好奇怪喲！這是什麼玩意啊？」沒過多久，字幕自動發生了變化，由上而下變成一直線，還輪番閃了三下，

「自殺會讓人看不起」

「自殺會讓人看不起」

「自殺會讓人看不起」煙霧慢慢飄散了，接著傳出陣陣的笑聲：

「嘻嘻嘻……」

「何……何……老何……」

「自殺是……孬……孬種……」餘音繞樑，泠泠不絕……嚇得爸爸倒退三步，心怦怦怦……的跳著……。驚嚇過度的他，把魔瓶一踢，忽地轉身想逃。說時遲，那時快，詭譎的葫蘆瓶居然長了細細的長腳，飄啊飄的快速飄了回來。

「唉喲！鬼啊！有鬼啊！」被爸爸這麼一叫，瓶身裡冒出了一個輪廓模糊，蒼白的老人。老人手持拐杖，靜悄悄地飄到爸爸的身邊。他伸手一揮，拉住了爸爸的後衣領不放。

「年……輕……人……別跑啊！」被扯住衣領的爸爸動彈不得，不斷喊著：

「救……救……救命啊！……」

「救……救……救命啊！……」

「年輕人，別跑啊！我只想告訴你……」老人窸窸窣窣地細聲說著：

「留得……青……山……在在在……」

「留得青山在……在在在……，不怕沒柴燒……燒燒燒……。」

「留得青山在……在在在……，不怕沒柴燒……燒燒燒……。」

黑夜裡餘音繚繞不絕於耳，老人緊抓著爸爸的衣領不肯鬆手。爸爸的心怦怦怦……越跳越快……越跳越快……。他死命地跑著……使命地叫……

「啊……啊……！」

「救……救……救命啊！……」

「啊……啊……！」

「救……救……救命啊！……」

「你醒醒啊！」坐在床沿的媽媽，看著爸爸不斷扭動身軀，不禁人吃一驚。她拉起爸爸衣領，劇烈搖晃，想叫醒爸爸，但爸爸卻使勁推開媽媽的手。媽媽靈機一動，拿起桌上一杯水，潑向爸爸的臉上。

「啊！……」爸爸嚇得從床上跳了起來，原來這是一場夢！

「爸爸啊！你頻頻做惡夢，是因為壓力太大了嗎？是因為，我生太多小孩子了，讓你壓力很大？還是，孩子在吃飯時，像是蝗蟲過境，搶來搶去怎麼吃都吃不飽，把你給嚇壞了？

嗚嗚嗚……對不起！對不起！以後我會交代他們，吃少一點。」

媽媽害怕地，雙手合十，祈求老天爺保佑。爸爸摸了摸媽媽的頭：「媽媽，妳別想太多，這些都不是問題。」

「不是問題癥結，那麼你剛才睡到一半，為何要大喊救命？」

「剛才是有人一直拉著我的衣領，害我差點無法呼吸。」

「對不起！是我聽到你一直在喊救命，才拉住你的領子，我只是想搖醒你！」

「唉喲！我說的不是妳啦！」

「喔！不是說我，那你是在說誰啊？」

「我在說剛才做的夢，這夢境好像是真實的。」

「你夢到了什麼？說來聽聽。」

爸爸深吸了一口氣，跟媽媽娓娓道來：「夢裡有一個奇怪的小葫蘆，居然藏在我的鞋裡！我把它扔了，那葫蘆卻長腳飛回來追我。沒過多久，那小葫蘆瓶裡，竟冒出了一個白鬍鬚的老人。就是那個白鬍鬚老人，一直扯住我的衣領不放。」

「奇怪？那老人為什麼不讓你走？」

「那老人一直說，回頭……回頭……。剛開始我很害怕，不敢回頭。」

「後來呢？你回頭了嗎？」媽媽露出害怕的神情問著爸爸：「是鬼嗎？好可怕！」

「不，不是鬼！」爸爸對媽媽肯定的說。

「既然不鬼也不是妖怪，那他是什麼？」

「他也不像是個普通的人，應該說他像是個老神仙。」

「神仙？既然是個神仙，一定是要給你什麼指示！」媽媽睜大眼睛看著爸爸。

「夢裡的白髮神仙，好像知道我要自殺。祂一直拉著我，叫我不能輕易跳海。還一直重複講了一句話，好像是在暗示我什麼。」

「哪句話？」

爸爸摸了摸頭想了想，好像是說：「『留得青山在，不怕沒柴燒！』對！沒錯，就是這句話。」

「留得青山在，不怕沒柴燒？這句話是什麼意思啊？」媽媽歪著頭，不解地問著爸爸。

「這句話應該是說，只要生命還在，就會有希望。」

「原來如此，難怪你睡夢中會一直喊著：『不怕沒柴燒，不怕沒柴燒！』嘻嘻嘻……！」媽媽笑了起來……。

爸爸也跟著笑了出來，他繼續說著：「我還記得，夢裡還有一句很重要的話。」

「什麼話啊？」

「在夢裡我正要跳海時，好像有人在我的耳邊說了一句：『大難不死，必有後福。』」

媽媽眨了眨眼睛問爸爸說：「你確定祂是說，『大難不死，必有後福。』？如果是這句話，那我知道它的意思喔！」

媽媽得意地把自己知道的意思解釋給爸爸聽：「雖然我小的時候，只讀過兩年的書，但是我的啟蒙老師告訴我的話，我一直把它記在心裡面。我的老師說：『當你遇到困難時，一定要很勇敢，不要被一點點挫折給擊敗了。』我還記得，那位老師常常對我說：『妳啊！就是這麼愛笑，霉運也會被妳笑成好運氣的。』我相信，喜歡笑的人，會時來運轉，可以把所有霉運都笑走！你相信嗎？」媽媽張大眼睛瞪著爸爸看。

「妳講的話，我怎敢不相信呢？」爸爸頻頻點頭。

「那麼我們來比賽看誰笑得多？看誰的運氣比較好？說不定我們的運氣會變得很好，還會中一臺電視機或者中一百萬的獎金呢！如果中了一百萬，那麼我們不就變成百萬富翁了！」媽媽越說越開心，爸爸跟著笑了起來……。

「哈哈哈……哈哈……媽媽，妳實在是太可愛了，跳海只是夢境，不是我想做的事。請放心，我永遠都不會做傻事的。媽媽，妳的樂觀感染了我，讓我覺得很有活力，我也要學妳做一個勇敢的人，當一個愛笑的人。看能不能如妳所言，中個頭獎！」其實，爸爸的心裡比誰都明白，中百萬大獎，那是天方夜譚，唯有腳踏實地勤奮、努力的人，才能鑄就成功。

自從爸爸答應媽媽不做傻事後，重諾守信的他，天天想著，我要怎樣做才能如媽媽所說，成為一個勇敢又愛笑的人？喜歡看書的他，從古書中看到了兩句話：「愛笑的人，運氣不會差。凡事只要心情好，就會沒煩惱。」

但是，要怎麼做，心情才能調整好呢？爸爸拼命地想，拼命地想，終於想出了好辦法：

當你心裡難過時，可以用歌聲，唱出心裡的悲哀。

當你覺得委屈時，可以找朋友出來聊聊，說出自己心中的不滿。

當你感到憤怒時，可以沖冷水澡，讓自己冷靜下來不隨意發飆。

當你覺得被誤會時，就把自己的氣！氣！氣！……寫出來，然後用力地撕掉。好友老萬還告訴爸爸：

「老何啊！如果你真的被老闆氣到不行，找個沒有人的地方，大聲叫一叫，吼一吼！像上次，我的老闆對著我發飆，讓我氣得要死。可是，他是我的頂頭上司ㄟ，罵回去，我的工作就不保了。為了保住自己的飯碗，我呢！不得不低頭！但是回家後，我越想就越氣，氣到睡不著，氣到不想去上班，氣到差點丟掉工作。最後啊！我就到河邊對著河水大吼大叫。不知道的人還以為我瘋了。但沒想到我叫一叫、吼一吼，心裡就舒坦多了。

第二天早上，老闆看見我來了，還特別為昨天的事跟我道歉呢！如果，那天我跟老闆吵架就提出辭呈，那損失可就大了！以後你要是心裡有什麼不開心的事，也可以試試這招。」

有了老萬提供的妙招，當爸爸壓力來的時候，他就會到海邊，對著翻滾的海浪吼叫。說也奇怪，嘶吼過後，壓力果真解除不少。爸爸平時很忙，時間有限，沒有那麼多閒功夫可以到海邊。後來他發現，泡澡也能幫助他放鬆壓力，令他心情愉悅。

泡澡有效緩解爸爸的壓力，在遇到難題時，他逐漸改變了自己的想法，學著安慰自己，並且站在別人的立場去替別人想事情。這下臭臉的爸爸，不但變溫柔了，還會展露出笑容。這對弟弟和妹妹來說，是撒嬌的最佳時機。他們看到爸爸笑了，就會忍不住討抱抱，還會狂親爸爸的臉頰，讓爸爸開心地笑呵呵……。

在一個寒冷的冬夜裡，媽媽拔了一堆草藥回家。她用大灶燒了一大鍋藥草汁，準備讓爸爸泡熱水浴，舒緩肌肉痠痛。滾燙的青草藥水，就放在浴缸旁，方便爸爸自行加熱。爸爸脫了上衣，穿著木屐鞋，走進昏暗的浴室。才進入浴室，他腳一滑，便跌進滾燙的浴盆中。爸爸慘叫了一聲：「啊……哎……喲！」

爸爸的上半身被熱水嚴重燙傷，大大小小的水泡佈滿了整個背後，多處皮膚剝落滲出血水，痛得他像是被肢解般無法起身，只能不斷深呼吸來減輕自己的痛楚。看到爸爸這樣，我們大家都快哭了。那時，我們生活環境十分拮据，害得爸爸遲遲不敢就醫。媽媽只好向鄰居借來用糯米粒煮成的漿糊，塗在爸爸的背上，並灑上消炎藥粉。還有一些好心的鄰居，得知爸爸受傷的消息，也紛紛拿來民俗用藥，讓爸爸服用。就這樣，爸爸趴在床上一個多月，無法下床和工作。

發生事情的那些日子裡，我們所有小孩，都鴉雀無聲，不敢大聲說話。爸爸身體逐漸康復後，又開始繼續泡澡了。這次他學會了，要泡熱水澡前，得先放冷水再加熱水；需要加熱時，再拜託媽媽幫忙倒水加熱。

燙傷事件過後，爸爸用行動來表示對鄰居的感謝。每當鄰居有人發生困難時，他總是拋下手邊的工作，立刻去幫忙。有一次，鄰居家的男主人出海捕魚，他們家的阿嬤生病了，需要送醫。爸爸知道後，二話不說，馬上跑進鄰居家，揹起阿嬤，送去醫院。爸爸的熱心，在鄰里間傳開了。只要一提到老何，無人不知，無人不曉，爸爸也因此深得鄰里的信任。

樸實的小漁村，鄰居們都是討海人靠捕魚維生。他們只要捕到魚，就會馬上送我們一籃。我還記得，有戶人家的祖父母，生了三個兄弟，雖然他們分家了，卻仍然住在同一個屋簷下。他們共同擁有一條漁船，三兄弟和祖父會一起前往深海區捕魚。捕到魚後，他們會篩選出大魚，拿去競標拍賣。剩的一些魚貨，就會分成四等份，讓三兄弟及祖父帶回家各自處理。

漁村裡的人，只要捕魚回來，一定會把漁貨分送給我們。

記得有一天，三兄弟的家捕到很多魚種。拍賣漁貨後，他們家的二哥，就急急忙忙拿著一籃的魚送給我們。接著，他們家的三弟也送來一大盤。沒過多久，這家人的大哥也拿來了。最後，他們的祖母還加碼，拿來一大堆各式各樣的魚貨給我們。光是那天，左右鄰居陸續送來的漁貨，多到嚇人。媽媽一看，笑得合不攏嘴，她口中一直念念有詞：

「哈哈哈……雖然我不是漁夫，但是我們家的魚貨，卻比漁夫捕的魚還要多！」

那幾天，我們天天吃著乾煎黃魚、烏魚湯、清蒸鱈魚、紅燒魚……餐桌上除了魚，還是魚。

4. 貓狗情緣

漁夫送來的魚多到吃不完。媽媽想把吃剩下的魚製作成魚乾，但是家裡沒有廣場可以曬，於是媽媽要我們把一籃籃的魚，拿到海邊的小廣場曝曬。

我和八姐走到小廣場後，就蹲在地上鋪魚。遠遠地，看到一隻慵懶的貓咪躺在樹蔭下休息。

一陣海風飄了過來，帶著陣陣鮮魚味。這時，躺在樹下休息的貓，似乎聞到鮮魚的味道了。牠迫不及待的跳到廣場旁的大樹上，一雙眼睛直盯著地上的魚不放。

地面上的魚越排越多，空氣中飄散著濃濃的魚腥味。貓咪坐立不安的從大樹上跳了下來，躡手躡腳的走到廣場邊，虎視眈眈地望著魚。

鋪著鋪著，廣場的地已排滿平躺的魚，還有兩籃沒地方可晒。八姐抬頭環顧四周，決定將剩下的魚，掛在鄰居家的矮竹竿上。這時，貓咪逮住了機會，快速跑進晒魚場，用嘴巴叼起了一條魚，伺機要逃。剛巧被轉身的八姐發現了。八姐迅速地撿起地上的一顆小石頭，丟向了小野貓。貓咪受到驚嚇，瞬間彈跳了起來，嘴裡的魚一不小心就掉落地上，嚇得牠頭也不回地逃走了。

回家後，八姐向媽媽報告了我們在廣場上，遇到了一隻想偷吃魚的野貓。聽完後，媽媽擔心地說：「走！趁現在太陽還沒有很大，妳們馬上跟我去廣場，把竹竿往上升再把地上的魚蓋上網子。免得魚都還沒晒成魚乾，就被貓咪偷吃光了！」

媽媽和我們姊妹倆一起拖著一張廢棄的大漁網，來到了廣場。我們各自拉住魚網的一端，盡力將魚體的表面全部覆蓋住。

當魚網快覆蓋好時，遠遠地，我又看到那隻野貓，站在樹下的角落偷看著我們。八姐對媽媽說：「媽媽妳看，就是那隻貓，躲在那兒正等著偷魚呢！」

媽媽轉頭看了看貓，回頭對著我們說：「別擔心，現在所有的魚，已全部都被魚網蓋住了。就算那隻野貓想偷魚，也偷不走了。」

魚身蓋上一層保護膜後，我們便轉身離開。每走幾步，我和八姐就不時地回頭看著那小野貓：不知道那隻貓，會不會再回來偷吃魚？聰明的小野貓發現我們已經走遠，眼見機不可失，馬上從樹下衝到了曬魚場，將貓爪子伸進了魚網中，迅速地往裡面撲了好幾回，可是都徒勞無功。當我正覺得開心，撒下的漁網已發揮作用時，不肯死心的貓，居然半身蹲低，翹起了屁股，朝著魚兒匍匐前進。八姐忍不住大聲吆喝一聲：「臭貓！滾開！」聽到吼叫聲，野貓竟不予理會，加速鑽進魚網裡，嘴一張就緊咬住漁網裡的一條大魚。發現魚兒被偷後，我們就火速跑到牠的眼前。當貓咪發現情勢不對，就緊緊咬住漁網裡大魚的尾鰭，以倒退的方式，想要盡快離開。八姐對貓大聲吆喝：「臭貓，把魚放下！把魚放下！」野貓連理都不理，拼命咬住大魚，使勁向後拉扯。八姐和我用腳狠狠跺著，「噠噠噠……噠噠噠……」想用聲音來嚇阻貓。但小野貓依然故我，根本就不怕。八姐撿起一顆材質鬆軟的泥土石頭，不客氣地砸向地面。瞬間石頭被撞裂開了，一顆小碎石反彈後，剛巧噴到貓咪的身上。野貓受到驚嚇，拱起了背部想要竄逃，但嘴裡的魚，卻被魚網的縫隙勾住了。貓咪死命咬住魚身，瘋狂地撞來撞去又鑽來鑽去，卻害得自己的身體和魚網越纏越緊。被漁網纏住的貓咪無法脫身，嚇得發出「喵……喵喵……」的哀嚎聲。

媽媽順勢走到貓咪的身邊，蹲下來查看：「哇！好可憐喲！這野貓被魚網纏得可真緊，兩條腿也被繩子捆住了，看來必須使用剪刀才能解開繩索。」

媽媽要我趕緊回家拿剪刀，好讓癱軟的貓咪快速脫身。

剪刀拿來後，媽媽邊剪開貓咪身上的繩索，邊對我們說：「哎喲喂呀！這野貓的肚子怎麼有點圓，是不是懷孕了？」

媽媽幫貓咪剪開繩索後，野貓頭也不回，「噗」的一聲，飛也似的衝進草叢堆裡。過了不久，我看到這隻野貓又躲回原地，鬼鬼祟祟偷瞄著我們。媽媽遠遠的目視躲在草叢裡的貓，對著我們說：「這野貓好可憐呦！八成是懷孕了。都大肚子了，還得跟其他流浪貓爭奪食物，真是讓人心疼啊！下次妳們看到這隻貓，就可以把不要的魚頭丟給牠吃。」

太陽西下了，我來收已被太陽曬得半乾燥的魚。遠遠的，貓咪又出現了。牠靜靜躲在樹下，依舊守著地上的魚。我想這貓應該餓壞了，撿起地上的一個魚頭丟向牠。母貓以為我拿石頭要砸牠，嚇得夾著尾巴逃跑了……。沒過多久，野貓又自動地走了回來，可能是魚頭的腥味吸引了牠。貓咪小心翼翼地走到魚頭旁邊，打量、聞著，確認地上不是石頭而是一顆魚頭後，便津津有味地舔了起來。才兩三下工夫，就把魚頭給嗑光了。饞貓吃完後，屁股就像被黏住似的，待在原地不動。我再次丟了一條小魚給牠，這次，貓沒有受到驚嚇，也沒逃走，很俐落的就把地上的魚給吃光了。

隔天我再去廣場曬魚乾時，這隻母貓又來了。八姐看到牠了，就把地上碎掉的小魚頭和幾條特別小條的魚集中在一起，拿到牠的眼前。貓咪鼻子動了一下，就心滿意足地大口大口咀嚼起來。

幾天後，這隻母貓竟然一路跟蹤我們。媽媽看見野貓出現在家門口，笑嘻嘻的對我們說：「古早人有句俚語說『豬來窮，狗來富，貓來起大厝。』不久前，我們家才來了一條狗，現在又來了一隻貓。看來，我們家是要發達了。」

媽媽一提起狗兒，就讓我想起我們和狗兒結緣的那一段往事。

在回家的路上，媽媽發現了一隻流浪狗，躺在草叢中，大口大口地呼吸著，狗的脖子被人用橡皮筋緊緊勒住了。媽媽看到後，覺得實在太殘忍了，就跑回家裡拿剪刀，要幫野狗剪開狗繩。但是那狗兒卻睜大眼睛，害怕地吊起脖子驚叫——「嗚嗚」了兩聲，牠似乎以為媽媽是來傷害牠的。媽媽蹲在地上，溫柔地對狗兒說：「你別怕啊！我是來救你的。」說也奇怪，小狗似乎聽得懂媽媽的話，安安靜靜的躺在地上，任由媽媽一條條的剪開橡皮筋。重獲自由的狗兒，知道媽媽是善心人士，就悄悄跟在媽媽的背後，來到我們家，取名萊西。記得萊西剛到家裡時，總是躲在門外吃飯。日子久了，便逐步跨進家裡。現在，貓咪也步入狗兒的後塵，來到了我們的家裡。八姐睜著一雙大眼，愣愣地盯著媽媽問：「為什麼狗狗和貓來了家裡不肯走，就會發達，這是什麼意思啊？」

「這個意思是說，不管貧窮與富貴，狗狗都會對自己的主人忠心耿耿。在古代，狗代表著富貴，因為要養狗，必須是有錢的人家，才養得起。至於養貓呢？也是財富的代表。古人說，『貓來了，老鼠就跑了，主人也就發達了！』貓不但會捉老鼠，也會防止老鼠偷盜糧食、啃噬衣物。只要有貓在，老鼠就不敢來了。」媽媽滔滔不絕地說著：「家裡沒有老鼠，就能阻斷老鼠傳播的疾病。所以，古代的人都認為貓是吉祥物。雖然大家都說，養貓可以帶來好運。但是想要真的得到好運，也是要靠努力，才能得到真正的好運氣。」

我似懂非懂的點了點頭，但是八姐心中還存有疑慮，她問媽媽：「媽媽啊！妳不是說，快要養不起我們了，哪有錢養貓啊？」

「哈哈哈！妳這傻孩子，妳忘了嗎？雖然我們家有養狗，但實際上我們狗兒吃的飯，都是打哪兒來的？」

八姐眨了眨眼睛，看著媽媽說道：「鄰居給的。」

「對啊！鄰居會把剩飯，拿來給小狗吃。也會把捕到的魚，和他們種的青菜送給我們啊！貓咪最喜歡吃魚了。光是鄰居送給我們的魚，就多到吃不完！妳就別擔心了。只要我們少吃一口，家裡的貓咪就吃飽了。」

聽媽媽這麼一說，八姐終於放下心中的擔憂了。

媽媽在門口，幫野貓準備了一個碗，碗裡面裝了一些魚和剩飯。就這樣，這隻野貓，白天會在我們家裡睡覺，等到夜晚就會四處遊蕩，去尋找老鼠的蹤跡。

每天清晨五點左右，貓咪會準時回家。當牠發現，前後門都被鎖住時，就會站在外面對著窗戶，「喵喵……」的叫著，要媽媽趕緊幫牠開門。這隻小野貓很聰明，只要聽到屋內起床聲響，就會馬上跑到廚房的後門等待。倘若媽媽還在熟睡中，貓就會回到房間的窗戶前，用爪子猛敲窗戶，並不停地用哀怨的聲調，「喵」個不停，一定要叫到有人為牠開門為止。每次在夜裡，聽到牠「喵喵喵……」超級ㄋㄞ的叫聲，猶如在催促著我們：「喵～喵～喵～到底起床了沒？拜託！快來幫我開門啊！～唉呦！快來人啊！～～～快來人啊！我好累了，要睡覺了。」

這隻貓的品種是虎斑貓，個性溫柔愛撒嬌。白天，牠總是緊緊黏著我們、用他的舌頭舔著我們、依偎在我們的腳邊磨蹭、跳到我們的腿上撒嬌、賴著睡覺不肯走，讓我們無法自拔地愛牠愛到了心坎裡。

有一天晚上，貓咪出門後，就再也沒有回來過。即將臨盆的虎斑貓居然失蹤了！我們全家都很著急，四處找尋，但都沒有任何音訊。

幾天後，一位打掃的阿姨，跟媽媽說了一個不幸的消息。她在打掃馬路時，在濱海公路旁，發現了一隻黑白條紋的貓被撞身亡了。聽到這個不幸消息，我們很是傷心。

傍晚時分，我帶著流浪狗萊西去草叢邊轉轉。我解開了狗狗的頭套，想讓萊西能在翠綠的草地上盡情奔馳。被解開繩索後的狗，興奮地繞來繞去。沒過多久，牠似乎是聽到草叢裡有細微的聲響，一溜煙地，便鑽進了草叢裡。我很擔心草叢中會有蛇出沒，大聲呼叫著：「萊西……萊西，快點回來！快回來！」但是，任我怎麼叫，萊西都不予回應。過了一會兒後，草叢裡傳出了萊西的狂吠聲。牠在草堆中穿梭，不停的搖著尾巴，還對著樹叢深處狂吠著……似乎發現了什麼？

「萊西，你給我回來！萊西，回來！」天色漸暗，我對「草叢」存有恐懼，不敢走進比人還高的灌木叢，只好在路旁大聲叫著狗兒的名字。但萊西還是沒有理會我，牠一股腦兒就鑽進了草堆裡。在雜草中，亂鑽……亂翻……亂叫，「汪汪汪……汪汪汪……！」幾分鐘後，萊西興奮地回來了，牠嘴裡叼了一個粉嫩黑白相間的玩具。這下可慘了，我不知道狗咬到了什麼？著急對著萊西吼：「萊西不要亂咬東西，放下、放下！」

但是，萊西卻興奮地咬著玩具，飛速的朝著家裡衝。我只好緊跟著萊西背後，拼命地跑回家。看著萊西把叼來的物品，咬進了狗屋裡面放著，牠沒有絲毫停頓又往回跑了。我無法追上萊西的腳步，只好往狗屋裡先行查看狀況。我趴在狗洞口，伸手往裡面輕碰，突然感覺有東西碰到自己手心，唉喲！不得了了，那玩具居然軟軟的，溫溫的，還會晃動，好像是老鼠，嚇了我大一跳。接著竟傳來微弱的叫聲，「喵……」的一聲，讓我一臉疑惑，立刻豎起耳朵，跪在地板往裡面仔細瞧。天啊！不得了了，萊西叼回來的竟然是一隻小貓。小貓發出很微弱的聲音，身體還不時的發抖呢！

看到這驚心動魄的一幕，著實讓我嚇了一大跳。八姐得知消息，馬上把媽媽給叫了出來。媽媽目瞪口呆，大吃一驚地說：「天啊！這一定是我們家母貓生的孩子。貓的身體還夾雜黑白的條紋。難怪！萊西會把這小貓給銜了回來。」

沒多久，萊西又叼回第二隻、第三隻小貓咪。三隻貓中，有兩隻帶著灰黑交錯的細紋，另一隻則是白橘色夾雜的紋路。

萊西把貓咪帶回家後，就不讓我們接近狗屋了。牠時時刻刻守在小貓身邊，把三隻小貓，當作自己親生的孩子餵哺。我一直感到很奇怪，小狗明明未生產，哪來的乳汁？媽媽說，也許這是天性，因為不久前萊西剛生完小孩，但小狗卻不幸窒息死亡。所以，萊西把對小狗的愛轉移到小貓身上。萊西把母愛發揮得淋漓盡致，只要牠走到哪兒，就會把小貓叼到哪兒。每次解開狗繩讓萊西出門去蹓躂，萊西總是用衝的跑去排便。才上完廁所，馬上就狂奔回來，查看小貓是否還活著。當小貓看到小狗回來了，便「喵……喵」的叫著，對狗兒撒嬌，還朝著萊西爬了過來；萊西看到了小貓，也會小心翼翼地輕舔著小貓，好像在跟貓咪說：「別怕啊！媽媽回來了！媽媽回來了！」小貓依偎在母狗的懷中，吸吮起狗兒的乳頭。萊西和三隻小貓情同母子，無時無刻不黏在一起。這段貓狗情緣，應該算是千年修來的緣分吧！

5.無形枷鎖——瘸子

如媽媽所說：「豬來窮，狗來富，貓來起大厝。」家裡養了狗和貓後，經濟真的稍稍得到緩解。但是，好景不常，人算不如天算，無人能抵擋命運之神的捉弄。爸爸當了一段時間的礦工後，礦坑真的發生大爆炸了。在崩塌中，有人被岩層壓到、有人被臺車撞在一起、還有人被炸藥炸得面目全非。一具一具屍體被抬了出來，有三十幾人罹難。還好爆炸當時，爸爸剛好走到礦坑口，雖然胸口被巨石壓傷，但也撿回一命，算是不幸中的大幸！爸爸被壓傷後，導致肋骨斷裂、血胸，臥床將近3個月，這下子，媽媽擔子又更重了。她一人分飾多角，扛著竹筍、青菜和豬肉到處叫賣，什麼生意都不敢放過，但是家裡的經濟還是得不到改善。在爸爸生病期間，屋漏又逢連夜雨。六姐趁著放暑假時，寄養在外公家，以便減輕媽媽的負擔。沒想到，才住沒多久，六姐卻發燒了！外公帶著六姐去看醫生，被診斷為一般感冒。服藥後，六姐的病症有短暫消失，因此外公不以為意。等媽媽到外公家要接回六姐時，竟然發現，六姐全身癱軟，雙腳已無法站立了。而且，她還是高燒不退，讓身無分文的媽媽驚覺事態嚴重。為了替六姐治病，她急得像熱鍋上的螞蟻，再次厚著臉皮跟親友四處借貸，但是都被打了回票。在不得已的情況下，媽媽把腦筋動到爸爸的同鄉——老楊的身上。媽媽向老楊借了一筆錢後，馬上就揹起六姐，一路從望海巷走到八斗子的公車站牌，搭公車前往基隆市區，再換搭火車到臺北求醫。到了醫院後，醫生卻對著媽媽說：

「太遲了！病人都燒了這麼多天了，妳怎麼拖到現在才帶她來看醫生？就算我開了特效藥給她吃，也會有後遺症！她極可能會是個瘸子。」

原來六姐染的是急性傳染病——小兒麻痺症。媽媽自覺愧對孩子，她一看到六姐跛著腳走路，就傷心難過極了。

六姐罹患了小兒麻痺症，從此跛腳。鄰居家的小孩，一看到六姐，怎麼走路是一跛一跛的，就用鄙視的眼光看著她，還用嘲諷的語氣笑她、叫她：

「跛腳春ㄟ！」

「跛腳春ㄟ！」

「嘻嘻嘻！大家趕快來看喔！跛腳春ㄟ，來了！」

聽到別人用這樣的言語戲謔自己，六姐氣得咬牙切齒！她生氣極了，不甘示弱的她，直接怒嗆回去。六姐和同窗產生激烈衝突後，衍生更多人的排擠和孤立。孩子們的視線始終鎖著六姐，他們聯合起來跟六姐對峙。辱罵、嘲笑六姐不止是個「跛腳」，也是一個「醜八怪」，更是一個「大白癡」。這些言詞，深深刺痛了六姊的心，讓她變得很沒有自信，畏畏縮縮的，害怕與人接觸，更拒絕去上學。

六姐都已經九歲上小學三年級了，她的加減法運算還總是出錯。好心的三姐想盡快教會六姐，但是缺乏教學經驗的三姐，每教完一題，就要六姐立刻說出正確答案。只要是六姐把答案說錯了，她就瞪大眼睛，怒氣沖沖的大聲斥責，讓六姐嚇得全身發抖。

有一天，三姐要教六姐看時鐘。但是六姐連什麼是分針、什麼是秒針，都搞不清楚。三姐撥好鐘面上的指針，要六姐立刻說出現在是幾點鐘？六姐一看到三姐凶巴巴的臉，就坐立難安。緊張、焦慮和害怕讓她接二連三說錯答案。三姐在盛怒之下，立刻賞了六姐一個巴掌。六姐的眼淚不聽使喚，「嘩啦！嘩啦！」地往下流……她滿臉都是鮮血，手裡還捧著一顆牙齒……！每次，我看著六姐哭，忍不住就陪著她一起掉眼淚……。因為我很同情六姐，認為六姐肯定是高燒後，腦部受傷了，腦袋才會變得如此遲鈍。大腦受損，讓她的能力受到了影響。上小學的這段期間，六姐總是逃避、恐懼上學：所以她只讀到國小五年級，就讀不下去了。媽媽只好幫她辦了休學，讓她提前畢業，留在家裡幫忙飼養雞鴨。

六姊生長在四零年代，在那時候被欺負騷擾的孩子，沒有申訴管道，多半學生被欺壓都不敢跟老師說，更不知道被同儕欺負的這種行為就是霸凌。但是現今學校很重視霸凌事件。所以在校園裡，已設有霸凌防制準則。如果受到欺凌，當事者和旁觀者均可勇敢向導師及輔導室尋求協助。

6. 不得已的婚禮

欠債還錢是天經地義的事，但是爸爸舊病不斷，新病頻發。原本說好，三個月內就要還錢，但已經一年多了，積欠老楊的債務，依舊無力償還。老楊跑來家裡要求按月償還。該如何還錢，讓媽媽傷透腦筋。幾天前，老楊才來過，但隔幾天老楊又來了。這次，他帶來一位媒人婆，向媽媽提出一個還債的折衷辦法。這位媒人對著媽媽說：

「那老楊，滿喜歡妳家二女兒的，妳可以把她許配給老楊嗎？如果妳家老二，肯嫁給老楊，那麼妳積欠老楊的錢，就可以用折衷方式解決。」

在廚房拿著茶杯，正要端水給客人喝的二姐，在客廳門口，聽見了媒人和媽媽的對話，忍不住低泣了起來，因為二姐早有心儀的對象了。緊跟著二姐後頭的三姐也聽到了對話，她拉住了二姐的衣領，輕輕安撫著二姐的情緒，低聲勸道：

「噓！小聲點……妳別哭了，別讓人聽見了。待會兒別出來，我幫妳說情去。」

三姐把二姐手中的水杯接了過來，端起茶水，來到老楊的眼前。

「楊叔叔、阿姨請喝茶。」三姐拿茶水給客人後，劈頭就說：「剛才你們的對話，我都聽到了。但是，我們家二姐不行嫁人。哪有大姐還沒結婚，二姐就先嫁人的！何況我們家二姐，好不容易才開始上班。楊叔叔，你是要她提出辭呈嗎？我記得二姐的公司有規定，工作

未做滿三個月就離職者，會違反公司內部規定，恐怕會被公司罰款三個月的。」

話一說完，三姐馬上轉頭看了媽媽一眼：「阿母，繼父叔叔還在生病中，如果二姐不去上班，那家裡該怎麼辦？難道妳要叫繼父叔叔馬上出院去上班嗎？」

聽三姐說完後，媽媽馬上幫腔道：「對啊！老楊，你是個外省人，可能不懂我們這裡的規矩。我們這裡的風俗習慣，是要大姐嫁了，老二才能結婚。老楊啊！你應該知道，我們家老何大小傷不斷，現在又被懷疑肺部長了不好的東西，得靠我家老二幫忙賺錢養家。如果她沒做滿三個月，是會被老闆罰款的！如果被罰錢，那這條債務，我哪賠償得起？」

媽媽說完話後，媒人揮了揮手，示意老楊先行回家等消息，然後她就獨自留下來和媽媽閒聊。媒人婆一直纏著母親，對她說：

「那老楊長得滿端正的，年紀是大了點，但是，好說歹說也是個警察局裡的主管。雖然妳家老大，沒有老二長相那麼甜。但是，在我看來，妳家那大女兒，倒是比老二更成熟穩重。妳若捨不得老二先嫁人，不如就把老大許配給老楊吧！如果妳同意將大女兒嫁給老楊的話，那麼妳積欠老楊的債，就包在我身上。回頭，我就去跟老楊說情去，讓他把這筆債務一筆勾銷，妳覺得如何？如果這個婚事成了，那酬謝媒人的禮金，我知道妳這邊並不寬裕，女方的紅包我就不收了。但是，老楊那兒，妳可別忘了，要答謝媒人婆的紅包禮，還是得包一個給我喔！」

媒人接著又補充了一句：「妳想想看，妳大女兒只有念到國小，想要找到一個老實可靠又有錢的人，那可真是難上加難啊！」

這時，大姐剛巧回來了。媒人一看到大姐，就笑嘻嘻的走向大姐身邊，拉起了大姐的手說：「老大啊！聽阿姨的話絕對不會錯。論學歷、論家世、論才貌，妳楊叔叔樣樣都比妳強。將來妳嫁給什麼樣的男人，就會過上什麼樣的生活。能嫁給公務員是最好不過了，工作、收入都穩定。老大啊！妳聽我說，妳只有國小畢業，如果妳能嫁給妳楊叔叔，這麼好的對象，是太陽打西邊出來了，妳可得掌握住啊！」

媒人口若懸河、滔滔不絕的說個不停：「警察的工作可以說，是一個『鐵飯碗』。妳若是嫁給了楊叔叔，保證將來妳家的柴米油鹽就沒煩惱了。妳再也不必跟妳媽媽一樣，過得那麼辛苦了。話又說回來，妳身為家中的老大，知道家裡的處境，得比弟弟妹妹們負擔更多責任。如果妳能用結婚來幫助家裡，何樂而不為呢？」

就這樣，懂事的大姐，被媒人婆說服了，十九歲的她，為了替家裡還清債務，犧牲了自己的青春，嫁給大她二十幾歲的老楊。

老楊是個派出所的所長，把婚禮辦得風風光光的。鄰居們一早全都跑來家裡，幫忙洗菜、煮湯圓。新娘房超擠，小孩們全都擠在小房間門口爭著要看新娘。而我也跟大家一樣好奇，急著爭睹新娘的風采。鞭炮聲蹦蹦蹦……不斷響著，看著眼前穿著白紗的大姐要出嫁了，我沒有任何感受。因為大姐結婚時，我才五歲。記憶中，我跟大姐並不親近。雖然她與我是同母異父的姐妹，但是，我們鮮少見面。因為在我出生沒多久，媽媽便把我送人了。疏離，影響了我們的手足關係。雖然後來，我又回到了原生家庭，但是畢竟我們年紀相差懸殊，所以大姐對我來說，是一個既熟悉又陌生的人。

看著新娘房間裡面堆滿了喜餅，我忍不住垂涎三尺、猛吞口水，好想偷吃一口喔！但是，媽媽嚴厲地警告過我們，說那些喜餅，是宴會後，要分送給親朋好友的。她已經算好數量了，不許我們偷吃。

當新郎和新娘拜完祖先後，媒人婆就手持米篩，攙扶著新娘上了禮車。鞭炮聲又蹦蹦蹦四起……，人潮逐漸散去，這時我們大夥兒，開始想起了我家的小妹。奇怪了！小妹怎麼不見了？全家人四處找尋，就是不見她的蹤跡，妹妹會去哪裡呢？是走失了嗎？還是被人拐走了？我好擔心，到處喊叫小妹的名字：

「小豬！」

「小豬！」

「小豬！妳在哪裡？」我們馬不停蹄地分頭找著，

「小豬！」

「小豬！」

「小豬！妳在哪裡？」找遍整個屋子，就是看不到她的身影。經過擺放喜餅的房間時，我特意看了喜餅一眼。兩百多盒喜餅，就層層疊疊的放著，好想偷咬一口啊！我嚥了嚥口水，嘴饞到不行！於是，躡手躡腳的走進房間裡，確定沒有人影後，就急忙關上門，偷偷掀開了喜餅盒，拿起一塊喜餅想要一口咬下。突然間我就轉念了，因為腦袋裡冒出了「偷吃」的後果—如果被三姐知道我偷吃喜餅，一定會被打得半死不活。害怕挨打，所以我強忍住想偷吃的慾望，心不甘情不願地，把已掀開的喜餅盒蓋了回去。正想轉身前往廚房走時，卻聽到房間裡傳來「嘖嘖嘖……」的聲音，哎呀！心裡感到一陣狐疑，喜餅才擺放在這房間裡半天，怎麼老鼠這麼快就聞到味道了？這老鼠未免太聰明了呀！我環顧了四周，想要知道老鼠是不是躲在牆壁的角落。這時，又傳來喀滋喀滋的聲響，於是，我快速地搬開一盒又一盒的喜餅。哇！真是糟糕，大餅散落一地，到處都是咬過的痕跡，家裡竟然有這麼多隻老鼠？再仔細一瞧，不得了了，滿地都是被掀開的餅盒？這是怎麼一回事啊？我搬開最後一疊的喜餅，拿起拖鞋想打死老鼠。赫然發現，妹妹就坐在喜餅堆的正中央，正在大快朵頤呢！她開心地打開好多盒喜餅，努力品嘗餅盒中的每一種口味……臉頰的兩側，還沾滿了餅乾屑。一雙水汪汪的大眼，目不轉睛地又緊盯著另外一盒喜餅看。霎時之間，我被妹妹的行為嚇傻了，叫了一聲：

「小豬，妳怎麼躲在這裡偷吃喜餅？妳怎麼一次打開這麼多的喜餅？」

妹妹根本沒時間理我，她咧嘴咯咯地笑著……，露出了兩個漂亮的小酒窩，手裡又急忙抓起另一個喜餅，往嘴裡猛塞。她滿足地對我一直笑，一直笑……。我再也忍不住了，也拿起大餅往嘴裡猛吞……。妹妹的笑容真是可愛極了，這個畫面在我心底生了根，讓我無法忘懷……。

7. 無緣的戀情

大姐和老楊結婚後，債務只清償了一小部分。爸爸尚未完全康復，家裡的重擔仍然落在媽媽和二姐的身上。二姐為了我們這個家，沒有繼續升學，就到餐廳裡做外場端盤子的工作。薪水雖然很少，但是二姐懂得知足又很快樂，因為二姐在上班的餐廳裡，認識了來餐廳打工的大學生。她和大學生情投意合，每天下班後，大學生都會送二姐回家。

大學生個性爽快豁達，常常來家裡作客。當他知道我們屋後的那座高大的圍牆，是達官顯要的聚會場所後，感到非常好奇。他如同探險家般，做足了功課，知道那占地遼闊的後花園，平日鮮少人出入，就帶著二姐和我們一群小毛頭，從後山的芒草叢中，攀爬上一棵大樹，再鑽洞，翻越高聳的圍牆，側身擠入小小的入口，到達高官的後花園裡。我們興致勃勃的在花園裡穿梭探險，騎木馬、盪鞦韆，還在涼亭下乘涼休息。大學生帶著我們玩了好幾趟最驚險刺激的旅程，因此贏得我們一群孩子的喜愛。在我們的心中，大學生就是英雄。崇拜的眼神，讓二姐的愛情更加升溫。

但是，二姐的感情，受到雙方父母的堅決反對。因為男方家認為，我們兩家的家庭背景懸殊。他們自認清高，無論社會地位、家世、學識都比我們好；他們嫌棄我們的家境貧寒，負債累累，更是政府輔導的一級貧民。男方父母認為，將來要是我們兩家結成了親家，豈不也連帶拖垮他們一家人？

同樣的，媽媽也極力反對。因為大學生為了能順利和二姐交往，騙他的家人說，正在交往的對象是一位老師。媽媽一聽，提心吊膽，心生畏懼。媽媽說：「雞蛋再密，也有縫。」事情總有露出破綻的時候，萬一被男方家人知道實情後，會以為我們家為了促成這段婚姻，而使出詐術，這還了得啊！再加上大姐已經結婚了，無法再幫助家裡了，如果二姐又馬上出嫁，那等於是斷了家裡的經濟來源。

由於雙方的父母，都堅決反對他們繼續交往下去。因此，不被看好的戀情，終於被迫分手了。一段刻骨銘心的戀情，最後還是無疾而終。

二姐無法馬上從痛苦中恢復過來，她想利用工作轉移情傷，多賺一點錢，好替家裡還債。她離開初戀的場所，四處尋找新工作。一位不是很熟絡的同事，知道二姐很需要錢，熱心幫二姐介紹了一個，比原來薪資還要高的工作。

這是一份櫃檯服務生的工作。同僚告訴二姐：

「這份工作，妳只要記住三個原則：

1.要主動招呼客人，不要對客人不耐煩。

2.多介紹點心和菜色讓客人享用。

3.要記住，客人永遠都是對的。」

同事告訴二姐，只要妳能讓客人開心，保證除了基本薪資外，還會有很多額外的小費。聽到薪水這麼高，讓二姐覺得這是個難得的機會。回家後，馬上把找到新工作的好消息，告訴了媽媽。二姐對媽媽說：「聽說那新的餐廳裡，有好多種中西式點心，員工還可以免費食用三盤呢！」

當八姐一聽到，二姐即將去上班的地方，有水果涼糕、蛋糕和汽水等點心可吃時，好吃的她，便吵著說：「媽媽，明天我陪二姐去看看好不好？」

媽媽笑了起來，對著八姐說：「哪有人第一天上班，就帶妹妹去的道理？妳就別鬧了，別害二姐沒工作啊！」

第二天一早，八姐看二姐正在整裝準備出門，便偷偷先溜到公車亭外的樹下悄悄躲著。等公車來了，二姐上車後，她便一溜煙地跟著人群擠上了公車。二姐下車後，才發現八姐靜悄悄地跟在她的背後，只好牽起八姐的手，一起去上班。

到餐廳後，老闆看著二姐牽著六歲的八姐一起來上班，感到不可思議。他擺起臭臉，一臉不悅地對著二姐說：「漂亮的小姐，我是請妳來上班的，不是請妳來帶小孩的！」

二姐靈機一動，馬上對老闆說：「我的繼父叔叔得了重病，我阿母得去醫院看叔叔，但是我八妹沒人照顧，我擔心她走丟，所以只好帶著她一起來上班。」二姐滿臉歉意，並對老闆深深的一鞠躬：「老闆，真不好意思！對不起，對不起！我明天不會帶她來了。」

老闆蹙著眉，斜眼瞟向二姐，思索了片刻後，對著二姐說：「告訴妳家八妹，在這裡絕不可以亂跑，只能在櫃檯裡玩。」

一說完話，老闆就快步走向點心櫃，拿了一盤蝴蝶酥餅放到八姐手心：「妹妹，妳乖乖地待在這裡，千萬不要亂跑。」

一看到有酥餅可吃，八姐笑得合不攏嘴，開心地跟老闆道謝。

在這裡用餐的客人，隨時都可以小酌一下。有一桌的客人，不停地、痛快地喝翻了。一位客人帶著酒意走到二姐面前，先行介紹了自己，然後硬把自己手上的酒杯，塞給二姐，並對著二姐說：「漂亮的妹妹，妳是新來的會計嗎？聽說妳家很窮？妳把這杯酒喝下去，我就給妳五百元。」

二姐的臉漲得就好像蘋果一樣紅，她結結巴巴地說：「我……我不會喝酒。」

「不會喝？妳是看不起我嗎？」

「我……我是真的沒喝過酒。」

「沒喝過，就是要學啊！」酒客很盧，拿起酒杯硬要往二姐嘴裡灌。

這時，蹲在櫃臺下吃酥餅的八姐，爬了出來，替二姐回話：「我二姐，真的不會喝酒。」

「妳這小鬼是誰？為什麼會躲在櫃子底下？」

「我是我二姐的妹妹，八妹。」

「八妹？妳二姐不肯喝，那妳幫她喝。」

「叔叔，如果我喝了，你真的會給我很多錢嗎？」

「妳只要喝完這一杯，我就給妳五百元。」八姐傻傻地拿起杯子就要喝。

「八妹，別亂來！這是酒，不是汽水，妳不能喝。」二姐把八姐手中的杯子給搶了過來，放到桌子上。酒客站起身來，看著二姐道：「漂亮的妹妹，妳不喝，就是看不起我。」

微醺的酒客三杯黃湯下肚後，不知是真醉，還是假醉；他假藉著酒意，拉著二姐的手，搭起二姐的肩，讓第一天上班的二姐，嚇得花容失色。不知所措的二姐，本想推開酒客，但是，老闆的一番話，言猶在耳，只好隱忍不發。眼看酒客就要上下其手了，讓二姐羞窘又委屈的閃來閃去，不敢說話的她滿臉通紅，不知道誰能來救她？八姐看到這一幕，也不知道該怎麼拯救二姐才好？害怕的她，只想趕緊逃離現場，她從櫃檯走到酒客餐桌底下躲著……。酒客看到二姐似乎沒有拒絕之意，便把二姐硬拉到椅子上坐了下來，然後假意跟二姐閒話家常，卻伸手摸了兩下。二姐畏怯地推開了酒客的手，但酒客藉著酒意，繼續伸出狼爪，竟然把手伸到二姐的大腿上撫摸。二姐氣得跟酒客抗議：「你……好噁心喔！」

「噁心才好啊！」被說是噁心，酒客居然瘋了似的笑了起來。他邊笑，邊朝向二姐私處摸去。此時，二姐無法再忍耐了。她尖叫一聲，站了起來。

「色狼，不要臉！」在二姐尖叫的同時，正在桌子底下的八姐，看見酒客的手，正對二姐不規矩。八姐順勢就抓住酒客的手，用力的咬了下去，痛得酒客彈跳了起來，「砰」一聲，整桌餐點，全被酒客給掀翻了。酒客發瘋怒吼著：「哇！好痛，好痛唷！」

酒客被八姐咬出了深深的齒痕。

「妳這小鬼，竟然把我的手咬傷了！老闆，你給我出來解釋解釋，這是怎麼回事？」

老闆急忙跳出來想跟酒客道歉，但酒客卻得理不饒人，嘶吼著說：

「本大爺，是花錢來這裡尋歡作樂，不是來這裡受氣的！我好好在這裡吃飯，為什麼會有小孩躲在這裡咬我？瞧瞧我這身剛買的新衣服，都被潑髒了。我不管！你得叫那不懂事的小姐，負責賠償我所有的損失！」

鬧事的酒客，要二姐賠償所有的損失。一聽到「賠錢」兩個字，二姐緊緊拉住八姐的手，整個人呆若木雞，久久回不過神來。不知該如何應對的姊妹倆，只能呆立在酒客面前，讓酒客連續罵著三字經……。此時，隔壁桌一位黃老闆再也聽不下去了，他連忙跑到酒客前頭幫忙打圓場：

「唉喲！這小女生真是不懂事。你就大人不計小人過，饒了她吧！拜託你，算是給我一個面子，該賠給你多少錢？就由我來承擔吧！」

黃老闆不但幫忙打圓場，還幫二姐結清賠償，並帶著二姐和八姐離開了餐廳。離開餐廳後，黃老闆特別囑咐二姐幾句話：

「這裡是是非之地，不宜久留，以後妳就別到這裡上班了。」

熱心的黃老闆以長輩之尊告訴二姐：

「為免招是非，明天一早，妳就到我那兒上班吧！」就這樣，二姐改到黃老闆的茶藝館上班。

年幼就失去父親的二姐，非常尊崇黃老闆。她覺得黃老闆彷彿是一位慈祥的父親，在照顧著她。黃老闆大二姐二十幾歲，當他知道二姐感情受挫，心裡很苦悶時，情場老手的他，便趁虛而入，利用苦情攻勢欺騙了二姐。他對二姐說：

「背叛的滋味，妳有過嗎？不久前，我老婆出軌了。我老婆居然給我戴綠帽子，被我當場抓到了！唉，沒想到她的『小王』……，竟然是我兄弟！叫我情何以堪？」

黃老闆用裝可憐的方式騙取二姐的同情：

「這段感情，讓我身心俱疲，痛苦萬分。我們夫妻的情份已經回不去了，我和她正準備簽字離婚。」

之後，黃老闆就對二姐噓寒問暖、體貼入微、不斷細心愛護，展開猛烈追求。

經歷了一段失戀痛苦後，二姐本想要盡快擺脫感情束縛，就在此時，黃老闆宛若父親的一股暖流，讓缺乏父愛的二姐對黃老闆產生「崇拜」、「迷戀」和「同情」。黃老闆深情的關心，讓戀父的二姐，無法招架，墮入愛情陷阱之中。

二姐被騙得團團轉。才十六歲的她，暗結珠胎懷孕了。黃老闆的妻子知悉後，煮了一鍋滾燙的金針湯，裝到兩個很大的保溫瓶裡，拿到二姐住所，按下了門鈴：「叮咚！叮咚！叮咚！」

二姐聽到門鈴聲，打開了門，探了探頭發現沒有人。正當她要鎖門時，

「狐狸精！狐狸精！給你死！」整鍋滾燙的熱湯，全部朝二姐身上猛力潑去。瞬間，二姐皮開肉綻，痛到昏了過去，被鄰居送到醫院。醫生說二姐傷勢嚴重，需要住院觀察一段時間。媽媽知道消息後，馬上跑到醫院探視二姐。看到全身被包紮得密不透風的二姐，媽媽心疼的哭了出來……

「老二啊！妳不要被那老黃給騙了！妳聽阿母的話，出院後我們就回家，重新找工作去。我們不要再去黃老闆那裡上班了。我不要妳背負著小三的惡名。」

媽媽苦苦的哀求二姐離開黃老闆，二姐卻垂著眼簾沒有回話，讓媽媽氣憤的說：「如果妳不和老黃分手，我就要跟妳脫離母女關係。」

但是，這個威脅已經來得太遲了，二姐和黃老闆已經有了愛的結晶。二姐已經愛到痴狂了，她寧可相信黃老闆會離婚娶她，也不肯聽媽媽的忠告。二姐寧願和媽媽對簿公堂，脫離母女關係，也不肯離開黃老闆。

沒過多久，二姐出院了。第二次的金針湯事件又再次發生了，二姐又住院了。大姐趕回娘家，在廚房裡對三姐和媽媽說起二姐的事。

大姐和三姐，你一言我一語的對著媽媽說：「如果妳不和繼父結婚，那該有多好啊！」

「大姐就不用嫁給老芋仔了！」

「二姐也不會為了還錢，變成人家的小三。」

「會造成今天的局面，都是媽媽妳的錯。」

姊姊們聯合起來指責媽媽，媽媽眼角噙著淚水和她們激烈爭論著……。

「我不嫁給叔叔，妳們哪來的飯吃？我不結婚，妳兩個哥哥的醫藥費誰來付？難道，妳們是要我們這家子，一起喝西北風？還是要我們一起去死？」

廚房裡傳來抱怨吵架聲。這時爸爸下班回來了，他走到了廚房門口，聽到姐姐們對媽媽嚴厲斥責，他臉色凝重停住腳步。看到爸爸駐足不前，站在爸爸背後的我，趕緊悄然離開。

之後我常常發現，媽媽經常一個人躲在角落裡掉淚，因為沒有人能夠了解，母親是為了救孩子才會再婚的。

二姊對「愛」放不下，不懂拒絕和已婚的男人交往，讓自己介入了別人的家庭，淪為別人的小三。她不但給自己帶來莫大的痛苦也傷透母親的心。所以在談戀愛時，一定要確認對方無婚姻狀態，才能繼續交往。

從二姊這次應徵工作的經驗中，可以發現，壞人利用稚嫩的二姊社會歷練不足，又急於找到一份薪資優渥的工作。便假藉高薪作為幌子，引誘、欺瞞涉世未深的二姊，讓她差點誤入火坑，毀掉一生。

所以，當我們要應徵工作時，千萬要謹慎小心！要切記：絕不能輕易簽字、押證件，更不要隨意購買不明物品和付款。工作前多了解公司營運狀況，和工作型態，才能多一分保障。

8. 麵龜ㄟ

大病初癒的爸爸，決定不再做礦工了。他和媽媽邊養雞，邊做起賣煤炭的生意。

這時我上小學了，學校根據學生的特點以及家長的職業，編成兩個班級，取名忠班和孝班。忠班的家長，大部分都是菜販或者是漁民的子弟；孝班則是家境較優渥的會社班。（會社班註解：家長大部分都在電力公司上班或者是公務員。）

新生報到的當天，我們一群傻裡傻氣的小學新鮮人，排著長長的人龍隊伍，等著老師幫我們編班。一位老師依指定的內容問我：「說，妳叫什麼名字？」

我怯怯地回答：「何土碳。」

「妳住在哪裡？」

「蹦……蹦坑空頂。」（註解：住在隧道洞穴頭頂。）

「說國語？」

「望……望海巷。」

「妳爸爸在哪裡上班？」

「我……我我……我爸爸是在做……做塗……塗……塗炭咧……」

一時間，我扭轉不過來，不知道要怎麼把臺語的土炭說成國語的煤炭。支吾了老半天……我尚未把話說完呢！老師就不耐煩地，揮了揮手對著我說：

「好了，好了，別再我……我了，去最前面那個班級。」

就這樣，我被分到一年級忠班。真摯的友情，就在這個班級開始萌芽滋長。

說長不長、說短不短，兩千多個日子裡，我們共同建立了六年深厚的情感，也培養了最好的默契。

國小時，那一樁樁、一幕幕的往事，彷彿又浮現眼前……。一年級的班導師，江淑卿老師。她的臉很圓，操著極濃的外省腔，每次一開口說話，都讓我們全班如同鴨子聽雷，有聽沒有懂。

上課時，雖然她不厭其煩，一遍又一遍教著，但是，我們每個人還是一臉茫然，不解其意，總是聽不懂老師在臺上教些什麼？讓江老師氣得整張臉，漲得紅通通的。每次老師一生氣，臉頰的肉就會揪成一大糰，很像是拜拜時，才有的祭品——大麵龜。於是調皮的男同學，便幫江老師取了一個外號叫「麵龜ㄟ」。

麵龜老師，很會碎碎念，所以阿彥同學會背著老師，說老師的壞話。

記得有一次上課時，阿彥因講話而被老師罰站。他嘴裡用著臺語，嘀嘀咕咕小聲罵著麵龜老師：「你看，老師又在氣噗噗，又變成紅龜粿了！」

阿彥才剛嘀咕完，老師就提高語調問阿彥：「陳阿彥，你已經被罰站了，還要影響別人！說，你在跟誰說話？」

「老師，我沒有說話。」

「還說沒有，我明明聽到你在講話。你把剛剛對葉阿模講的話，再說一次。」

阿彥紅著臉，怕得直發抖：「老師，我是在說，我在跟葉阿模說，妳的臉怎麼那麼紅。很像一顆紅蘋果！」

聽到了紅蘋果，老師會心一笑：「好了，好了，都坐下。以後上課時，不要再聊天了，以免影響別人上課。」

聰明的阿彥和阿模馬上應聲回答：「是！老師。」

機靈的阿彥總能避過老師的處罰。

住在漁村的我們，都使用臺語交談，想馬上聽懂國語，是有些難度的。於是，麵龜老師想營造一個說國語的學習環境。她使出殺手鐧，禁止我們在校內說臺語。還規定我們互相當「抓耙子」，只要有同學在校內講臺語，就會被罰錢。那時候，我們全班幾乎每個人都被罰款過。

自從校內推行說國語運動後，大部分的同學，都已經會使用國語交談了。但是班上仍有一位胖胖的男同學，他的外號叫番薯ㄟ，偏偏聽不懂半句國語。番薯只會說著流利的臺語；而麵龜老師則恰恰相反，她連一句臺語也聽不懂。師生倆在語言溝通上，出現了困境。番薯在上課時，總是咬著指甲、望著窗外發呆、我行我素、晃來晃去，不斷干擾老師上課，讓江老師煩惱不已。

上課時，番薯用舊報紙，摺成紙飛機射來射去。老師趁著番薯專心在摺紙時，躡手躡腳的走到他的身後，猛地用力拍了好幾下番薯的肩膀，讓他嚇得從椅子上跳了起來，兩眼直瞪著老師：「老書，妳無代無誌，打我創啥米？」（註解：老師，妳無緣無故，幹嘛打我？）

「啊？你在說什麼？」麵龜老師張口結舌無言以對……。無法溝通，讓老師和番薯陷入緊張的冰點。

老師想把師生隔閡降到最低，並增進她和番薯師生之間的情誼。於是，她想藉由同儕之間的力量，當作溝通的橋樑，幫她轉達訊息。

經過麵龜老師調查全班的祖籍後，發現我的爸爸是個外省人，媽媽則是臺灣人。老師認為，我應該是個標準的國臺語雙聲帶。於是乎，老師將翻譯的重責大任，寄託在我的身上。

麵龜老師當著全班的面，又快又急的說了一大串的話，要我馬上為她進行翻譯：「番薯啊！上課時，你要專心聽講，不要像條蟲似的動來動去。下課時，不可以追著人打。你要是再打人，我就生氣，就會打你。如果你還要再調皮，小心放學後，我就罰你不准回家。」

老師話說得又快又多，讓我一時間無法消化，不知道該如何翻譯才好。

「土碳，快講啊！」此時，同學七嘴八舌的對我說：「妳不會啊！我可以幫你翻譯。」

頓時成為同學矚目的焦點，讓我心頭微微一震，暗想：「完了，完了！這下完了！我可是班上僅有的外省人，不容出錯！我一定得將老師的話，一句不漏的轉給番薯知曉。」

雖然有點怕，但我還是硬著頭皮，將老師所說的國語翻成了臺語：

「番薯ㄟ！老師說，你坐在椅子上啊！就是坐不住啦！

你啊！就親像便所裡的屎礐仔蟲，蟯蟯鑽。（註解：你就像廁所裡的蛆蟲不停地扭動。）

你那呼同學打，老師就呼你打。」（註解：若給你同學打，老師就讓你打。）

說完，全班一陣譁然……

「哈哈哈……」逗得大家哄堂大笑……。阿彥，再也忍受不住了，對著老師說：「阿娘喂！老師啊！妳叫何土碳幫妳翻譯，她的國語『不輪轉』，都替妳翻錯了！土碳居然跟番薯說，妳叫他上課時，要像一條蛔蟲，不停地動來動去啦！」

「哈哈哈……」即刻全班笑得人仰馬翻……

老師聽完後，搖搖頭對著我說：「唉喲！我說呢！何土碳啊！我也太高估妳了！妳的國臺語也是有障礙的！」

調皮的阿彥笑嘻嘻的轉頭，對著我扮起鬼臉說：「哈哈哈！何土碳啊！妳應該把老師說的國語翻譯成：『番薯ㄟ！你嘛抹乖，恁老書，就甲你共落去！』（翻譯：你若不乖，你老師我就往你的頭K下去！）」

說完，全班笑成一團。這下子，我真如臺語名諺所云：「明明不會駛船，卻嫌溪彎。」

沒想到，我自曝其短，竟然可以把國語翻成全班的笑話，真是超級尷尬啊！實在有夠崩潰！

我們班上男生和女生經常為分配工作而吵架。阿彥同學常常帶頭，領著男生罵女生：

「妳們女生攏是恰北北。」

「妳們女生攏最北爛。」

「妳們女生就是最愛跟老師告狀。」

「妳們女生天生攏是『抓耙子。』」

眉清目秀的小雲，有著「正義女俠」的外號，她只要聽到阿彥不停地罵女生，就會氣呼呼地挺身回罵：「你們男生就是賤！就是欠揍！」

聽到小雲正在罵自己，阿彥氣得立刻跑到小雲座位，伸手一抓，拿起小雲桌上的課本，就往地下一扔。

「吼！老師，老師，陳阿彥又在欺負我了！他把我的課本丟在地上了！」小雲轉身就想去跟老師告狀，阿彥見狀回嗆：「抓耙子，抓耙子，去告啊！有種就去告啊！」

說完，阿彥轉過身，緊追在小雲身後，直嚷著：「吳小雲是恰查某，吳小雲是恰查某！」

「來啊！來啊！來追我啊！」阿彥瞄來瞄去，知道老師不在，故意走到小雲身邊，作弄小雲。趁著小雲不注意，伸手輕輕彈了她的屁股，然後扭著屁股逃走了。沒一會兒工夫，又轉了回來，這次他竟然把一隻蟑螂，放進小雲的書包裡。

「啊！有蟑螂啦！」小雲嚇得驚聲尖叫，陳阿彥卻高興得合不攏嘴……，然後裝作若無其事，大搖大擺地走回教室。

小時候，男生們看到綁辮子的女生就會手癢。我和娜娜同時綁著兩條馬尾辮，一群男生們故意躲在牆角，等我們經過時，就拉住我們的辮子不放，一定要等我們大聲呼叫：「啊～啊～好痛，好痛！」他們才會收起頑皮的心，然後笑岔了氣對著我們說：「啊！拍謝！拍謝！拜託！拜託！不要跟老師告狀。」

知道我們沒有打算跟老師告狀後，他們又躲在牆角，趁著我們轉身時，又一人拉住我們的一條辮子，讓我們氣到咬牙切齒。

二年級時，麵龜老師安排男女同坐。為了劃清界限，我們在長桌中間用刀片畫了一條直線，互相提醒「不准越線」。班上的女同學小英，發現同座的小男生阿榮超越界限，還把她的鉛筆弄斷了，就跑去向老師告狀。阿榮知道後，氣鼓鼓的踹起桌腳，碎念的說：「真沒有想到，妳也是個抓耙子，妳們女生都是一樣，就是那麼愛告狀。既然那麼愛投訴，那我就不跟你們好了！」

小英一聽到男生大聲喊著要跟自己絕交，她怕面子掛不住，便脫口而出：「絕交就絕交，一刀兩刀切八段。」

阿榮也不甘示弱反擊回嗆：「一刀兩刀，切八段，我也要跟妳斷交。」

於是阿榮和小英絕交了。

上體育課時，老師將全班分成兩隊。由組長選擇組員，阿榮是小組長，他為了打贏遊戲，選了小英同隊。不會記仇的小英開心的和阿榮和好了。在那段日子裡，我們男女同學，雖然一直不斷的演著斷交的戲碼，但是同儕之間的感情，也因為爭吵，而變得非常親密，同學之間的友誼也因此越來越好。

阿祥是班上的轉學生，看起來有點呆呆的，但他對每位同學都很親切真誠。他被安排和可愛的小美坐在同一張長桌。喜歡和大家和平共處的他，不想為了切割桌面的事，就和同桌小美爭吵。於是，他對小美先釋出了善意。

這天，阿祥一大早就已經到學校，他把阿姨送給他的餅乾，分成兩份。一份自己吃，另外一份用牛皮紙包了起來，放在小美的抽屜裡。

等著等著，小美終於來上課了。阿祥開心地對小美說：「我在妳抽屜裡，放了五片餅乾，妳吃吃看。」

「餅乾?怎麼一早就有餅乾吃?」小美疑惑的問。

「喔,那是我阿姨給我的早餐,我特別留了五片給妳。」

第一節下課了,阿祥發現小美沒有動過抽屜裡的餅乾,便對小美說:「那餅乾,是最新產品『可口奶滋』,妳應該還沒有吃過。那個餅乾,真的很好吃,我只有給你唷!妳要趕快吃。」

小美再次望了望抽屜裡的餅乾,然後轉頭對阿祥說了聲:「謝謝!」

都已經第三節下課了,阿祥再次看了看抽屜,發現餅乾還躺在抽屜裡,就問小美:「妳不想吃喔?」

小美不好意思的點了點頭。其實在小美心裡並不是這樣想的,她並不是不吃,而是不好意思在教室裡吃。因為一旦小美吃了,那同學們一定會跑來問小美:妳怎麼會有餅乾,這餅乾是誰送妳的?

如果讓女生知道,餅乾是男生送的,那還得了啊!

這時,已經飢腸轆轆的阿祥緊盯抽屜的餅乾問著小美:「如果妳不想吃,那我自己吃好了!」

「嗯!你自己吃吧!」

阿祥伸手拿起抽屜裡的餅乾,一口接一口放縱地大口吃了起來。雖然小美心裡很感謝阿祥,但是還有最重要的一點,她不好意思告訴阿祥,她並不喜歡吃零食。

大半學期過去,逐漸的,老師講的國語,我們有聽也有懂了。麵龜老師特別帶了一些餅乾,要來獎勵班上表現最好的同學。自認乖巧聽話的小美,眼睛緊盯著老師的一舉一動。她靜靜等候老師叫她的名字。

眼看老師將手中的餅乾一片片分送出去,卻還沒有叫到自己的名字。小美的心,不安的跳著……她心裡想著：「我這麼地乖，老師應該會把最後的那幾片餅乾給我吧！」

不肯死心的小美，目不轉睛，緊緊盯住老師手上的餅乾。但是，令她感到意外的事發生了！老師居然把最後的三片餅乾，全給了土碳，讓小美感到非常的失落。當老師發現小美落寞的神情，以為小美很想吃餅乾，就對著小美說：「來！妳很想吃餅乾是吧！只剩下這些碎片了，我全倒給妳！妳把手伸過來。」

老師一把抓過小美的手，把碎屑全倒進小美的手心。小美失望的看著餅乾的碎屑，一臉的茫然、灰心、失望。她好想告訴老師：「我要的不是餅乾，而是老師的肯定。」會那麼失望，會那麼在意，全是因為，老師把獎品送給了她最要好的朋友──土碳。

9.消失的漁船

窗外風雨不斷，伴隨著陣陣打雷聲，我們全班正巧念著課文：「天這麼黑，風這麼大，爸爸捕魚去，為什麼還不回家？聽！狂風怒號，真叫我心裡害怕！爸呀！爸呀！我們多麼牽掛，只要您早點回家，就是空船也罷！」此時，轟隆隆！轟隆！雷聲響個不停……天空頓時變成一片昏暗。課文裡的情節，爸爸正在跟茫茫的大海搏命，彷彿就在描寫著我們這個班級裡多數同學的家人。

在五零年代，氣象預報技術並不怎麼發達，所以沒有漁業氣象的預報。漁民們想出海捕魚，全都是依據自己的經驗或是用猜測的。

討海人，只要看到天氣晴朗，就會出海捕魚。如果從收音機裡聽到有颱風警報時，大部分都已經來不及了。因為漁船已經都在外海了，很可能會遭遇颱風侵襲。

在我們生活中，經常上演著漁船在海上失蹤的事件。

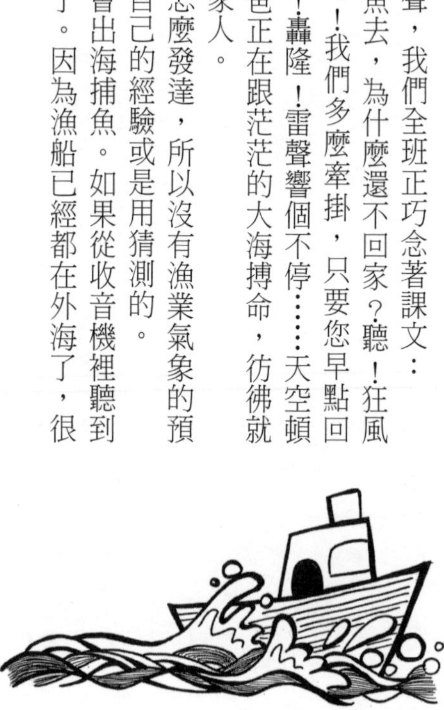

小美是我的國小同學，也是我的鄰居。她的爸爸自購了一條漁船。兩位哥哥便開心的隨著父親一起出海捕魚。有一天，小美的爸爸感冒了，因病在家休養，改由她的大哥和二哥駕著漁船出海捕魚。

傍晚時分，我要煮飯前，看到小美在她家的門口晃來晃去。煮好飯後，又看到小美仍舊在她家門口蹲著，似乎有些怪異。於是，我就從我家走了過去，叫了好幾聲小美，但小美居然不搭理我。她緊咬著唇，低垂著頭不語，讓我感到不對勁。輕輕走到她的眼前，蹲下身，歪起頭望著她。她雙眼緊閉，兩手交叉疊放在膝蓋上，還是悶不吭聲。我蹲在她眼前問道：「妳幹嘛一直蹲在這裡？」

小美雙手抱膝，單手開始搓揉著眼睛。

「妳怎麼了？妳為什麼在哭？」

小美依舊沒回話。

「妳說，到底發生了什麼事？」

「嗚……嗚嗚嗚……」小美忍不住焦慮地哭了出來……。

我靜靜地拍拍她的肩，等她哭完了再次問她：「到底怎麼了？」

「嗚……我哥……我哥的漁船不見了！昨晚，漁船就應該要回來的，卻沒有回來了！……海巡說，有接獲遇難漁船呼救的訊息……但是後來就聯絡不上了……海巡原本想出發去救人，但是聽到廣播電臺說，菲律賓那裡有颱風。他們說，海象實在太惡劣了。漁船的衛星電話已經打不通了，船隻可能發生意外了……嗚……我有兩個哥哥都在船上啊！」

聽她訴說的當下，我邊轉頭往屋內探去，小美的家中愁雲慘霧，每個人全都是苦瓜臉……而我，一句安慰的話也說不出口，只能默默的蹲在小美的身邊陪伴她……。

隔天一早，小美的親友無懼海上氣象惡劣，自組漁船搜救隊，到外海找尋失蹤的海龍號。但是，都沒有發現漁船的蹤跡。

已經兩天一夜了，小美一家人，望穿秋水，深切盼望奇蹟出現。

此時，海巡也在鄰近海域搜索。經過三天兩夜的搜救，黃昏時，終於傳來令人振奮的好消息：親友的漁船，在菲律賓外海，發現了失去動力，正在海上載浮載沉的海龍號。搜救漁船拋出繩索，將小美家故障的船隻拖回碧砂漁港。

安全回家後，小美家人先忙著祭拜祖先，燃放鞭炮，還殺豬宰羊，答謝神明的庇佑。

宴請親友後，小美的父親幫她買了一組辦家家酒的玩具。她興奮地告訴我，願意和我一起分享。隔天我做完家事後，趁著家人都不在，偷偷溜到小美家，和她玩了起來。玩著玩著，小美跑到她媽媽面前說：「媽媽，我肚子餓了。」

「妳肚子餓了？媽媽升火，煮米粉湯給妳吃。」

說著說著，小美的媽媽馬上蹲在大灶前，升起灶火，煮了一小碗米粉，給小美吃。看到這一幕，我簡直不敢相信自己的耳朵！原來肚子餓，是可以告訴媽媽的。這是我這輩子從來沒有做過的事。

在小美家玩著玩著，時間怎麼過得特別快，才一下子功夫就已經黃昏了。剛走出小美家門口，就看見隔壁鄰居家的廚房炊煙裊裊升起，想必鄰居家已經開始在做晚飯了，讓我猛然意識到大事不妙。媽媽臨出門前才交代過我不要亂跑，要好好在家看守；如果媽媽趕不及回來做晚飯，五點一到，我就得用大灶升火煮好大鍋飯，然後再煮一大鍋水，讓全家人可以洗澡。

看著時間有些晚了，倘若媽媽比我先回家，那我可就慘了。於是，我躡手躡腳走到窗口，往屋裡張望，發現家裡的客廳有些灰暗，想必媽媽還沒有回家吧！但是為了防患未然，我仍舊小心翼翼地跨進客廳。才步入客廳，座椅上突然間有個人影抖動起來，讓我嚇了一大跳！

「妳還知道要回來喔！」一股怒火，衝到媽媽的腦門。媽媽轉身拿起木板凳，墊著腳丫，伸手想拿取她藏在屋簷下的籐條。但是，她翻找了許久，就是找不到那根棍子。她怒氣沖沖地問：「說，到底是誰？竟敢把我的棍子，拿去藏了起來。」

此時，在屋裡睡午覺的妹妹，被聲音吵醒了，從臥房裡走了出來。她揉了揉眼睛，對著媽媽說：「媽媽，土碳並沒有藏您的棍子。」

「沒有藏籐條，難道是木棍自己長腳跑了嗎？」媽媽怒氣沖沖盯著廚房門口說：「你們回來得正好，通通給我出來。」

此時躲在廚房偷看的六姐、八姐及弟弟也走了進來。

「說，你們之中誰這麼厲害，竟敢把我好幾根竹子全都拿去藏？」

妹妹張著大眼，無辜地說：「真的沒有人藏您的棍子，只有把竹棍子拿去丟掉而已。」

八姐和弟弟同時拉著妹妹的衣服，要她別再說了。

「我藏在屋簷這麼高，你們也拿得到？說，是誰那麼大膽敢爬到屋頂，把我的藤條拿去丟掉。」

此時姐妹們人人自危，一個個嚇得面面相覷，他們不約而同的，把目光側移到了我的身上。媽媽一看，便氣呼呼地「哼！」了一聲：

「我就知道，一定又是妳在作怪。我說呢！這藤條，怎麼會自己長腳跑了。土碳，看來，是妳的皮在癢了。看我怎麼收拾妳。別以為我沒有鞭子，就不能打妳？」

媽媽先用手擰了我的大腿，然後往後一瞧，轉身就從門縫裡，拿出了一把竹掃帚，用力往我身上揮了下去，痛得我往後倒退好幾步。媽媽氣呼呼的大聲斥喝：「妳給我死過來！」

我癟著嘴，搓揉左肩，不敢往前一步，但是媽媽又再一次大聲說：「妳再不死過來，我就給妳好看！」

聽媽媽這麼一說，只好往前移了一小步。見我走上前來，媽媽便拿起掃帚，一棒才下、一棍又起。眼看媽媽又要用力揮來，我索性跑開，跑到了大馬路上。不甘示弱的媽媽，手持掃帚也追到馬路邊。肥胖的媽媽跑不了幾步，就會氣喘吁吁停下來喘息，等休息夠了才又追過來，遠遠斥責著我：「死孩子，死孩子！妳這死孩子，是要跑去哪裡，等一下讓我追到，我就要把妳貢死！」

一聽到媽媽說，要打死我，讓我更加害怕，頭也不回，急速穿越濱海公路，跑得更遠了。

此時，狹小的省道公路上，一臺客運剛好駛了過來。我逆向跑到車輛的前方，司機員被突如其來的情況嚇壞了。他馬上將方向盤往右偏移，但是同時間，我為了閃避車輛，也跟著往右偏移。

「吱嘰……吱嘰……」司機員重踩煞車，客運上的乘客不自覺的往前傾倒。車輛頓時停了下來，在座的乘客紛紛罵著：「哇！你突然間煞個什麼車？是要死了！」

司機驚魂未定說：「死了，死了！撞到人了，撞到人了！」

司機員緊急停車，車子急煞晃動一下，停了下來。數秒鐘後車子停穩了，司機員搖下了車窗，看了看左右，就是沒有看見小孩的蹤跡，他趕緊下車仔細查看。

「我剛剛明明看見一個小孩跑了過來，才煞車的。怎麼沒有看見人影呢？剛才，衝到馬路上的那個小孩子，怎麼不見了？」

乘客們全都緊張的站了起來，伸長脖子幫忙查看。司機員走到車子後方一一查看，一臉無奈地又回到了座位上。

「怎麼辦？怎麼辦？都沒看到半個人影！」

「是那個綁兩個辮子的小女孩嗎？我看到她閃車時，就跳到草叢邊了。」

這時，我從水溝旁的草堆中，鑽了出來。乘客看到我出現了，轉頭便對著司機大喊：

「啊，好險！沒撞到啦！唉喲！還活跳跳的。」

全車乘客都站了起來，一齊擠到右方窗邊，像看動物園裡的動物一樣，望著我。司機員對著我說：「妹妹是從哪裡竄出來的？妳是存心要嚇死我嗎？」

一群嚇呆的乘客，紛紛對司機員說：

「沒撞到就好，沒撞到就好！快開車啦！快開車啦！」

此時，我回頭一望，不得了了，剛才彎著腰正在喘息的媽媽，看車子開動了，又拿起竹掃帚追來了。我只好沿著海邊公路繼續往前跑著，客運車也緩慢地駛來，媽媽邊追邊揮舞著竹掃把，口中還大聲叫著：

「還跑！被我追到，我就把妳貢死。」

「唉喲！原來就是這樣啦！才會跑到馬路上！」車裡的乘客，全都將頭望向右邊窗外，像是在看戲般，目光齊聚，看著我和媽媽，上演著妳追我跑的戲碼……。

小美家的事才發生過後沒多久，有一天上課時，老師講到一半突然停頓了下來。老師叫了兩三次小茹的名字，但小茹彷彿失神般沒有回應。於是老師拿起粉筆頭，往小茹面前丟去。小茹這才愣了一下，回過神來。老師對小茹說：「妳最近上課，怎麼老是發呆？妳到底是怎麼了？」

被老師這麼一問，小茹先是呆住了，接著兩行淚水，忍不住地流了下來……。老師停止怒氣，用和藹的口氣問著：「是妳家裡發生了什麼事嗎？」

被老師這麼一問，小茹更是難過得哭到滿臉涕淚。老師於心不忍，在下課時，將小茹叫到自己身邊問話。

「別顧著哭，到底發生什麼事了？」

答案終於揭曉，原來是小茹的爸爸前幾天出海時，遇到強風豪雨，失蹤了。

幾天後，在太平洋海域，尋獲小茹爸爸撞翻的漁船和遺體。老師問我們，有誰願意代表班上，去小茹家捻香致意。這時我和幾位同學同時舉手，決定代表班上，前往捻香致哀。

隔天剛好是假日，我們一群人來到小茹家門口，靈堂就設置在大廳外的屋簷下。才走到小茹家巷口，看著門口高掛輓聯布幕，突然間，我感到一陣頭暈目眩。站在靈堂門外的我，

步伐沉重到無法跨進喪家。同學看我環抱著頭，裹足不前，他們不明就裡，硬把我拉進靈堂裡。才進入靈堂看到遺像，不知怎麼的頭痛欲裂，痛到快要站不穩！這時，喪家點燃了三炷香交給了我。手拿三炷香，我就閉起眼睛，口中默念著自己名字和願望：「叔叔啊！我是小茹的同學，你在天上，一定要保佑我，考試要考好一點，不要老是被老師罵。」

說也奇怪，我將香插入靈桌香爐後，頭不暈也不痛了。好奇怪喔！是小茹爸爸在天上保佑我了嗎？

升旗時，全校都在操場整隊。在國旗歌伴奏下，學生正將國旗冉冉升起。此時，爸爸的三輪車噠噠噠……來了。三輪車發出聲響，讓站在隊伍中的我，遠遠的就看到了那寒風中衣衫襤褸的爸媽。看著他們停好馬達三輪車後，各自背起一袋五十斤重的煤炭，吃力的沿著操場上的階梯，一階一階地往上爬。我知道爸爸帶來的煤炭，是要送往位在半山腰上的學校廚房。在隊伍中，我再次踮起腳跟，看著媽媽跟在爸爸身後，走得踉踉蹌蹌，讓人覺得好心酸……。

為了能減輕爸媽的負擔，所以我拼命為家裡工作，希望能藉此減輕爸媽的工作量。

漁船回港後，漁民會立刻處理魚貨。他們使用大灶煮魚加工，將大批魚貨煮熟後曬乾，再製作成各式魚乾商品販售。

漁民和鄰近住戶們，都是買爸爸的煤炭來生火煮魚的，但是他們都用賒帳的。每次爸爸去收貨款時，他們總是推三阻四地說，等過年時再一起總結。貨款很難收回，總要拖到最後一天，還不一定能收回積欠的款項。

所以每年到了除夕夜時，爸爸總會載著我到客戶家附近，讓我獨自一人下車，挨家挨戶去客戶家敲門，收取被賒欠的帳款。這時，客戶們全家，正在圍爐吃著年夜飯，看到髒兮兮的我，會感到相當訝異。他們會忍不住地問我：「妹妹，妳吃飯了嗎？」

我總是微笑地搖搖頭。

「要不要跟我們一起吃年夜飯？」

「不用，謝謝！」

「都這麼晚了，妳還沒吃團圓飯？」

我緊閉嘴唇，點頭。

「來來來……快點來吃點東西。」

「不用，真的很謝謝你們！我還要送煤炭去別人家，還要去取貨款。」

「妳還要去別家啊？」

「嗯！」客戶們，一聽到我還沒吃年夜飯，又要背著五十斤的煤炭去客戶家，就起了憐憫之心，相互詢問：「我們到底欠人家多少錢？趕緊先拿一些給她吧！別讓人家妹妹等太久。」

客戶好像特別同情我，為了讓我能早點回家吃團圓飯，就會先付清一些積欠的帳款，讓我能盡速收完這家再趕往那家。就這樣，除夕夜時，我一路送貨、收款，直到隔天凌晨。雖然飢餓的肚子，咕嚕咕嚕叫個不停，但是，能幫爸爸拿回積欠已久的一疊鈔票，心裡著實好激動。尤其是看到爸爸露出久違的笑容，讓我覺得再飢餓也是值得。

家裡一直沒有廁所，也沒有自來水。洗衣、煮飯、上廁所，都要跟鄰居借用。

半夜時，媽媽肚子痛想上廁所。她摸黑去到鄰居家，結果廁所內，剛好有人正在使用。媽媽站在門外等候很久，就快要拉在褲子上了，她忍不住不斷催促廁所裡的人：

「拜託，快一點，快一點……我肚子好痛。」

鄰居從廁所出來時，一臉不悅地說：

「妳麻卡好心，這是我家的便所，妳催什麼催？」

回家後，媽媽告訴了爸爸，自家沒有廁所，老是麻煩別人，真的很不方便。於是，爸爸先在家裡的後院，挖了一口井。等有井水之後，就用一些材料，自己建造了一間廁所。

下雨過後，水井周邊，突然冒出許多水蛭，三姐對著我說：

「土碳ㄟ，我們家的水井很窄，只有瘦皮猴的妳，才有辦法深入井底去清洗水井。」要進到井底清除淤泥和水蛭，讓我感到相當的害怕。清理到一半時，一隻水蛭用吸盤吸住了我的小腿，讓我雞皮疙瘩四起。雖然水蛭已及時被我拔起來了，但是衣服濕濕黏黏的，總給我一種錯覺，感覺水蛭馬上就要鑽進我的褲襠，黏貼在我的背後，讓我頭皮發麻、汗毛直豎，真的好怕呦！姐姐們站在水井邊，看著我不停扭來扭去，就一直笑個不停，正當我感到難過時，三姐便收起笑容誇起我來：

「土碳，妳最厲害！別再扭動閃躲了，趕快把水都舀出來！水蛭就要爬到妳那裡了！」

聽姐姐們這麼一說，我更是拼命一瓢一瓢地將水井裡的水迅速的清理乾淨。三姐看我動作迅速，便誇獎起我：

「喔！全家只有妳最厲害了，也只有妳才有辦法洗古井。」三姐的讚美，讓我覺得我是家裡的英雄，深幸自己還是有可取之處。

10. 令人懷念的天籟之聲

外公常來家裡看我們，每次外公來看我們這幾個孫子時，都會摘很多玉蘭花送給我們。我把玉蘭花放在鉛筆盒裡，一打開鉛筆盒，連鉛筆全變成香的。同學聞到芳香的味道，都會問：「土碳，妳哪來的這麼多香花？我也要，我也要。」女同學們紛紛搶著要玉蘭花呢！

夏天到了，樹蔭下蟬聲如織，薄翅蟬展開歌喉，高亢唱著，「ㄗ——ㄗ——」叫聲不絕於耳。聽到震耳欲聾的蟬聲，我就忍不住想爬上樹去抓。但是不夠敏捷的我，經常還沒抓到半隻蟬，就先折斷樹枝，讓蟬兒受到驚嚇，瞬間就飛走了。

外公知道我們很喜歡捕捉會叫的公蟬，但是又抓不到半隻。於是外公會花很多心思，去抓很多鮮綠色的薄翅蟬，送給我們。拿著外公送來的活生生的蟬，停在手掌中還會ㄗㄗ叫著，腹部的肌肉也會拚命震動著，讓我們看得目不轉睛。

每年夏天，外公只要抓到一隻黑色大蟬，就會馬上送到家裡給我們，讓我們開心得不得了。外公送給我們的蟬，可以說是這個世界上，最棒的禮物了。

每月，我都會推算時間，知道外公每隔兩個星期，就會來看我們。我就會和妹妹到處去撿一些破銅爛鐵拿去變賣，等外公到我們家時，就拿著賣鐵罐的錢去買一包新樂園的香菸，送給外公抽。

看到沒有牙齒的外公，笑瞇瞇地，一口一口吸著香菸，讓我感到很快樂。外公總會邊抽菸邊問我：「土碳，妳哪來的錢？」

「我撿破銅爛鐵換來的。」

來。

「土碳啊！妳和妹妹是我的乖孫。」看著外公開心笑著，我也感到滿足地跟著笑了起

外公在九份雖然沒有土地，但他在深山，找到一塊不知誰是地主的荒地，種植了整片竹筍。只要他察覺竹筍四周的土壤有略為翻動的跡象，就會在半夜裡，摸黑和外婆一起去山裡挖掘竹筍。

採收筍子後，外婆會把一部分綠竹筍，拿去市場販賣。另一部份趁著新鮮時，趕緊送到家裡給我們食用。每年到了竹筍季，外公總是帶來吃不完的竹筍。直到我小學三年級的夏天，外公生病了，才沒有甜嫩竹筍可吃。

我還記得……那天一大早的情形。外公兩手空空就來到家裡，對著媽媽說：「今年好奇怪喔！山上那片綠竹筍，好像知道我頭暈無力似的。整片竹林子，居然都沒冒出筍子。妳阿母，翻遍整片竹林，卻都挖掘不到幾隻竹筍。今年真是壞年冬，沒辦法拿竹筍給妳吃了。」

媽媽心疼地對外公說：「阿爸，身體較重要，等您好了，我們再帶您那一群孫子一起去挖。」

外公沒有等到竹子冒出竹筍，就病倒了。媽媽把外公接來家裡，帶著外公去看醫生。外公身體一直沒有起色，他的臉色蒼白，失去了笑容。媽媽依照醫生囑咐，拿起了一個空瓶子，讓外公可以裝尿液做檢查，但是外公卻尿不出來。媽媽很是擔憂，帶著外公轉到了大醫院檢查。才住院沒有幾日，外公竟悄悄離開了人世。

媽媽幫外公舉辦喪禮。依照傳統，請了孝女白琴為往者送行。媽媽跟著傷心的大聲哭號，我們一群兒孫披麻戴孝，跟著棺材沿路走著。我扶著棺材，內心大聲喊著：「我不信，我不信！外公，別跟我玩躲貓貓了。你起來，別睡了！外公，我會再買一包新樂園的香菸送給您。」

好想用力打開棺木，再看外公一眼。

「我好想再問問外公，何時再捉蟬給我們玩？」

但再多疑問也沒用，因為從此以後，外公再也沒有回來過。

外公走後，沒過多久，愛酗酒的舅舅，更是沒人可以鞭策了。舅舅開始我行我素，毫無忌憚的喝酒。媽媽送餐給外婆時，發現喝得醉醺醺的舅舅正倒臥地上。她一時心急，用力拖起了舅舅，大聲怒罵：「你不喝，是會死嗎？你是要喝到死為止嗎？」

喝醉的舅舅睜開了疲憊的眼睛，怒目說：「妳算老幾？妳管得著嗎？就算我喝死了，也不必妳管。」

舅舅翻個身站了起來，踉踉蹌蹌走到門邊，又拿起掃帚，用力往媽媽身旁丟去。媽媽氣急敗壞的說：「你若醉死，我也不會管你了。」

「好！妳說的這些話，最好給我記住！在我的心裡，妳早就不是我的阿姐了。就算我死了，被釘在棺材裡了，也不准妳來看我！」舅舅怒斥著媽媽，這些話深深刺傷了媽媽的心。

長期酗酒，使得舅舅肝臟變得腫脹。當他被送到醫院時，已意識不清隨之昏迷。媽媽得知消息後，馬上趕往醫院探視，但是舅舅已呈彌留狀態。

媽媽到了病房門口，門一推就進去了。她望著舅舅，看了好久好久。心痛的媽媽，絕望地收回視線，吸了吸鼻涕，不敢再看下去，她假裝若無其事的走出病房。

媽媽探視完舅舅後，就跑去櫃檯，付清積欠的醫療費，然後就站在病房外，跟其他病人聊天。我便逮到了機會，獨自一人溜進病房探視舅舅。我站在病床前，凝視著面容憔悴、雙眼緊閉的舅舅，忍不住心疼地喊著：「舅舅，舅舅！我是土碳，我來看您了。」

閉著雙眼的舅舅，突然間耳朵動了一下。他靈魂出竅似地，居然能用很清晰的口吻，對著我說：「阿姐，阿姐是妳嗎？」

「舅舅，我不是媽媽啦！我是土碳。」

「可是，我有聽到阿姐的聲音。阿姐，阿姐！」

舅舅依舊閉著眼睛喊著媽媽，他以為媽媽不在。便問我：

「土碳，妳阿母是不是沒有來？」

「有啊！」

一聽到我說媽媽有來，舅舅又拉開嗓門，呼叫喊著：「阿姐，阿姐啊……」

媽媽裝作沒聽見，一點反應也沒有。而我怕媽媽真的沒聽見，就跑出病房去跟媽媽說：

「媽媽，舅舅在找妳。」

此時媽媽的眼眶紅了，鼻子酸了，緊閉的雙唇微微顫動著，好像急得有話說不出口的樣子。她頭一撇，沒有說話。

我怕舅舅傷心，就跑去跟舅舅說：「舅舅，我媽媽真的很關心你。媽媽真的每天都有來看你。」

舅舅聽了，深吸了一口氣，又大聲喊著：「阿姐，阿姐啊！土碳，妳去跟阿姐說，我有話要跟她交代。」

當時，媽媽還在氣頭上。她氣舅舅成天酗酒、不愛惜自己身體，讓媽媽這個當姐姐的，鎮日擔心受怕。明明很關心舅舅的媽媽，強忍住自己的關懷，不願和舅舅多說一句話。在等不到媽媽前來探望下，舅舅氣極了。他不由地在醫院大聲嘶吼，讓媽媽覺得丟臉極了，更不想理會舅舅。舅舅宏亮的叫聲，讓媽媽誤以為，中氣十足的他就要痊癒了。沒想到，才事隔一天，舅舅就嚥下最後一口氣，再也沒有醒來過。沒能和舅舅做最後道別，讓媽媽留下無限的懊悔……。

試想，如果媽媽能早點拋下對舅舅的怨恨，選擇放下和原諒，就不會有後悔和遺憾了！

11. 養女的心聲《一》

前夫病逝得太過突然，讓媽媽備受打擊，鎮日抑鬱寡歡。因為悲傷過度，懷胎九個月的媽媽，突然間肚子劇烈疼痛，提前分娩了。她咬著牙，強忍著痛楚，終於讓孩子平安順利的呱呱墜地。

生下嬰孩後，媽媽沒有一絲的喜悅。她拿起生產時沾濕的血衣，到井邊清洗。然後拖著虛弱的身體，到廚房煮飯，讓已經餓昏的孩子們得以進食。

看著孩子們滿足的吃著醬油拌飯，媽媽明明很餓，卻沒有食慾，一口粥也吞不下去。原本瘦弱的身體，更因營養不良氣血不足，導致無法分泌奶水。半夜裡，小嬰兒因為吸不到奶，餓得哇哇哇地哭個不停……。孩子們被嬰兒的啼哭聲驚醒了，二姐揉了揉眼睛，看到媽媽沒睡，還在埋頭做著手工。她走到媽媽跟前，拉了拉媽媽的手說：「阿母，妳來看一下妹妹！」

二姐擔心地問著媽媽：「妹妹為甚什麼一直哭個不停？她是生病了嗎？她會不會又跟阿爸一樣？」

恍神的媽媽，被二姐這麼一問，瞬間回過神來。她收拾淚水，抱起嬰兒哄著。趕緊拿起生米，煮米湯，餵食嬰兒。

隔天，鄰居阿好嬸來家裡探視。她對媽媽說：「妳沒有奶水餵食小孩，讓孩子光喝米漿，這樣不是好辦法。寶寶光是喝米湯，會營養不良、發育不全的！我在附近幫人掃地，有戶人家，環境不錯，卻無法生育。他們想收養個孩子，正託我幫忙找個小嬰兒呢！我看妳，現在狀況這麼差，大概也沒有能力照顧孩子，不如就將這個小嬰孩送給她吧？」

媽媽按捺不住地哭著：「嗚……不……我老公才剛死！就算再困難，我也不能把他的骨肉送人。阿雲，妳不送人，那就是要餓死這個孩子？妳有錢幫孩子買奶粉嗎？妳想養這個孩子？妳要拿什麼養這個孩子？」

媽媽一聽，眼珠轉啊轉的，忽然崩潰地哭了好久才道：「我這孩子，天生就是命苦，還沒出生，就沒了爹！如果，將孩子給人收養，我能再見到她嗎？」媽媽求情似的看著阿好嬸。

「有什麼條件，妳就說說吧！或許大家可以商量看看。」

媽媽想了一會兒說：「我有三個條件。」

阿好嬸疑惑的注視著媽媽：「妳有三個條件？」

「對！沒錯！我有三個條件。」

「說吧！是哪三個條件？」

「一、收養她的人，必須是真心愛這個孩子！」

「嗯！那當然！」

「二、得讓這孩子知道，除了她的養父母外，還有我這個生母。」

「這個嘛！似乎有點刁難人家，但是，我可以幫妳問問看。」

「再來呢？」

「三、這孩子畢竟是我懷胎十月所生，我希望她的養父母高抬貴手，可以讓我去探視孩子。每年的初二，讓這孩子回家和我們團聚一天。」

「這個嘛！我覺得有點為難人家。通常收養的人，不喜歡原生家庭再來干預他們的生活。」

「阿好，妳說我為難別人，但妳有沒有替我想過，這孩子畢竟是我親生的，也是我最難以割捨的一塊心頭肉啊！」看著媽媽淚水盈眶，阿好嬸又趕緊拍拍她的背。

「好好好！妳就別哭了，我會盡力幫妳說情。除此之外，妳還有沒有別的條件？」

媽媽苦澀地搖了搖頭。阿好嬸不由地、遲疑地看了媽媽一眼：「妳現在過得這麼困難，難道不想收一筆錢？」

「不，我又不是賣女兒，我不要半毛錢！只要能對我的孩子好，比什麼都重要。」

「既然妳這麼堅持不拿錢，那就這麼說定了，這事就交由我去辦。」

沒過幾天，七姐的養父母，出現在家裡。他們看到小嬰兒後，歡天喜地的允諾、答應媽媽開出來的條件，欣喜若狂地將七姐抱在懷裡。這時，寶寶似乎察覺即將離別，哇哇哇地啼哭著……媽媽轉頭頻頻拭淚，不敢再多看嬰兒一眼。

「把孩子送人養」，媽媽覺得自己好像做了虧心事，對不起七姐，所以她總是忍不住，想去看看這孩子，現在過得如何？剛開始，七姊的養母，不知道如何照顧新生兒，總是手忙腳亂的。她看到媽媽來了，彷彿是救星駕到似的。媽媽一看到七姐，就會立即餵奶，還會幫孩子洗澡，讓養母瞬間輕鬆許多，也讓養母省心不少。但是隨著時間過去，當媽媽再多探視幾次時，七姐的養父母，難免會表現出嫌惡及不悅：

「唉喲！昨兒個半夜，寶寶一直哭鬧，現在好不容易哭累了才睡著。妳若要看，改日再來吧！」

等過幾日，媽媽再次登門造訪時，養母故技重施：

「這嬰兒很難哄著睡、容易被吵醒，稍微有點動靜，就會被驚醒。妳若沒事，就不用常常來這裡吵醒她。」

日子過得很快，眼看就快過年了。媽媽拜託阿好嬸前去提醒，讓七姐能回家一趟和姊妹們團聚。但是，到了初二那天準備接回七姐時，她的養母卻說：「拍謝啦！我娘家的人，抱著孩子回去小住幾天，等過完年才會回來。」

七姐養母多次藉口阻攔，連過年也不讓七姐回家團聚，媽媽心知肚明不願說破，知道自己被戲弄了，只好逐漸減少探視次數。

沒過幾年，又聽鄰居說，七姐的養父母，怕七姐是個女兒身，無法延續他們鄭家的香火，所以又領養了一個男孩。在男尊女卑的環境下，七姐自然是失寵了。

七姐和我相差3歲。我還記得，我尚未念小學，就聽媽媽說：「妳們的七姐，就住在那國小附近，那排日式建築的屋子裡。」

那是一整排日式獨棟房舍，也是我們漁村裡，最寧靜的高級住宅區。日式建築風格，有著優雅的氣息，深深吸引著我。於是，我趁著爸媽做生意不在家，三姐也讀高中去了，便帶著弟弟和妹妹，跑到一公里外的日式宿舍，七姐的家門口。正當我猶豫不決，拿不定主意該不該按下門鈴時，弟弟一個箭步，按下七姐家的門鈴。

「叮咚！叮咚！」怎麼沒有人應門，弟弟再次按下門鈴。

「叮咚！叮咚！叮咚！」

「誰啊？」從屋裡走出來一個婦女，一臉憤怒。她看到我帶著弟弟妹妹前來，更是惡狠狠的瞪著我們怒罵：「你們這群野孩子，是怎麼搞的，一直亂按門鈴？不要隨便亂按我家的門鈴！」

「碰」的一聲，紅色的門被關上了。我嚇呆了……心想，難道是我按錯門鈴了？於是趕緊拉起弟弟妹妹的手，飛奔而去……。

幾天過後，媽媽跟三姐聊起了七姐，媽媽說：「前幾天，妳七妹妹的養母，終於讓我看她了。」

「真的嗎？她養母，真的願意讓妳看她了？」

「是的，她讓我看老七了，但卻不給我好臉色。」

「我按照她的意思，罵了老七。」

「為什麼要罵妹妹呢？」

「因為她養母指著我的鼻子說：『妳生的是什麼孩子，怎麼兇巴巴的？妳的孩子，本性就是霸道，教不來又無法溝通。』她養母還說：『妳七妹妹，只會和弟弟打架，也不知道要愛護弟弟。小辣椒既然是妳生的，妳就得好好的訓斥她一番。否則以後教不動，那就慘了！』」

「唉！老七的養母一見到我，就沒有一句好話。一直在叨念，數落著我們家老七。讓我聽得憂心忡忡、提心吊膽。我很操煩她往後日子，該怎麼過下去？我想了想，為了妳七妹妹好，只好當著她養母的面前，大罵了妳的七妹。」

「那小辣椒，一定覺得很委屈，她是不是哭得很傷心？」

「不，妳七妹妹沒有哭，倒是氣鼓鼓地瞪著我呢！」

「瞪著您，怎麼會這樣？」

「我也不知道，她到底怎麼了？」

媽媽和三姐說到這裡，弟弟忍不住插嘴地問：

「媽媽，媽媽，那七姐家，到底是住在哪裡啊？是在國小旁邊，那排日式房子嗎？那附近，是不是還有一整排的大榕樹？」

「對，那裡有一整排很濃密的榕樹，好像是個綠色隧道。」

「媽媽，那七姐家，就在那條路上的第五間是嗎？」

「是第幾間，我倒是忘了，但是我記得很清楚，門牌是青雲路7號。」

聽完媽媽和弟弟的對話，我知道我沒有按錯門鈴。

隔了幾天，不死心的我，又帶著弟弟和妹妹，再度來到七姐家門口探險。我站在門外，遲遲不敢按門鈴。因為害怕又被罵，於是在半掩著的門口，你推我，我推你了起來……這時，門突然被推開了……一位中年婦女，怒氣沖沖的走了出來：「兔崽子，野孩子，不要在我家門口嬉鬧。妳再亂按門鈴，我就揍人。」

我急忙說著：「阿姨，我……我沒有亂按門鈴。」

「昨天，就是妳來按門鈴的。」

「昨天？可是我昨天並沒有來，昨天的門鈴不是我按的。」

「還說沒有，明明就是妳！不是妳，還會有誰？」

「說，妳現在站在我家門口幹什麼？」

「我是來找……來找……。」

「找誰？」

「來找鄭……鄭鄭？」

一時間，我竟然忘記七姐叫什麼名子，還好弟弟馬上幫我補上話：

「我們來找小辣椒的。」

「妳們是誰？」

「我們是她的弟弟和妹妹。」此時屋裡，傳出兩個孩子的嘻鬧聲……

「她不在家。我跟你們說，你們給我聽清楚。我們家的小辣椒，她很忙，得去補習。她可不像你們，整天到處遊蕩。我跟你們說，以後，不准來找她，聽到沒有？以後也不准，來我家亂按門鈴。」

七姐養母講話的口氣，讓我有些錯愕，連忙帶著弟弟和妹妹離開了。

一段時間過去了，我已經讀國小了。學校舉辦了校外教學活動。郊遊的當天，媽媽對我說：「土碳，妳會暈車，就不要去郊遊，留在家裡幫忙做生意吧！」

隨後，媽媽幫姐姐們準備自製的飯糰，當作午餐。當姊姊們陸續出門去上學了，媽媽又反悔了。她覺得讓姐姐光帶一個飯糰，似乎太少了。於是要我去市場，買一袋橘子，送去學校，發給姐姐每人一顆橘子。

我依照媽媽指示，去到市場買了一袋橘子，匆忙地送到學校。到了學校門口時，正好看見全校師生正在整隊，準備出發去郊遊，讓我心底難免有些悵然，低著頭落寞走出校園。走著走著，竟有人強拉住我的手。

「妹妹，妳手裡怎麼會有一袋橘子？」

「我媽媽說，姐姐參加郊遊只帶一個飯糰太少了。她要我去市場買橘子，拿去給姐姐帶著吃。」

「喔！是這樣啊！那小辣椒她也是妳的姐姐ㄟ？小辣椒，也要吃橘子。」

七姐的養母邊說，邊將我手中橘子搶過去，從中挑選兩顆拿走了。讓我一臉錯愕，呆立原地許久……我以為七姐的養母，是在跟我開玩笑！我天真的以為她會把橘子還我，但是七姐的養母頭也不回，越走越遠，讓我目視她的背影，久久無法回神……。那時因為家裡很窮，鮮少能吃到橘子，所以留下很深的印象。

日子又一天天過去了，媽媽送貨時，在街上遇到七姐和同學有說有笑地走在一起。媽媽興沖沖叫著七姐的名字：「小辣椒，小辣椒。」

同學拉著七姐的手說：

「喂！妳看有人在叫妳ㄟ！」

「是誰在叫我啊？」

「就那個捲髮的歐巴桑啊！」

「不要理她。」七姐拉起同學的手就要走，媽媽心急向前跨了一步，想要拉起七姐的手，卻被七姐甩開了。

「妳是怎麼了？怎麼不理阿母？」

「妳又不是我阿母！」

「我是妳親生母親！」

「妳真的是我親生的阿母嗎？」

「妳有聽過，親生的母親，會賣掉自己的骨肉嗎？」

「我告訴妳，我早就沒有阿母了。」

七姐甩開媽媽的手，拉著同學跑了，讓媽媽佇立原地難過了好久好久……。

這是怎麼回事呢？後來，媽媽輾轉從友人口中得知，七姐的養母告訴七姐：

「妳的生母很愛錢。妳父親才往生，妳母親一轉身就把妳給賣了。妳養母花了好大一筆錢，買下妳。」知道這「假消息」後，媽媽很是傷心。多次來到七姐家門口守候，想要親口跟孩子解釋。可惜大門深鎖，遍尋不著。經詢問附近住戶後，方知這戶人家，早已遷離。從此以後，我們再也沒有見過七姐。

日子飛快的過去了，媽媽時時望著大海，默默思念著她的孩子。

「土碳，妳們一定要幫我找到老七。一定得告訴小辣椒，我沒有將她賣掉。我沒有拿過她養母半毛錢。如果不告訴她真相，我會死不瞑目。」

七姐的養母對媽媽不實的指控，深深刺傷媽媽的心，讓媽媽百口莫辯，心都碎了。每次媽媽講到這段過往，總是淚眼婆娑。

於是，我在尋人啟示上化名九妹寫著：

「小辣椒，妳到底在哪裡？媽媽說：『把妳送人時，她的心也在哭……。』」

12. 養女的心聲《二》

雖然百般不捨，將七姐送人，但是還有一堆孩子等著吃飯。於是，媽媽做起了各種小生意來貼補家用；但是所賺的錢，仍舊入不敷出，無法餬口，孩子又輪流生病，讓外公既心疼又著急。

自顧不暇的外公，拿不出任何辦法來援助自己的女兒。在萬般無奈之下，外公只好對著媽媽說：「阿雲，市場最貴的菜，一斤也賣不到幾塊錢。就算妳整天叫賣，一個賣蔬菜的又能賺到幾個錢？妳看，妳每天賣菜所賺的那點零頭，哪夠養家餬口？不如跟我一樣，去替人扛貨物當搬運工吧！搬貨工，這個行業雖然很吃力，但是賺錢總是比較快。」

為了一群嗷嗷待哺的孩子，媽媽決定聽從外公的建議，咬起牙根，跟著外公一起去當貨物工。

住在市區裡的阿葉，是媽媽的客戶之一。她看到媽媽年紀輕輕的，又很有禮貌，長得也不賴，竟跟男人一樣，扛著沉重的貨物。她心想：「這個女人，看起來好像急需用錢，才會做著這麼賣體力的粗活。」於是，阿葉出於好心，主動跟雇主約定好，每月初一和十五，就由媽媽固定送貨到府，好讓媽媽有較多賺錢的機會。

這個有錢的客戶阿葉和她的兒子、媳婦美蓮，以及一個六歲的孫女同住。當媽媽送貨到阿葉家時，小孫女就會趁美蓮帶著媽媽搬貨品到戶外倉庫的時候，悄悄躲在貨箱背後。然後，一溜煙地，從倉庫的儲藏室，溜到戶外的空地探險去。美蓮忙進忙出，跟媽媽盤點貨物，確認貨物擺放的位置。她一轉身，就瞥見自己的女兒珍珍，已跑出儲藏室，追著戶外的一隻小野貓玩。她急忙喊著：「寶貝，不要跑遠，妳不要去追那一隻野貓！」

小女孩沒有搭理，繼續蹲在路邊，逗起橘色的流浪貓。

「哇！喵喵，你好乖喔！」

這隻貓咪不但沒有被嚇跑，反而走到小妹妹的面前，撒嬌地躺了下來。美蓮眼看著女兒正伸手準備摸野貓，她急壞了，拉高嗓門喊著：「寶貝，別摸牠！那隻野貓，好髒啊！妳千萬不要去抱牠！快進來屋裡！」

小女孩聽到美蓮呼喊，不開心地嘟起了嘴巴大聲回話：「媽媽！我不要，我就是不要回去。」

美蓮趕緊走到門外，疼愛地摟著小女孩：「寶貝，那野貓身上會有跳蚤，跳蚤會跳到妳的身上。」

「可是，這隻貓咪，真的好乖又好可愛喲！媽媽，妳讓我養，好嗎？」

「不行，貓咪會偷吃餐桌上的魚，還會跳到床上。」

「我不管，我不管，我就是要養貓。」

女兒不聽話，讓美蓮忍不住帶著責備的口吻說：「珍珍，妳怎麼這麼不聽話！妳難道沒看到嗎？那隻貓的毛皮都脫落了，還一直在抓癢呢！」

「我不管，我就是喜歡貓，我就是要養貓。」

看著女兒一直吵鬧不休，讓美蓮耐性消磨殆盡，拉高聲調喝斥：「我們家就是不准養貓！」

珍珍一聽媽媽不依自己意思，便耍賴了起來：「嗚……我不管，我不管啦！我就是要養貓！」

小女孩假哭了起來，她兩手一伸，癱軟趴在美蓮的懷裡，讓美蓮備感無力，蹲下來安慰起女兒。

「寶貝，乖！不哭不哭！媽媽惜惜喔！」

不安慰還好，一安慰，反而讓珍珍的情緒更加失控。她變本加厲，哇哇哇地邊哭邊生氣！她推開美蓮的手，想拔腿就跑，但才跑了沒幾步路，險些滑倒。美蓮察覺情勢不妙，馬上向前一個箭步，一把抓住她。差點踩到雞糞的珍珍，多虧美蓮快速的將女兒硬拉回自己懷裡，才躲過一劫。但是，誰也沒料到，就在這時，「啪！」的一聲，枯樹枝因為碰撞，快速裂成了兩半，導致小女孩的小腿摩擦到樹枝。哇！珍珍轉身一看，不得了了，自己的小腿，竟被木頭劃破皮，還有些紅腫，她放聲大哭了起來……。在屋內的阿葉聽到孫女響亮的哭聲，急忙跑到廚房外查看。這一看，怎麼得了！平常她絕不讓小孫女，到這窄小又骯髒的倉庫去。這下可好，她的寶貝孫女，不但跑進儲藏室，而且還跑去倉庫外的禁地。阿葉氣呼呼的，也快步跑到長滿青苔的室外。她一把就將美蓮懷中的女兒，搶了過來，輕輕撫摸著寶貝孫女：「唉呦！乖孫，不要哭。」

珍珍邊哭，邊指著受傷的小腿給阿葉看。

「乖喔！阿嬤，啾無甘ㄟ，阿嬤惜一下！」阿葉在孫女小腿上吹了又吹，然後把珍珍抱了起來，快步回到客廳。小孫女像是無尾熊般，趴在阿葉肩膀哭著……，美蓮只能無奈地靜靜的跟在婆婆後頭。

在儲藏室的媽媽依照美蓮指示，擺放好貨品，也隨後來到了客廳。阿葉放下孫女，坐了下來，小女孩珍珍繼續假哭著……，

「嗚……嗚……痛痛啦！」

「珍珍別哭，妳跟阿嬤說，妳怎麼會受傷？」阿葉從櫥櫃裡拿出急救箱，邊幫珍珍擦藥邊問著。小女孩紅著眼眶，轉頭斜眼看著站在一旁的美蓮。

「美蓮，妳是怎麼帶孩子的？我不是已經跟妳說過，倉庫那麼骯髒，叫妳不要讓孩子進去。妳是怎麼搞的，不但讓她跑進倉庫裡，還讓她跑到這塊荒廢的空地！妳看，都是妳讓

我金孫，跌倒又受傷了呀！」

「阿母，我……」美蓮話都還沒說完畢，小女孩一聽到「受傷」兩個字，馬上再次傾倒在阿嬤的懷抱，自憐自艾的又哇哇的哭出了聲音……。

「嗚……嗚……」

「乖孫，阿嬤不是幫你擦好藥，妳怎麼又哭了？」

「阿嬤，好痛呦！媽媽還瞪我。」

「乖孫ㄟ，阿嬤知道，阿嬤知道，妳不要哭ㄛ！」

阿葉指責地念著媳婦：「美蓮，妳自己把孩子帶受傷了，還要瞪她。」

小女孩得意的露出了微笑，然後嘟起嘴巴，撒嬌著對阿葉說：

「嗚……阿嬤，我不要一個人玩。我一個人很無聊。我要有妹妹陪我玩啦！妳看，媽媽都不肯生個妹妹給我玩。那妳就讓我養貓咪好不好？」

阿葉摸摸孫女的頭髮，輕輕安撫著她：「不行啦！門外的那隻野貓又老又髒的。」

「嗚……我不管，我就是要養貓嘛！」

小女孩一聽到阿嬤不肯答應自己養貓，任性地從假哭變成了真哭……

「嗚……我不管，我不管……」

珍珍越哭越大聲，越哭越淒厲，最後還變成尖叫地哭……站在一旁，等著要收貨款的媽媽，實在看不下去了。媽媽深深吸了一口氣，忍不住插嘴地說：「妹妹，妳喜歡貓咪是嗎？」

小女孩抬起頭揉著眼睛，瞪了媽媽一眼：「我才不是妹妹，我是珍珍。」

「珍珍，妳不要哭才乖。」

「嗯……我才不要妳管！」

媽媽故意不理會女孩反應，喋喋不休地說：「珍珍！我家也有養貓！而且，我家的母貓，最近還生了五隻小貓咪呢！」

一聽到母貓生五隻小貓，讓小女孩產生興趣，她的眼睛為之一亮，眨了眨眼睛不哭了：「是真的嗎？妳家真的有養很多隻小貓是嗎？」珍珍推開阿葉雙臂，站了起來，目不轉睛的看著媽媽。

「是ㄟ！我家母貓，最近剛生了五隻小貓咪。由於母貓生太多隻小貓，我只好將其中三隻小貓咪送人。現在我家裡，還留下兩隻小貓。那兩隻小貓，有一隻是白花的、還有一隻是灰白的。牠們不但天天黏在一起睡覺，還會搶著要人抱抱呢！」

看珍珍聽得津津有味，媽媽又繼續說下去：「晚餐時，小貓咪就會跳到我腿上，要我抱抱呢！我抱起那隻白花小貓，另外一隻灰白相間的小貓就會吃醋，會想盡辦法，也要爬上我的大腿。這兩隻小貓，把我的大腿，當作是溜滑梯了，你爭我奪的擠來擠去。一隻爬了上來了，另外一隻就硬要把牠擠下去。結果，兩隻都輪流溜下大腿。哈哈哈……我們家這兩隻小貓，真是會撒嬌！」

說到這裡，媽媽便走向牆壁，看了一下掛鐘：「唉喲！時間不早了，老闆可能在等著我收錢走人呢！」

聽到媽媽的暗示，阿葉趕緊轉頭對媳婦說：「美蓮，妳趕緊去把這個月的貨錢，算給人家。」

聽到婆婆的交代，美蓮馬上轉頭對著媽媽說：「阿雲，妳再等會兒，我這就進屋幫忙算錢去。」

小女孩一聽到美蓮進屋算帳，知道還有一點小空檔，連忙對著媽媽說：「阿姨，拜託！拜託，再說一個故事嘛！拜託，拜託啦！」

小女孩雙手合十，用哀求的眼神，先看了看自己的阿嬤，又轉頭看了看媽媽。用楚楚可憐的表情，乞求著媽媽。讓媽媽只好勉為其難，再說了一個家裡的故事。

「珍珍妳知道嗎？我家養的那隻母貓，原本是個搶匪。」

珍珍不解的問：「為什麼你家貓咪是個搶匪呢？」

「那是因為貓的嗅覺，靈得不得了。牠隔著窗戶，竟然知道我家廚房就擺著一盤魚。好死不死，我家廚房的紗窗，剛好破了個小洞。貓咪就從紗窗縫隙裡，偷偷溜進我家廚房。牠一張口，就銜住一整條魚。幸虧被我瞧見了。我悄悄拿起掃帚，迅速地往牠的背後丟去。這野貓，嚇了一大跳，兩腳一蹬，就往玻璃窗跳了過去。」

「ㄛㄛ！」

「這一不小心，牠就撞到玻璃，跌得四腳朝天。哈哈哈……」媽媽笑聲不斷，將兩手往外一伸，表演起野貓跌倒的糗樣子，讓身旁的兩人，不約而同也跟著笑起來。

笑完後，小女孩還迫不及待的問：「然後呢，然後呢！」

媽媽接著說：「小野貓站起來後，著急的想從後門逃跑，但是後門和窗戶都已經被我關上了，要怎麼逃出去呢！牠伸出爪子，撲到後門的紗窗，卻『咻！』地又滑了下來。貓咪一直不死心，連續抓住三次紗門，也滑倒了三次！哈哈哈……最後，貓咪的爪子，竟被紗窗勾住了，驚嚇地慘叫了好幾聲。珍珍妳說，怎麼會有這麼笨的貓？」

女孩捧腹大笑，接著又著急的問：「然後呢？然後呢？貓逃走了嗎？我看這隻貓這麼笨，覺得很好笑，於是就打開了後門，讓牠脫困，跑了出去。我順手，丟了一個魚頭在地上。」

珍珍會心一笑：「那貓咪有回頭吃魚嗎？」

「妳說呢？」

女孩搖了搖頭：「我不知道，我真的不知道？」

「哈哈哈……那野貓被我嚇跑了。」

「啊！牠真的逃走了嗎？」

媽媽自顧自地呵呵笑著……

「那貓鼻子，實在太靈敏了呀！沒跑了幾步路，就聞到魚腥味了。站在原地不到幾秒，就轉身跑了回來。才一下子功夫，就把地上的魚頭給吃光了。吃完後，還會喵喵喵的叫個不停，好像在哀求著我說：『太好吃了，太好吃了，妳行行好，再給我一塊魚吧！』」

聽到這裡，珍珍發出格格格的笑聲……，逗得阿葉也跟著笑了出來。媽媽看了看兩人，又接著說：「我看這貓咪，瘦巴巴的，應該是餓壞了，於是又把另外一條魚的頭和尾巴都切給了牠。沒想到這隻野貓，食髓知味，每天晚餐時間一到，就自動跑來報到。不久之後，還在我家雜物間，生下了五隻小貓呢！」

珍珍聽得如癡如醉。這時，美蓮從房間裡走了出來，把貨款算給了媽媽：「阿雲，這是這個月的費用，妳算算看對不對？」

「謝謝，謝謝！」

媽媽拿到貨款後，急著想趕緊離開，但是一旁的珍珍，卻突然伸手抓住了媽媽的手臂：「阿姨，妳別走，妳再講個故事給我聽好不好？」

「不行，我得趕緊回去，老闆還等著我收貨款呢！」

「那妳下次來時，再說一個故事給我聽好嗎？」

「好啊！只要珍珍很乖，我一定會再講故事給妳聽。」

小女孩，開心地放開媽媽的手，讓美蓮驚詫的看著媽媽。沒想到一個送貨工，竟有辦法安撫自己的孩子，這才對媽媽展露微笑。

自此以後，只要是媽媽送貨來的日子，珍珍總是特別興奮，好像和媽媽特別投緣似的。

說也奇怪，這個愛唱反調、又沒禮貌的小女孩，在媽媽的面前，總是變得非常聽話。美蓮衝著這一點，見到媽媽時，也變得有說有笑的。還會請媽媽坐下來休息，倒茶給媽媽喝。讓原本對有錢人抱持偏見的媽媽，對這位有錢人媳婦美蓮刮目相看。

媽媽說，由這小事件裡，足以看到每位當母親的人，總是最愛自己的子女。只要能哄自己的孩子開心，能讓自己兒女快樂，做母親的就算犧牲再多，也心甘情願、無怨無悔。

說到這裡，媽媽眼眸緊緊凝視著窗外，長嘆了一聲，訴說起當年她為何會跟美蓮成為親人關係。媽媽說：美蓮是阿葉的媳婦，和自己年紀相仿。後來演變成親戚，實在不是她預料中的事。她說，

有一天下午，當她送貨到阿葉家時，剛好看到婆媳倆為雞毛蒜皮的小事，發生衝突和矛盾，媽媽被冷落的晾在一旁。看著她們婆媳臭臉相向，讓媽媽的心裡乾著急，因為她一心只想趕快收到貨款，但卻不知道該如何介入僵局。後來媽媽思索一下，心想：「只要能讓孩子不哭不鬧，或許很快就能收到錢。」於是她靈機一動，將焦點轉移到阿葉的孫女身上，跟珍珍說起自己家飼養貓咪的故事。沒想到，卻因此和美蓮成為無話不談的好朋友，也為四姐結下不解的緣分。

媽媽說，每月月中，她都會送貨到美蓮家。有一次她來到美蓮家，卻發現美蓮就坐在客廳裡，繃著臉咬著嘴唇，一副心事重重的樣子，讓媽媽忍不住叫著：「美蓮姐，美蓮姐，我送貨來了。」

美蓮無精打采回過神：「嗯！阿雲妳來了。」

「美蓮姐，妳怎麼了？好像心事重重？」

「我覺得結婚後，他完全變了一個人似的。」美蓮低下頭，用手捂著臉。

媽媽一聽情勢不對，馬上打圓場地說：「古人說，夫妻是床頭吵床尾合。沒有什麼事情

是過不了的。」

美蓮仍舊低泣不語……。媽媽看著美蓮心情不佳，便著急地問：「美蓮姐妳倒是說說看，到底是什麼事情，讓妳這麼的難過？」

美蓮微微抬起頭，摀著臉說：「還不是為了孩子的事。我這女兒，恃寵而驕。像個被寵壞的孩子，凡事都拿我婆婆當擋箭牌。我才念了女兒幾句，她馬上就跑到阿嬤那裡，取暖去了。我氣不過，大罵了幾句，就惹得老公不開心。妳罵了什麼話，讓他們不開心？我跟他們說，今天女兒會如此驕縱，都是他和婆婆寵的。老公聽完，馬上就對我擺臭臉，還對著我說：

『難道妳都沒有責任嗎？』

『妳多生幾個，就不會發生這種事了。』

『不想生，就領養啊！但妳又不肯。』

『就是妳不肯領養，才會讓我和媽媽翻臉。』

『這不是妳的錯，難道都是我的錯？』話一說完，他就甩頭走了。嗚……他們一家人都怪罪我，妳說，我怎麼能不生氣？」

媽媽拍了拍美蓮的肩膀：「你們只有一個寶貝，難免會比較寵。妳就別怪他了！」

「不！是他怪我！他明明知道，我生不出來，卻還跟著婆婆一起起鬨。婆婆威脅我說：『我們林家的寶貝孫女，可不能沒有手足。就算妳不願意生，也得想辦法幫孩子找個伴。萬一有一天，你們百年之後，總不能讓我家的心肝孫女，孤單承擔一切。』所以，為了要再添一個孩子，我已經中西合璧了。什麼藥物，我都試了，什麼藥丸，我也都吞了。但是，送子娘娘，偏偏就是不讓我一圓求子夢！」

看著美蓮不斷哀怨的訴說著，媽媽只好靜靜待在一旁聽著。

「幾年前，我曾懷過老二，卻子宮外孕流產了。當時醫生就已經對我表示，再受孕機率渺茫。公婆卻給我好大的壓力。婆婆說：如果無法生育，就趁早趕緊去領養。說穿了，婆婆就是心疼她孫女，不願意讓她孫女，獨自承受家族壓力和負擔。現在，他們竟聯合起來，逼迫我替孩子找個伴。婆婆說：『我已經相中別人家小孩，現在就等妳點頭。』那嬰孩，我連一眼也沒有見過，就要我領養。妳說，這是不是在逼我？收養小孩，這麼大的事，不是他們母子說了就算數，也要我看了喜歡才行啊！」

聊著聊著，聊到傷心處，美蓮鼻頭一酸，哭了出來……，美蓮哭完後接著又說：「現在可好，我女兒是全家人的寶，說不得、打不得、罵不得、惹不得！全家人又是疼、又是寵！」

聽完美蓮的心聲，媽媽輕輕的拍了拍美蓮的臂膀，低聲地對著美蓮說：「不要難過，我聽古人說，孩子是來討債的。孩子和父母的關係是叫做『相欠債』。所以，沒有生孩子的人，表示她前世沒有欠債。話又說回來，妳只生了一個孩子，這表示妳前世，欠的子女債少之又少。妳是一個很有福分的人，應該感謝天地才對。」

讓原本難過的美蓮抬起頭，看著媽媽說：「妳這是在安慰我嗎？」

「真的，我沒有騙妳。」媽媽信誓旦旦接著說：「古人說，種什麼因，得什麼果。前世造福，今世享受。前世作惡，今生還債。像妳前世又沒有欠債，這世又何須還債呢？」

媽媽繼續對美蓮說：「因為妳前世，沒欠債，所以今生才只生了一個孩子。如果，妳今生肯收養別人的孩子，那就是在替自己積陰德。」

美蓮一聽，心情愉悅了起來，她眨了眨眼睛問：「阿雲，謝謝妳的開導！我心情好多了。我想請問妳，妳可有領養別人家孩子的經驗？」

媽媽朝美蓮露出神祕的一笑，然後說：「哈哈哈……我怎麼可能會領養別人的孩子？」

美蓮一聽，一臉不解的，注視著媽媽：「阿雲，為什麼妳不可能領養別人的孩子？妳剛才不是說，領養別人的孩子算是在積陰德嗎？」

媽媽被問得張口結舌，一時間竟語塞了……「我……我我……我跟妳是南轅北轍，相差太遠了！」

美蓮不解地問：「我們有什麼不一樣？」

這時，鐘擺上的時鐘，「噹！噹！噹！噹！」敲了四下，正聊得起勁的媽媽，聽到鐘聲，趕緊對著美蓮說：「美蓮姐，真拍謝！時候不早了，我得趕緊回家了。」

讓美蓮一頭霧水。

「阿雲，妳這麼早就要走了？」

「是！我得趕快走了，家裡還有一堆事情等著我。我們改天再聊吧！」

「妳怎麼每次來，都急著要走？認識妳那麼久了，也沒去過妳家。如果沒記錯的話，妳家是住在望海巷吧？」

「是！沒錯。」

「那麼下次，換我去妳家拜訪吧！」

「美蓮姐，妳要來我家？」

「怎樣？妳不歡迎嗎？」

「我不是不歡迎。而是我家又小又窄、又髒又亂的。」

「沒關係，我就只是想去找妳聊聊天，又不是去看妳家大小。況且，我答應過女兒，要帶她去妳家看貓呢！」

聽著美蓮如此敘說著，媽媽也不好一口回絕。和美蓮約定時間後，就匆忙趕回家了。

半個月後，約定的日子到了。美蓮踩著一雙紅色的高跟鞋，牽著女兒，叩叩叩，叩叩叩的，一步一步，小心翼翼的走著。她比約定時間，提前來到媽媽家附近。遠遠的就聽到小孩的吵雜聲，美蓮眉頭微蹙，心生懷疑想著：「奇怪，這小漁村，又沒有托兒所，怎麼會有這麼多孩子爭吵聲？」

美蓮牽著女兒的手，一時間思考得太入神了，一個不小心，就拐到了腳。她跺了跺腳，拿起鞋子，想將鞋子裡的沙倒掉。這時，珍珍也因媽媽踩空，右腳陷進軟軟的泥土裡。珍珍迫不及待地，晃了晃媽媽的手：「媽媽，您趕緊幫我把鞋子給脫了，鞋裡都是沙子了。」

美蓮趕緊幫女兒把鞋子裡的沙倒乾淨了，自己也把鞋子重新穿上。她環顧四周，四下無人。這裡的住戶不多，她只好順著吵雜聲，來到窗口。美蓮暗自想著：「依照路人形容，阿雲家應該是這戶沒錯吧？」

但還沒走進門口，她就從門縫中看到屋子裡，擠滿了一群孩子。本想按門鈴的美蓮，卻找不到門鈴可按。她只好帶著女兒，在門外探了探頭。屋裡的一群孩子，正為了一顆酸梅，搶得你死我活。黑暗中，阿雲從廚房裡走了過來，大聲喝斥孩子，並怒氣沖沖拿起鞭子，猛地一一抽過。被鞭子抽過的孩子們，終於停止挑釁和爭吵，全都安靜了下來。這一幕，讓站在窗外的美蓮看傻了眼。一旁的珍珍急切不願等待的喊著：「媽媽，阿雲阿姨是住在這裡嗎？」

屋內孩子們聽到門外傳來說話聲，就對著媽媽喊著：「阿母，門口有人來了。」

媽媽往外一看，是美蓮母女。她馬上收回怒氣，趕緊走到屋外對母女倆，擠出勉強的笑容：「美蓮姐，妳們這麼快就來了，快進來坐，快進來坐！我們這裡是『壞所在』，沒有像樣的地方，讓妳們坐下來。」

媽媽拍了拍椅子上的灰塵，示意美蓮母女坐下，然後轉頭大聲喊著大女兒：「老大，客人來了，趕緊倒水過來。」

孩子們覺得尷尬，不斷地抹去臉上的淚痕。她們站成一排，呆呆地望著陌生的美蓮。

美蓮笑嘻嘻的拿起手中的餅乾，對著一群孩子說：「來來來，大家都快過來吃餅乾。」孩子們站在原地，面面相覷，誰也不敢向前一步。這時，五歲的四姐小陶，一個箭步跑了出來。她露出淺淺酒窩，傻傻地對著美蓮手中的餅乾嘻嘻笑個不停……小陶的兩腮紅似蘋果，她的萌樣讓美蓮忍不住將小陶抱了起來，親吻了她的臉頰。

美蓮邊逗著小陶，邊對著媽媽說：「這是誰家的孩子啊？怎麼這麼可愛？」然後轉頭對著四姐說：「來！告訴我，妳叫什麼名字？」

四姐用臭奶呆口語回答著：「我叫小陶。」

那口齒不清的臭奶呆聲音，讓美蓮直呼：「妳奈足古椎ㄟ！妳叫小陶是嗎？來！這餅乾給妳吃！」

站在美蓮身旁的珍珍，看著小陶這麼可愛，也逗弄起小陶來。

美蓮邊拿餅乾給孩子吃，邊問媽媽：「阿雲，妳是在替別人帶孩子嗎？」

被這突如其來的一問，媽媽的臉上，立即一陣微紅，她抿了抿嘴沒有回答。

美蓮驚覺自己似乎說錯話了，她停頓了半晌：「難道，這一群孩子，都是妳親生的？阿雲，妳這不是在開玩笑吧！」

被美蓮滿臉狐疑的眼光盯著，讓媽媽更是整個臉漲得紅紅的，不知該如何回答。

美蓮伸出手指，數了數：「一、二、……六、七、八。喔！是八個孩子，沒錯吧？這八個孩子，真的都是妳生的嗎？」

媽媽彆扭地將視線飄移到地上，她用力吞了吞口水說道：「沒錯！這些孩子都是我親生的。但是，我不是生八個，而是跟先夫生了九個孩子！」

聽到媽媽篤定說她生了九個孩子，讓美蓮驚訝地張大了嘴巴，瞠目結舌地說不出話來。

「什麼，妳……妳一口氣就生下九個孩子？」

「沒錯，妳現在看到的，都是我的孩子。」

媽媽紅著臉，強忍住不哭，轉頭對著孩子們說：「老大，老二，妳們帶著妹妹們和美蓮阿姨的孩子，一起去門口玩。」

然後拉起美蓮女兒的手說：「珍珍，妳不是想看貓咪？我家哥哥、姊姊會帶著妳去外頭找貓咪玩。」

於是，一群孩子們開開心心的，牽著美蓮的女兒，到外面玩了。

目視孩子們離開後，媽媽回頭對著美蓮說起造化弄人，不堪回首的過往……

「我足歹命！我的丈夫，竟然在除夕夜時，突然咳個不停，就在大樹下吐血身亡，留下九個苦命的孩子給我。」

說著，說著，媽媽的淚水不聽使喚，一滴一滴的掉了下來……。

「九個孩子？」

「可是，我剛才明明數過，這裡只有八個孩子啊！」

「這裡是八個沒有錯！」

「妳越說，我越糊塗了。」

「嗚……嗚……」媽媽哽咽說著：「丈夫去世時，我帶著八個孩子，當時還懷著九個月的身孕。那個時候，我過度悲慟都吃不下飯。生下孩子，卻擠不出奶水。嗚……我對不起，我那剛出生的孩子。我那短命的老公過世時，還留下了一屁股債。我窮得像鬼一樣，哪有可能買得起奶粉給嬰兒吃？鄰居阿好嬸對我說，妳那嬰孩要是整天只喝稀飯水，肯定活不了。在不得已情況下，我只好忍痛，將她送給環境優渥，不會生育的有錢人。我只希望能給這個孩子，一個較好的環境。」

美蓮吃驚的說不出話來……靜默一會兒後，美蓮用同情的語氣對媽媽說：「妳過得這麼苦，怎麼從來都沒有跟我提過？」

媽媽露出苦笑說：「古人說：『救急不救窮』，再苦我也會撐下去。只要我還有一口氣在，一定不會讓孩子餓著。」

聽完後，美蓮雙眼同情地，輕嘆一口氣說：「阿雲，我們是好姊妹，以後妳要是有什麼困難，儘管跟我開口。」

美蓮離開後，不到三個月的時間，孩子們輪翻生病，讓身無分文的媽媽，焦急得不知如何是好？外公急中生智，把爸爸騙來當女婿，期盼他能幫媽媽分擔家裡的重擔。誰知，世事難料，外公的如意算盤並沒有打著。爸媽登記結婚後，兩個哥哥，病情急速惡化，先後共赴黃泉。時隔不久，爸爸竟然也跟著病倒了。媽媽頓時不知所措，她只好厚著臉皮來到美蓮家，向美蓮借錢。但是拖了好久，她都無法歸還債務。

此時，美蓮的婆婆阿葉告訴媽媽：「我聽我們家美蓮說，她很喜歡妳家的小陶。就算妳不吃不喝，也不知何時，才能將錢還給我們。我看不如這樣，妳把孩子過繼給我們？」

媽媽瞪大眼睛凝視著這對婆媳。

半晌後，美蓮打破沉默對媽媽說：「阿雲，既然妳都可以把小女兒送給人養，不如妳也把小陶送給我？妳現在，過得這麼不好，這孩子跟著妳，肯定更受苦。妳看，我家珍珍也挺喜歡小陶的，難得她們這麼投緣。不如讓她們彼此作伴，妳看如何？」

阿葉接著說：「妳放心，我們是不會讓小陶受委屈的。妳欠我們家的錢，就可以一筆勾銷不必還了。除此之外，妳還需要多少錢，儘管開口。」

霎那間，媽媽的腦袋一片空白，呆若木雞似的愣在原地……。一會兒過後，媽媽用接近悲傷的聲音說：「不，我不要錢！我不要賣女兒。欠你們的錢，我一毛也不會少，一定會全數奉還。」

「阿雲，不用我多說，妳心裡比誰都明白。小陶跟著我們只會更好。」

「妳現在要養這麼多孩子，現任的老公又生病了，妳一定很需要錢。妳就開個價！」

「不，我不要錢！」

「那妳要什麼？」

「只要女兒點頭答應跟妳走，我就同意。」

「只要小陶同意，這是什麼意思？」

「我的意思是：只要小陶不反對，願意跟著妳回家，我就同意。」

「好，那過幾天，我再專程去妳家問問小陶。」

幾天後，美蓮帶著餅乾和新衣裳來到媽媽家。還沒進到家門，就看見小陶蹲在門口跟貓咪玩著。美蓮用親熱的口吻，叫著四姐的名字：「小陶，小陶，妳看阿姨帶什麼禮物給妳？」

小陶仍舊蹲在地上玩著貓，不予理會。美蓮發現小陶無動於衷，便拿著餅乾，在她面前蹲下來，對著她說：「小陶妳看，這是什麼？」

小陶一看，美蓮手裡捧著的竟是自己最愛的餅乾，瞬間眼睛都亮了起來，就蹦蹦蹦的……高興的跳了起來：「是餅乾！是餅乾耶！」

小陶樂不可支伸出手，美蓮馬上打開餅乾罐，塞了好幾片餅乾給小陶，然後再分給一旁，目不轉睛看著餅乾的孩子們。小陶將餅乾一片片放進嘴裡，咔嚓咔嚓滿足地咬著。美蓮微笑看著小陶，張開雙臂對她說：「來！過來，讓阿姨抱抱妳。」

小陶馬上撲向美蓮懷抱，美蓮開心地將孩子擁在懷裡，然後用得意的眼神看著媽媽說：「妳看，小陶喜歡我。」

站在一旁的媽媽搖搖頭，不捨的說：「這樣不算數，這樣不算數。」

美蓮站了起來，對著媽媽發火說：「那要怎樣，才能算數？我婆婆都說過了，妳欠我們的錢，就不用還了，當作是妳這幾年對小陶的養育之恩。」

媽媽一聽，生起氣來：

「美蓮姐，我已經說過了，我是不會賣女兒的。欠你的錢，我一分一毫都不會少，一定會還給妳。」

「阿雲，妳別生氣！我婆婆，要我收養別人的孩子，我從來都沒有同意過。但是，自從我看過小陶，就覺得我們很投緣。妳仔細想想看，妳是要小陶跟著妳提心吊膽地過日子？還是跟著我才不會挨凍受餓？」

媽媽停頓片刻，緩緩地道：

「我要的是小陶心甘情願的跟妳走。只要她點頭答應，我就同意。」

美蓮馬上轉向小陶，使勁地問著小陶：「小陶，阿姨好喜歡妳，妳喜不喜歡阿姨？」

小陶邊吃邊看著手裡拿的半塊餅乾，她似懂非懂的點了點頭。

「那妳跟我回家好嗎？我家裡有好多好吃的餅乾，還有蛋糕喔！」

美蓮邊說邊從紙袋裡，拿出了兩件可愛的小洋裝，在小陶身上比呀比的。

「小陶，妳喜不喜歡這件小洋裝，我把這件洋裝送給妳好不好？」

沒有穿過洋裝的四姐，看著繡滿亮片和珠珠的小洋裝，笑得合不攏嘴。

「嗯！好漂亮，好漂亮喲！」

美蓮聽到小陶在讚美著衣服，立馬就幫小陶換上新衣裳。

「哇！小陶，妳穿起來，好可愛喲！」

小陶滿足地露出深深的小酒窩。

「妳跟阿姨回家，阿姨家還有好多漂亮蓬蓬裙，都送給妳穿。」

小陶想著有好吃的餅乾，又有漂亮的新衣服，就頻頻點頭。這時，站在一旁的媽媽，紅著眼眶著急地說：

「不行！」

「都說好了，怎麼又說不行？」媽媽望著美蓮，停了好幾秒鐘，說道：

「我還有一個條件。」

「阿雲妳說，還有什麼條件？無論是什麼，我都答應妳。」媽媽小心翼翼開口說：

「小陶已經五歲了，我很捨不得，妳得讓我去看她。也得讓她知道，她還有我這個母親和姊妹們。」

「啥？妳讓我想一下。」

美蓮猶豫了好一會兒，媽媽這才坦然地對著美蓮細說：「美蓮，我那剛出生的小嬰孩，送人時，也是言明：得讓孩子知道我是她的親生母親。但是那有錢人鄰居，把孩子抱走後，就不讓我看。畢竟那孩子，是我懷胎十月所生。妳叫我如何割捨親情？」

骨肉親情，觸動美蓮的心，讓她不由得同情的深深吸了一口氣說：「天下，最難以割捨的，就是親情的煎熬。妳若真的想小陶，我答應妳，讓妳每個月來看她一次。另外，我再答應妳，每年的初二，讓她回家，與妳們相聚一日。」

就這樣，媽媽和美蓮達成協議。媽媽紅著眼眶，不忍再看小陶一眼，而美蓮興高采烈地將四姐抱在懷中。

「來，小陶跟媽媽姊姊說再見！」

一旁二姐機靈問著：「阿母，為什麼美蓮阿姨，要將小陶抱著不放？阿母，妳說啊！為什麼小陶要跟我們說再見？」

媽媽一時間說不出話，轉頭落下辛酸的淚水……。

「阿母，妳不能騙我，剛才妳和阿姨說的話，我都聽見了。您是不是要將小陶送人？是因為阿叔生病了，妳就想把小陶賣掉，拿錢給叔叔治病？」

媽媽吸了吸鼻涕，強忍悲痛說：「傻孩子，小陶也是我身上的一塊肉！我怎麼會把她給賣了？阿母把小陶送給美蓮阿姨，也是為妳四妹妹好。妳看！美蓮阿姨家很有錢，小陶去住在她家，才會有好吃好喝的；讓她跟著美蓮，才會有好日子過。」

二姐聽到這裡，知道木已成舟，哭紅了雙眼：「不要，不要，我不要啊！阿母，妳已經將七妹妹送人了，不能再把四妹妹也送人啊！我阿爸已經不在了。如果我阿爸還在，他一定不會讓妳把妹妹送人。」

二姐大聲哭了出來……站在一旁的三姐也跟著哭了起來……。看著美蓮已走遠的身影，二姐轉頭拉起三姐的手，跟著美蓮的背後追著……此時，大姐眼看情勢不對，也轉身從後頭喊著：「等等我，等等我……」

三姐被二姊拉著往前追，跑到連拖鞋都掉了……她赤著腳，跟著大姐和二姐一起追了一公里多的路……直到看著美蓮抱起小陶，消失在走遠的汽車上……。

兩年後，七歲的小陶第一次回家了。她開心地和二姐三姐相聚……。

「小陶，妳不要走。我們去跟阿母說，讓妳留在這裡。」

無辜的小陶含著淚水，用顫抖的聲音：「我也不想回養母家，我想要留在這裡。」姊妹們抱頭痛哭相擁而泣……，被躲在廚房的媽媽聽見了。媽媽的內心好煎熬，她的眼淚不聽使喚，簌簌的落個不停。媽媽的內心，既糾結又心疼……難道是自己害了小陶不成？但事已至此、米已成粥，要如何才好呢？媽媽把眼淚憋了回去，假裝若無其事的，從廚房裡走了出來。她不捨地將四姐擁入懷裡，問道：「妳養母對妳好嗎？」

小陶點了點頭。媽媽看四姐點著頭，心頭好似放心多了。她接著又對四姐說：「小陶啊！是阿母對不起妳。妳若想回家，再忍耐幾年，等妳長大了，再回來。」

媽媽深呼吸後，吸了吸鼻涕將淚水吞下。然後接著又對小陶說：「小陶啊！妳要忍耐啊！這一切都是妳的命！」

姊妹們紅著眼眶一起抱頭……痛哭著……。

長大後，四姐娓娓對我說起，她去到養母家的這段往事。

四姐說：從小，我就看到阿母，嚐盡骨肉分離之苦。虛歲五歲時，我的阿爸就死了。沒過多久，阿母就生下老七。那時阿母沒有奶水，七妹妹就快要餓死了，在不得已情況下，被人領養了。在那個時代裡，流行著很多不同的傳染病，我們幾個孩子，常常輪流得病。阿公說，兩個哥哥命在旦夕，家裡不能沒有人掙錢，於是，硬把阿母嫁給了妳的爸爸。哪知，妳爸爸也是百病叢生。那時，妳還沒有出生，我下面還有三個妹妹，家裡過得實在太苦了！阿母就在不得已的情況下，只好將我送養。每年的年初二我回家時，阿母總會問我：「妳養母對妳好嗎？」當時我年紀尚小，根本不懂什麼叫做好，只知道養母家讓我衣食無虞，不用擔心吃穿。雖然我真的很想回家，但是大姐卻對我說：「妳看，繼父的病才剛復元，卻又一直咳個不停，也不知道會不會跟我們過世的阿爸一樣，得到相同的病症？我們這個家，已沒有能力讓妳回來了！」

大姐苦口婆心的告訴我：「小陶，我看，妳還是乖乖留在養母家吧！妳看，家裡又添了個妹妹！咱們阿母又大肚子了！」

雖然我變成養女，但是嚴格說起來，我的養父養母對我算是不錯。無論是吃的、穿的、還是用的，從來都沒虧待過我。

但是，跟養母家的姐姐比起來，畢竟我算是個外人。姐姐究竟是我養母親生，而我只是「認養」的，我們姊妹倆只要做錯事，被懲罰的人一定是我。

養父和養母家的阿嬤，對我比較嚴苛。在他們的心底，始終認為我就是一個外人。養母家人的私心，讓我經常暗自掉淚，所以我很期待阿母來看我的日子。

每月月初，阿母都會準時送貨來，也會順便來看我。阿母來的那一天，我總是特別高興。不過，當阿母要回家時，我就會強拉著她的手，捨不得她走。看到阿母就要走了，讓我眼眶泛紅、心如刀割，好想跟著她一起回家。目送阿母回家時，我會靠著門邊，痴痴看著阿母背影，直到看不見為止……。

也許，我站在門口看阿母這個動作，讓養母非常不開心。

接著只要是阿母來的日子，就會招來養母對阿母的酸言酸語。我還記得養母常擺出一張鐵青的臉，對著阿母說：「阿雲，當初妳要是怕我會奪走妳當母親的權力，妳就不該把小陶送給我；既然將小孩送我了，妳就不要來勾勾纏。」

被養母尖銳言詞針刺著，阿母就像小媳婦般，不敢吭氣。

每次聽著養母對阿母說話，總是話中帶刺，讓我多多少少明白阿母的處境；我好怕阿母被養母激怒後，就不來看我了。還好隔月，阿母依然又來看我了。來探視我的這個舉動，讓養母心裡不好受、很不是滋味，她越想越煩，越想越不甘心，越是吃味。養母酸溜溜地對著阿母說：「妳是怕我會虐待妳女兒？還是怕妳家的小陶會被我餓死？早知道，我會上了別人的圈套，那我就不要那麼雞婆，幫別人養孩子。我的親友都說，我是個憨大呆，是個大傻瓜。妳啊！根本就是在利用我，等我把妳的孩子養大，就會將這個孩子帶回去？看來，別人講的都是事實。我是在替別人養孩子，我真是白費心機，白費苦工。我好心沒好報，好心被雷親。」

養母句句犀利言詞，每一句都羞辱著阿母，讓阿母無地自容，總是低著頭捂著臉，不敢開口辯駁回應。

當阿母走後，養母也會數落我的不是。她會大聲對我說：「我是哪裡對妳不好？為什麼，妳阿母要回去，妳就像生離死別一樣，哭喪著臉？既然妳那麼愛妳阿母，那就跟她走啊？看來，我是白養妳了。」

每次聽到養母講這些話，讓我整個心都涼了一大半。養母家還有個叔叔，總是在阿母回家後，就會指著我的鼻子對著我說：「妳養母，就是『憨啦！』養妳，真是無效啦！真是白白浪費水米。妳要是不知感恩，就可以跟妳阿母走。」

我常常在阿母走後，獨自落淚。「家」對我來說，是這麼的遙不可及？

國中畢業後，養母家境逐漸中落，不如從前。我也不想再被命運左右，決定自力更生去學燙頭髮，我想要成為一名美髮師。但是美容店的工作，營業時間很長，要從洗頭小妹做起，得從白天做到凌晨。為了能美夢成真，我不怕辛苦，在養母允諾下，我找到了一家小小美髮店，跟著老闆娘學起美髮。在老闆要求下，住到老闆家，每天幫客人洗頭超過12小時。老闆娘還把我當婢女使喚，對著我說：「房租水電是很貴的。妳住在這裡，不能把費用全都算在我的頭上。妳得用做家事，來抵房租水電。」

所以，下班後，我還得打掃老闆家裡，幫忙煮消夜，老闆極力剝削著我的體能直到凌晨。下班後，只要老闆說他肚子餓，我就得煮點心，讓他們一家四口享用。老闆是一個非常小氣的人，當他們用完餐點後，就算還有剩餘的菜餚和小點心，卻一口也不讓我吃。

店裡使用了最劣質的洗髮精，讓我的手洗頭洗到紅腫脫皮。我想請假去看醫生，老闆卻不准我休假就醫；他只拿些藥膏給我擦拭，還對著我說：「妳若真的要請假，那就得扣全

勤獎金三百元。」

我當學徒，每個月才一千元，請一次假就要扣三百元，未免太昂貴了。為了省錢，我只好忍耐著。

直到有一天半夜裡，我聞到了一股燒焦味。四處環視後，發現是老闆娘的房間，冒著濃煙。老闆夫婦睡得正香甜，我拼命敲門，猛力喊著：「著火了！著火了！快快快！快開門啊！」

我大吼大叫，終於讓老闆夫婦一家人及時逃生。但是老闆卻沒有對我表示絲毫謝意，只是冷冷地對我說：「這又不是什麼大火災，只是我在點蚊香時，不小心燒到棉被。」

事後，老闆還要求我用小刀片，把被燒焦的一小塊木質地板刮掉。等我把那塊木板弄乾淨後，老闆又叫我煮了一桌的菜。並且對著我說：「今天，我們要煮豐盛點。因為這桌菜肴，是要用來壓驚的。」

那時，我天真的以為，這桌菜我也有份。但是事實告訴我，我是痴人妄想。老闆宴請了十來名親友，他們邊吃邊數落我的不是；吃剩的菜肴，還是跟以往一樣，不讓我品嘗半口。每次他們聚餐，總是對我品頭論足，讓我感到丟臉不已。我邊洗著他們吃完留下來的碗筷，邊掉著眼淚……細細一想，驚覺我來此的目的，已然走樣；我哪是來學燙髮的？我根本就是，來他們家當女傭的。想通之後，我趁著黑夜沒人注意，就收拾簡單行李，跑到同學家去了。

同學小翠，收留了我一夜，陪我哭到了半夜。但是天亮了，隔天一早，小翠就要去上學了，我無處可去，只好偷跑回養母家。

回到家裡，我將自己關入房內，擔憂了起來：洗頭小妹這個工作，看來我是待不下去了。偷偷跑回養母家，無非就是把自己陷入絕境。我該怎麼告訴養母一家人呢？他們會不會等著看我鬧笑話，等著恥笑我那麼沒有擔當，吃不了苦？我越想，心裡越是煩躁不安，獨自傷心落淚了起來……此時，養母發現大白天的，我不上班，竟然從美容院裡跑了回來。她焦急的走進了我的房間，一把就拉住我的手腕，想問明原委。拉扯間，卻發現，我發紅的手掌。她震驚疑惑地問：「小陶，妳怎麼幫人洗頭，洗到手都脫皮爛了？難道，妳的手不痛嗎？」

養母疼惜我，著急的問著，讓我紅了眼眶，「哇」的一聲，就哭了出來……。養母心疼地將我摟進她的懷裡，讓我抱著她，使命地哭著……我終於，將這些日子以來，所承受的委屈，一股腦兒訴說了出來。養母聽完後，不捨地對著我說：「憨孩子，別怕！我們不要受人欺負。我們不要去當洗頭的小妹了。」

「可是，如果我不回去，老闆一定會處罰我，還會找名目扣光我的錢。」

「不要怕！免驚，媽媽會帶著妳去理論。妳的手都這樣了，還要學什麼美髮，賺什麼錢？走！現在最重要的是，媽媽得先帶妳去看醫生。」

養母對我細心呵護，讓我感受到滿滿的母愛。養父知道我的處境後，二話不說，要我跟著他一起到市場做生意。

自從和養父一起工作後，我認真盡力的去做每件事情，讓養父對我的態度完全改觀。養父時時誇讚我，卻讓姐姐珍珍，對我產生了些許的敵意。她經常無緣無故，用言語排擠、挑釁我。從小，我就被教育，一切要聽姐姐的意見，要以姐姐為重，所以，明知姐姐歪曲事實，我也不予狡辯。

自從珍珍交了男友後，就學壞了。她被養父責罵後，就離家出走，跟男友私奔了。珍珍跟人跑了，讓養母的眼角，時時噙著悲傷的淚水……。沒過多久，又傳來她未婚生子的消息，讓養母更是傷心極了。每次，只要有人一提到她的心肝女兒，她就會聲淚俱下，讓站在一旁的我，也跟著憐惜了起來……。為了報答養父母的恩情，我只能默默的陪伴在他們的身邊，用關懷來表達安慰……。

自從我隨著養父在市場工作後，知道養父母的工作很辛苦，為了不要讓他們過度勞累，我經常不自覺地，幫助他們做一些能力所能及的事。久而久之，養母也對我說出了心裡的話：「小陶，雖然妳是我的養女，但是比我親生的，還要貼心。我真的沒有白養妳這個養女。」

養母的一番話，不時的鼓勵著我。

在市場裡，我遇見了一位養父的好友。這位環境不錯的大老闆，足足大我22歲，像極了我的父親。當他知道，我很喜歡看言情小說，就常常拿各式各樣的小說給我看，也會跟我分享書裡動人的情節。我們之間無話不說，無所不談，天南地北都聊，只要我心裡有什麼不痛快，他也會藉機引導我。

有一次，珍珍趁著養母不在，就跑回家裡大肆搜刮。我心急勸姐姐，不要再像個太妹，讓父母傷心。珍珍卻得理不饒人，譏罵我：「妳算什麼東西？有什麼資格說我，妳只是我的替代品，有什麼好跩的？」

讓我感到委屈和難過。

這位老闆聽我訴說後，便輕輕將我擁入懷裡，不停地對我說：「想哭，就哭吧！妳姐姐不把妳當作家人。但是我可是，把妳當成自己的家人。」

他摟著我的動作，一度讓我有如躺在父親的懷抱。

當我遇到困境時，他會以經驗引導我，並且分析問題的所在，讓我走向正道，讓我不再畏縮，不再生姐姐的氣。他說：「人有前世今生。人有輪迴轉世。妳和珍珍前世早已結緣。妳肯定，在前世欠了珍珍，今生妳得用愛和包容，才能化解妳們之間的敵意。」

他分析我們姊妹的處境，讓我學習反思。他說：「錯，不會是單行道，而是雙向道。當兩個人都有錯時，妳會先認錯嗎？只要妳發現是自己錯了，就應該誠實認錯。」

他還說：「一個巴掌，是拍不響的。單方面，是鬧不出事來的。」

大老闆要我學會修補和珍珍的敵對關係。

沒過多久，未婚生子的珍珍又接連生了老二，和男方家人起了衝突，跑了回家。我換了角度，真心的把珍珍當作是自己的親姐姐，為她設想，替她帶兒子，讓她能專心做月子。

珍珍離家的這段時間，確實也歷練了很多，也成長了不少。才幾年功夫，她彷彿變了個人似的，也對我解開心防，釋出善意、不再對我猜疑，我們也成為最親近的好姊妹。這個改變，讓我無形中，對這位老闆很是崇拜。

最後，這位中年喪偶的大叔，居然很大膽的、公然的，在我的養父面前，拿小說給我，還在書裡夾藏了各式的情書。字條上明目張膽寫著：「今生相遇，是前世結下的良緣。我們的姻緣，前世已然註定。就算妳老了、病了，我也願意，一生一世的照顧妳，直到終了。」

他的情意，讓情竇初開的我，無法招架。老實說，他對我的關懷和呵護，補足了我自幼沒有父親的遺憾。

四姐長嘆一口氣說，就這樣，這個歐吉桑，變成妳的四姊夫。

而我也成為別人的後母。所謂：「養女難為、後母難當，都讓我遇到了。妳姊夫家的孩子，跟我只差九歲，跟土碳妳一樣大。」說到這兒，四姐忍不住地看了看我，然後，又繼續說著：

由古至今，「後母」給人的印象，就是無比惡毒；「後母」通常會被歸類為虐待兒女、下毒謀命的高手。所以，妳姊夫很聰明，當他想跟我交往之際，就先介紹我去認識他的女兒，讓我和他女兒做朋友。也讓我學習不是當他女兒的繼母，而是他女兒的摯友。說真的，學當後母這條路，很難又很累，但是妳只要真心付出，就會有意想不到的豐碩果實。想想啊！這就是我的命，這也是真實的人生。

聽完四姊的自述，讓我回憶起小時候，那時家裡環境不好，吃不起雞肉，但是自從四姐去市場，做起賣雞隻生意，媽媽就經常跑到市場去偷看四姐。四姐只要看到是媽媽來了，就會趁著養父和養母不注意時，偷偷的把雞脖子、雞爪以及雞腸子包起來，讓媽媽帶回家，讓我們全家人得以解饞。

四姐是個最熱心腸、心腸最軟的人，她只要知道媽媽急需用錢，二話不說，就掏出自己私房錢，自動送到媽媽的手心。雖然我們是同母異父的姐妹，但四姐把我們當作親手足般照顧。她的所作所為，一直深深地印在我的腦海中。

13.火燒山

媽媽換了新的神明桌。供桌上擺滿了剛煮好的飯菜。她幫我們每個人點起了三炷香，要我們一起向神明及祖先膜拜。

拜拜完後，八姐仔細看著祖先牌位，供奉著媽媽的兩位前夫，但是牌位旁卻沒有兩個已過世手足的靈位，她好奇的詢問起媽媽：家裡為什麼不能立小孩的牌位？之前的兄長，到底是發生了什麼事？得了什麼重病？雖然已經事隔多年，但是沒想到往事重提，卻還是讓媽媽無法釋懷，陷入痛苦之中，哭得快要昏厥。所以，自此以後，我們再也不敢提起這件傷心的往事。久而久之，在全家人默許之下，逐漸將他們淡忘。

民國59年，桶裝瓦斯爐，尚未普及鄉下。所以在生活上，不管是燒水還是煮飯，住在漁村的我們，還是得依賴爐灶維生。幾年後，我已就讀國小二年級了。大姐婚後也產下兩子，二姐離家後也生下一男。四姐也已嫁做人婦，鮮少回家。而七姐呢？還是音訊全無。

颱風過後，媽媽在海邊撿了一堆的漂流木，放在自家門前，就和爸爸出門做生意送貨去了。家裡就屬三姐最大，爸媽不在家時，三姐接替了母親的角色，掌控了家裡的大小事務。她會發號司令，要我們做好家事，才能上學。星期日趁著大家都在家，三姐要我們輪流拿著柴刀，將枯樹枝和木柴剖開後，鋸成短木頭，以便放進爐灶裡。

黃昏時，家家戶戶屋頂上的煙囪，開始陸續冒出縷縷的炊煙。整個村落的空氣裡，瀰漫著一股香味四溢的鍋巴香。嗅到這熟悉的米香味，讓我們的肚子，忍俊不住，咕嚕、咕嚕地叫了起來。

原本在廚房裡忙煮晚餐的三姐，突然間，從廚房跑到門前廣場，一聲不響，悶不吭聲地走了過來。她雙手插在腰際上，大聲的怒斥我們：

「怎麼還在玩！天都快要黑了，還不趕快收拾。聽好，要趕緊把所有的木頭，砍成一節一節的。捆綁好後，再搬到放柴火的地方，排放整齊。你們仔細聽好，沒做完工作，就不准吃晚餐。」

她站在一旁，緊盯著我們，指揮東、指揮西。我們每個人都低著頭，不敢造次，乖乖的整理枯木。這時，忽然飄來一股燒焦味，三姐急忙跑進廚房，原來是，灶裡的那鍋米飯煮焦了。她掀起鍋蓋，將燒焦的飯，盛了起來，然後把大鐵鍋上的那一層焦黑的鍋巴，撒上少許的鹽，拿出來給我們當作點心。

「來來來，你們大家都過來，這鍋巴給你們吃。」

弟弟看了看鍋巴，多嘴地說：「三姐，妳剛才不是說，沒做完事，不准吃東西，怎麼馬上就有點心吃了？」

「小屁孩，有耳沒嘴，給你吃，還那麼多廢話。」

弟弟被碎念了一頓，他聳聳肩，一臉無所謂地，又拿起鍋巴仔細看著：「咦！三姐，這鍋巴有些地方，好焦ㄛ？怎麼那麼多顆米粒都是黑黑的！」

「沒禮貌！叫你吃你就吃，焦的比較香，你難道不懂嗎？」三姐睜大眼睛瞪著我們，讓我們不敢多言。

雖然這鍋巴燒焦了，但是，卻是越嚼越香。正當我們開心嚼著香噴噴的鍋巴時，一鍋褐色焦味的飯，就擺在我們的眼前。

「我知道，你們最乖了。等吃完鍋巴後，接著再把這鍋飯，都給我吃光！」

我們依照旨意，吃著一碗又一碗的白飯。肚子明明已經很撐了，但是，三姐還是要我們不能浪費，得把這鍋飯給吃光。雖然肚子已經撐到痛了，但是我們誰也不敢違逆三姐，因為三姐說的話，就是「聖旨」。如果不聽從，就會被打、擰肉或罰站。正當大家心不甘情不願地，一口又一口，把糊味飯勉強的塞進嘴裡時，咦！抬頭一望，山的那一頭，怎麼有數顆微光閃爍著？弟弟傻傻地對著我們說：「你們快看，山上有好多隻螢火蟲耶！」

三姐也跟著望向山邊看著：「別胡扯，天都還沒暗，哪來的螢火蟲呢？」端著飯碗，正努力將米粒扒進嘴裡的八姐，視野也立刻跟著大夥轉向山邊仔細瞧著，她疑惑地問道：「山邊的不是螢火蟲？難道是星星嗎？」

三姐仔細凝視了一會兒，然後轉頭對著我們說：「是有幾處奇怪的光點，正在閃爍著，但是絕對不是星星啦！時候已經不早了，沒有時間再討論了，媽媽就快要回來了，我得重新去煮一鍋新的白飯了，免得被發現。你們還不快點，把剩下的米飯，給我吃光光。再過一會兒，我就會出來檢查。」

說完，三姐立刻就往廚房裡衝去。留下困惑的我們，繼續努力的吞著燒焦味的米飯，同時密切留意山邊的一舉一動。

前一刻，才看到幾個亮光；不久後，山的那頭，卻冒出更多的小光點；接著，就聽見人聲鼎沸。吵雜聲中，似乎有人在喊著：「火燒山，火燒山了！趕快去救火哦！」

接著一堆的男女老少，提著水桶往山裡跑去。我的視線順著人群游移，原來真的是火燒山了。在東北季風助長下，火勢一發不可收拾，徹夜延燒，直到隔天下午，火勢才終於被撲滅。大火燒光了好幾個小山頭，許多樹木都被大火燒焦了。遠遠往山邊一看，整座山頭，一片焦黑，變成「禿頭山」了。

數日後，媽媽對我們說，那山頭被火燒過，肯定留下不少乾枯木頭，你們姊弟趕緊利用假日去山上，撿枯木回來當柴火。隔天，才國中的五姐，就帶著我們一群小蘿蔔頭，來到山裡撿拾乾柴。五姐偷偷帶領著我們，從被火紋身的這個山頭，越過了那個沒有被火燒過的青翠山頂。口渴了，五姐就摘下月桃葉的花苞，把小花拔除，留下小尖頭。五姐教我們用舌尖，抵著小尖頭，同時也把嘴變成嘟嘟圓形，輕輕地，吸進、吸出、吸進、吸出，此時，小圓尖頭的花苞，就會發出「啵！啵！啵！」的聲音，像是在嚼口香糖般。

有著免費口香糖可吃，讓我們眉開眼笑、手舞足蹈，在山林間一路走走停停，不時更換著滿山遍野，取之不盡的月桃葉花苞，拼命的「啵！啵！啵！」地吸著……一直吸到嘴巴四周好酸、好酸，才肯罷休。

秋天，楓葉染紅了整個山野，楓樹上掛滿綠、黃、金、紅的色彩，輪流相互映襯著。一陣風輕輕吹來，楓葉一片又一片，從樹上飄落下來。瞬間，讓我們彷彿置身在仙境般，忘記每個人的背後，正背著一大捆沉重的乾柴，也忘記了這一路，長途跋涉的腳酸和辛勞。

五姐就像是個花仙子，在山林間飛來飛去，率領我們越過不同的山野。她會細心地照顧著我們每一個人，讓我們可以安心地、盡情地在山裡，四處張望、左顧右盼。五姐對山路瞭若指掌，她先領著我們漫步到紅紅的楓樹林，再帶我們走進芒草堆裡。蘆葦幾乎快要淹沒我們的身影，一陣風吹了過來，往前一看，五姐的人影，突然間就消失了，但是沒過多久，卻又突然出現在眼前。風再次吹了起來，五姐就會消失又再重現。緩步在芒草堆裡，讓我們彷彿置身在海浪之中。弟弟在芒草堆中停下了腳步，他折斷一根芒草花，揮舞著，而我和妹妹也學他，拔起了更長的芒草花，跟他比畫：「來！看誰比較厲害！」

弟弟眼見我的芒草花，比他的還要長，就馬上停下腳步，重新採了幾株更長的蘆葦莖，拍拍我的肩膀說：「誰怕誰，快來比畫一下啊！」

於是我們姊弟相互廝殺了起來。走在前面的五姐頻頻回頭，對我們喊道：「時候不早了，別停下來玩。」

「快一點，只要越過前面的那棵相思樹，再往前走一小段路，就要下山了。」五姐連連嚷著：「後面的，趕緊跟上！爬過這段陡峭的山路，馬上就可以看到住家了。」

聽到五姐遠遠呼喚著我們，弟弟搶先對著我們喊著：「快呀！我們來比比看，看誰可以跑到最前頭。」

五姐看我們在跑，她也跟著我們火力全開，快馬加鞭地往前衝。於是，大夥兒都跑到滿頭大汗、氣喘吁吁，誰也不肯停下腳步，因為我們都想搶在最前端。看著五姐已一路遙遙領先，弟弟趁我半蹲喘氣時，馬上奔到我的前方，想超過我。我也趁著八姐、弟弟和妹妹筋疲力盡時，趕到他們的前方。就在大家跑到上氣不接下氣，簡直就快要斷氣時，傳來五姐興奮的聲音：「哇！好漂亮喔！哇！快來看，水是藍的，天也是藍的。在海的中央，還有一艘大船正在尿尿呢！」

一聽到大船尿尿，弟弟快步爬上山頂。他一把拉住我的肩膀，往前擠，探出頭的說：「讓我看，讓我看！」

眼前突然一亮，我們竟然已佇立在山頭了。往前望去，是一望無際的大海，讓弟弟忍不住驚呼：「哇！好好玩喔，大船真的在尿尿耶！哇！這裡真的可以看到藍色的海洋！呵！站在這裡，讓人感覺好舒服喔！」

弟弟驚呼連連地說著。

「是啊！你們看，那遼闊的大海，有好幾層顏色呢！」五姐忘情的看著前方，弟弟也附和的說：「藍色的海，就好像是一張軟綿綿的大床，讓我好想躺在上面睡覺呵！」

「是啊！天空和海水，就好像是一張彈簧床，我也想臥倒在藍色水床上睡覺……」

「土碳，妳的頭走開點，妳擋住我了！妳讓我看不到了。」五姐的話，尚未說完呢，就被弟弟的話給打斷了。因為我想讓出位置，好讓妹妹可以看見，便移動自己的腳步，恰恰擋住了弟弟的視野。為了看到絕美海景，弟弟索性用手將我的頭，扭轉到另外一個方向，但是，我的身型，仍舊遮住了他大部分視線。為了看大船排水，弟弟墊起腳尖，一手搭在我的肩上支撐著；另一手則抓住我身旁那棵大樹的枝幹，以保持平衡。

「呵！你們看，天和海都變成一條直線了！」說時遲，那時快，「咔嚓」的一聲，弟弟失去了攀附。他緊緊抱住我的身體，和我擠在一起。樹枝瞬間被折斷了。緊接著，「砰！」的又一聲，一團灰色物體，從高處落下，就掉在我的眼前。我仔細留神一看，唉喲！不得了，竟是一條筍殼色的蛇！嚇得我驚恐慌張，大叫了起來：

「啊！蛇！是一條蛇！」

龜殼花，纏繞成一個圓盤狀，從高處掉下來後，大概是嚇暈了，竟停滯在我的腳邊，動也不動。我害怕地頭皮發麻，腳心癢得直竄頭頂，不自覺地拱了起腳尖，緊張得不知道該怎麼辦才好？就在此時，五姐高喊著：「土碳，阿弟，你們發什麼呆，還不趕快跳開！」

弟弟用力往前推了我一把。被這一擊，和弟弟擠在同一個階梯上的我，便緊急地將自己沉重的腳跳開了。弟弟看到我「蹦」的一跨，逃走了，也跟著將自己的腳，往前跳躍三個階梯。但是落地時，他一腳踩到石階上暗綠色的青苔，雙手搖擺了幾下，就連續往前又滑了三個階梯。摔倒後，就這麼好巧不巧，他就直挺挺的坐在蛇的身旁！

「啊！……啊！……啊！」弟弟嚇得雙腿發軟，坐在原地幾乎無法動彈。被驚擾的蛇，前後擺動、左右晃動著。五姐眼見危險，立刻將弟弟往左推開，雙手抓著弟弟的手，快速往後跑到最上層的階梯上。晃動的蛇佔據了小路，讓我們無法前進。五姐躡手躡腳，拿起身旁一根長棍子，遠遠的，上下左右撥動著蛇，看能不能把蛇移走？撥了一會兒後，蛇終於被木棍挑了起來。五姐小心翼翼將蛇舉起，往草叢裡用力一甩。這一擲，那木棍竟在半空中斷成了兩截！蛇摔落翻滾了幾圈，躺在路中央。幾秒後，牠將頭高高抬起，轉向我們，擺出攻擊的姿態，還猛吐出舌頭，一副就要噴毒液的樣子，把我們個個都嚇得半死、佇立原地不敢動彈。停滯了一會兒，五姐倒退了兩步，順手解開了小妹身後那一小捆枯木，然後將整把的樹枝，抱了起來，朝著蛇的方向用力丟去。剎那間，一根根的樹枝，像是萬箭齊發般，朝蛇翻滾而去。但是，木棍才滾了兩三下，就停了下來。受到攻擊的蛇，躲過襲擊，毫髮無傷，不停扭動身軀，奮力掙扎並張開血盆大口，朝我們襲來。害得我們連忙地拾起地上石頭，砸向蛇身。蛇嚇得呈S形，不斷快速往草叢裡竄逃而去。

同時間，只聽到我們尖叫連連：「啊……啊……」

「啊！救命ㄚ～～～救命ㄚ！」

快被嚇破膽的我們，拼命往前狂奔、沿路發瘋似地，嘶吼、喊叫著，一直跑，一直跑，跑到半山腰時，才上氣不接下氣的停了下來。氣喘如牛的五姐，大聲喘著氣，還不忘查看弟弟的身體。她拍了拍弟弟屁股上的灰塵，問道：

「阿弟，你有沒有怎樣？你有沒有被蛇咬到？」

弟弟彎著腰，喘了好幾口氣後，拍了拍自己屁股，噗哧地笑了出來：

「哈哈哈……被蛇咬到？妳有聽說，被蛇咬到，還會跑這麼快的嗎？」

然後嘻皮笑臉的轉頭對著五姐說：「好可怕喔！但是，真的，好好玩喔！」

八姐也頻頻豎起大拇哥，讚賞五姐：「五姐，妳果然不是蓋的！」

弟弟俏皮的說：「哈哈哈！剛才那條蛇，一定以為大地震了。你看那條蛇，嚇得用翻滾的，滾進樹林裡！」

說到這裡，我們大家都忍俊不住，前仰後合狂笑了起來……。

在山裡，竟然遇到龜殼花，讓帶頭的五姐不免憂心忡忡：

「好了好了，你們都別再開玩笑了。在山裡，被毒蛇咬到，可不是鬧著玩的，會小命不保。所以，從現在起，阿弟你就走在我身邊，我來保護你！現在，我們要一起打草驚蛇。」

這時，還沒讀國小的小妹不解的問：「五姐，什麼叫做打草驚蛇啊？」

「打草驚蛇，就是我們每人手中，都要拿著一根樹枝，邊走邊拍打眼前的山路和樹葉，讓蛇一聽到聲音，就驚嚇而逃。」

所以，從現在起，我們大家一定要小心留神，不能稍有大意。」五姐細心地提醒著我們，讓我們每個人可以開開心心地，背著一大捆木頭平安而歸。

到山裡撿木材，讓我們大家都留下深刻的印象，腦海裡同時都停留了一個畫面：跟蛇賽跑。這是一樁既驚悚又可怕的事，也是我們共同的兒時回憶。

14. 嘲笑會帶來痛苦

下山後，遠遠地，就看見六姐坐在圍牆邊，生氣地嘟著嘴。五姐內疚的抓了抓頭，走到六姐身旁，關心的問：「老六，妳怎麼氣鼓鼓的？是我沒讓妳跟著我們去山上撿拾柴火，讓妳生氣了嗎？」

六姐依舊翹著嘴巴不說話。

「別生氣了，這個給妳當口香糖玩。」五姐拿著做好的小尖頭花苞給六姐：「妳可以試著啵啵看！」

「我才不要呢！我又不是傻瓜。這是月桃葉的花苞，誰不曉得！」

五姐趕緊把小尖頭，換成芒草莖編織出來的小鳥，拿給六姐：「不然這隻小鳥送給妳，剛編織出來的。妳不要再生氣了好嗎？」

「我又不是生妳的氣！」六姐拿起五姐用蘆葦做成的小鳥，若有所思地反覆轉圈。

「那妳在氣什麼？」

「你們全都不在家，我真的很無聊，就跑到鄰居惠惠家，站在她家窗口，往裡面看電視。電視正好看時，就看到惠惠那離家出走的媽媽，竟然遠遠地走回來了。」

「六姐，妳有沒有看錯？惠惠的媽媽，不是離家出走了嗎？」

小妹帶著懷疑的眼光問著六姐，因為惠惠是小妹最要好的玩伴。惠惠的媽媽被她婆婆虐待後，就離家出走，留下惠惠和阿嬤同住。

小妹看了看六姐，禁不住地又問：「那惠惠的阿嬤，有讓她媽媽進屋去看惠惠嗎？」

「當然沒有。她阿嬤那麼兇，拿起掃把就把她媽媽轟了出去。不過，她媽媽在桌上，留下來一個好大的蛋糕。我看惠惠才哭了一下，就停住了。因為她媽媽帶了大蛋糕，說是要給她過生日的！住在下面的那一群野孩子，眼睛可真夠雪亮！一看到惠惠媽媽，手裡提著蛋糕下了公車，就全都尾隨，跑過來湊熱鬧。我本來，默默站在窗外，看著她阿嬤，拿起水果刀切著大蛋糕。我正在想，蛋糕那麼大，怎麼吃得完？搞不好，她阿嬤也會請我吃一口。誰知道，那群孩子，也往窗口裡擠。我的一隻手，就擱在窗口上，被他們壓住。我的腳，也差點讓他們踩扁。我實在忍不了，才大聲地對他們說：『走開啦！閃遠點啦！』誰知道他們聽到後，就故意多踩幾次我的腳。你們說，氣不氣人！」

五姐馬上插話說：「其實，妳只要好好跟他們說，他們應該就不會故意踩妳的腳。」

「哼！他們就是故意的。我又沒有錯！是我先站在窗口的。他們來到窗口後，就大聲罵我：『死跛腳，去死啦！』

我才氣得瞪了他們一眼，罵了一句：『你們也去死啦！』

惠惠的阿嬤，聽到窗口鬧哄哄的，就拿起掃把，大聲朝著我們怒吼：

『滾開！滾開！妳們這群野孩子，全都給我一起滾開！以後都不准站在窗外看電視。』

都是他們害惠惠阿嬤發飆的。

要回家時，他們這整群人，還故意用力擠我，不讓我離開。是我費盡了氣力，才從窗口推開他們的。剛才，那個大姐頭，帶著一群狐群狗黨，又一路追著我到我們家門口，還一起咯咯的嘲笑我是跛腳春！哼！我最討厭他們笑我是跛腳！跛腳又不是我自願的。哼！他們都一起罵我。我當然也要把他們罵回去。誰叫他們，每次在路上看到我，都一直在嘲笑我。說我走路搖搖擺擺，像是一隻鴨。我又不是傻子，難道要讓他們罵著玩？」說完這番話，憤怒難消的六姐，忍不住落下辛酸的眼淚……。

「嗚……一想到，那夥人都會在路上圍堵我，我就好生氣！我想要關在家裡，不要再出門。」

聽到六姐的這番話，讓我們感到很心疼。聽完後，五姐聳了聳肩，露出無奈的表情對六姐說：「他們簡直太可惡了！那大姐頭，怎麼這麼欺負人！」

還小的我們，實在不知道，該怎麼幫助六姐？只能傻傻的看著她哭，圍在她的身旁陪著她。睡覺前，「咿……呀！碰！地！」門開了又關上了。

媽媽終於下班回來了。五姐馬上飛奔了過去，跟媽媽提起，一群鄰居小孩欺負六姐的事：「阿母，那群小鬼，又在……欺負六妹妹了。」

「嘴巴長在他們身上，阿母也沒辦法叫他們閉嘴。」

「可是，剛剛下午時，他們又用鞭炮射六妹妹。六妹妹跑也跑不快，都被他們嚇哭了呀！」

媽媽聽完後，停頓一會兒，難過地嘆了一口氣，她束手無策地說：「我這麼的忙，哪有時間去找那群死孩子算帳？老五啊！我也是沒有辦法呀！妳去跟老六說，當他們罵老六時，就叫老六閉嘴，把他們當瘋子吧！那一家子，都不是什麼好人。妳叫老六忍耐一下，不要再跟他們大小聲了。」

站在一旁的爸爸，沒有插嘴，一句話也沒有說。當五姐難過離開後，爸爸卻把我們四個同姓的孩子，叫到客廳裡說話：「你們大家都給我聽好，我無法制止別人欺負老六。但是妳們和老六，卻是同一位母親所生，是不折不扣的親姊妹。當別人恥笑你們的六姐，是個跛腳仔時，你們絕對不能嘲笑她是跛腳。我還要鄭重的告訴你們，嘲笑別人身體殘缺的人，是最可惡的。妳們要切記，惡有惡報。喜歡嘲諷別人的人，總有一天，也會得到上天的懲罰。說不定哪一天，也會得到報應，真的變成殘障。」

爸爸的一番話，深深烙印在我們的心底，讓我們有所警惕，也讓我們知道不能捉弄和嘲笑別人，更不能有絲毫害人之心。

隔天，五姐的心裡，還是惦記著被人捉弄的六姐。眼看求助媽媽無濟於事，根本就起不了作用，她只好另謀辦法。但是，畢竟五姐才長六姐兩歲，也不知道該怎麼辦才好。五姐若有所思，邊走邊想，在不知不覺中，就來到了大馬路邊。眼見那個欺負人的大姐頭的住家就近在咫尺。五姐有股衝動，想立刻衝到門前，去找那個帶頭鬧事的大姐理論。但是，五姐沒有這個膽量，深怕萬一把那家人給惹惱了，那可就吃不完、兜著走了。五姐只好委屈的告訴自己，就靜靜固守在路上，只要那個大姐頭跨出門口，自己就可以找她算帳了。

但守了好一會兒，卻連個人影也沒有。五姐只好無奈地收回視線，毫無目地的向前走著。在不知不覺中，竟然走到了海邊。這時，一個大浪捲了過來，濺起了一片片的水花。一大群動作敏捷的海蟑螂，蜂擁而至，又快速的向四處竄逃。才一下子功夫，五姐的腳趾和小腿上，佈滿了海蟑螂，讓五姐著實嚇了一跳，不小心踢到一旁的礁石，碰地就滑了一跤，跪坐在海水之中。這時，一個正在釣魚的男孩看見了。他放下手中的釣具，跑了過來，攙扶起五姐：

「同學，妳有沒有怎麼樣？」

「謝謝！謝謝！我還好。」

「ㄛ！妳的膝蓋破皮了。」

「小擦傷沒什麼。」

「妳的裙子也被海水濺溼了。」

「沒關係！我家就在前面。」五姐用力扭乾裙子上的水，連忙跟男孩道謝。

男孩笑嘻嘻地說：「別客氣！剛才，我在綁魚線時，老遠地就看到妳了。」

「你怎麼會看到我？」五姐疑惑地看著他。

「妳剛才，是不是站在那紅屋瓦的旁邊？我看妳站在那裡好一會兒，好像是在等人？」

「ㄛ！……是，我是在等……」

「妳是在等男朋友嗎？」

「不是，我哪有男朋友？」五姐不好意思靦腆地笑著，釣魚的小鐵也一直露出笑容，頻頻找話題問五姐，並分享自己釣魚的樂趣。五姐和釣魚的男孩，漸漸地打開話匣子，越講越自在，越聊話越多。心直口快的五姐，把所有心事全盤托出，她告訴男孩，自己是來等大姐頭的，想替六姐出出氣。聽完後，男孩告訴五姐，自己正是那個大姐頭的親表哥。他熱心允諾，會盡力阻止自己表妹脫序的行為，並協助五姐，解決這個難題。

就這樣，釣魚的工人小鐵，藉著各種理由，約五姐出門，說他已經想好對策，可以幫忙五姐解決眼前的困擾。於是，才國中的五姐，偷偷和小鐵談戀愛了。

五姐因為談戀愛，沒有好好唸書，所以沒能考上公立高中。媽媽知道後，氣得快爆炸。她採取極端激烈的手段，快刀斬亂麻，替五姐找到新娘行店員的工作。每天顧店１０個小時，讓五姐抽不出空檔約會，也可以從此遠離小鐵。

五姐上班不到半年的時間，老闆娘就打電話告訴媽媽：「妳這女兒，既聰明又伶俐。有她在店裡，我就不需要操心。說實在的，我好喜歡她。我能正式的，認她當乾女兒嗎？」

竟然有人這樣褒獎自己的女兒勤快，讓媽媽笑開懷！她一口就答應了，還讓五姐住在老闆娘的店裡，免去舟車勞頓。

五姐上班的新娘店裡，除了賣嫁娶的用品、婚紗以及各式禮服外，還為新人特製全新的棉被。

上班兩年後，五姐和店裡的棉被師傅，產生親密感情，肚子裡有了小生命。媽媽知悉後，感到非常痛心。她想，五姐才十七歲，還不夠成熟，不適合當小媽媽。便帶著五姐前去醫院墮胎，想拿掉孩子，但是，醫生卻對著媽媽說：

「歐巴桑，妳這個女兒，已經懷孕四個多月了。現在做人工流產手術，會大量出血，很危險啦！打掉孩子，也有可能會導致終生不孕。」

媽媽一聽，這還了得，怎麼能拿五姐的生命當賭注？於是忍痛，要五姐告訴男友，請男方家長正式來家裡提親。

沒想到，談婚事時，卻事事不順。棉被行的師傅趙滷蛋，帶著他的父母來到家裡提親。未來的親家母才一進門，來回探頭瞧了瞧家裡的環境和成員，驚訝地翻了翻白眼，不自主地轉頭對滷蛋的爸爸碎碎念了起來：

「唉喲！怎麼家徒四壁！哎喲！這家裡，怎麼還有一堆，這麼小的弟弟妹妹要照顧！唉呦喂呀！我的天啊！這要真的結成親家，那你兒子肩上的擔子，會不會變得太沉重了呀！」

滷蛋趕緊回應自己母親：「不會啦！放心啦！媽媽。」

「不會才怪，結成夫妻後，就有你苦了、就有你受！」滷蛋爸爸心疼兒子，也忍不住對著自己老婆叨念出來：「真不知道，你兒子，去哪兒招來一個，這麼寒酸的親家？」

從廚房趕到客廳，準備要招待客人的媽媽，聽到他們的這一段對話，臉立刻就垮了下來。

在一旁的五姐，畏怯地奉上茶水，招呼長輩和媒婆，在椅子上就坐。初次見面的雙方家長，在客廳裡，都拉長了臉，互相擺出一張不悅的臭臉。

一旁的媒人，急忙出來打圓場。她提起禮盒，放在桌上，笑笑地說：「初次相見，這是趙家的一點心意，敬請笑納！」

一旁親家，繃著臉，沒有露出絲毫笑容。

媒人看了看雙方都沒有答話，露出尷尬的神色，皮笑肉不笑地轉

頭對著爸媽說：「今天，我們主要是來談滷蛋的婚事。談到婚事，不知道你們女方，可有什麼看法？例如喜餅、婚期、聘金，有什麼意見，都可以提出來。希望大家提出來商量，讓婚禮可以順順利利。」

媒人說完了話，雙方仍舊沒有回應。

停格數秒後，她感到氣氛不對，暗中用手臂，撞了撞當事人滷蛋，然後硬著頭皮轉向媽媽說道：「老五的阿母，您說，這喜餅是要做幾個好呢？」

媽媽緘默沒有回話。滷蛋立刻拉了拉自己母親，示意要她替自己說話。

滷蛋的媽媽看了看滷蛋，深吸了一口氣，一臉為難地說：「生米都已經煮成熟飯了，這婚禮不辦，成嗎？老五的阿母，您看！這訂婚喜餅，您就不用客氣，算算看，我們男方要做多少盒才夠？不管是日頭餅，還是糕餅，需要多少呢？」

聽親家母這麼說，原本憋了一肚子氣的媽媽，將堵在喉嚨的一口氣給嚥了回去，緩緩道：「按照古禮，我們女方需要大餅120個、禮餅也要200個。」

聽完，滷蛋媽媽不悅地把嘴撇了過去，說道：「真看不出來，你們家竟然有這麼多親人！」

滷蛋的爸爸立即拉了拉滷蛋的媽媽，說：「好！沒問題，就照您的意見。」

接著，媽媽又提出自己的看法：「說到結婚，當然還要有聘金。」

男方母親聽到這番話，不高興了起來，眼睛睜得大大的。媒人立馬對滷蛋媽媽眨了眨眼，示意他們安靜，不要多話，然後轉頭對媽媽說：「老五的阿母，那您們覺得，小聘應該要多少錢呢？大聘又需要多少才合適呢？」

媽媽想了想，回說：「小聘嘛，最少也要三萬二，才能討個吉利。至於大聘嘛，至少也要有個二十萬。」

男方的母親一聽，馬上蹙起眉頭，不停叨念著：「什麼？喜餅要兩三百盒、小聘也要三萬二，還要二十萬的聘金？你們這是獅子大開口嗎？」

正在協商的雙方，擦槍走火了。被未來的親家母潑了冷水後，媽媽很不開心地，將自己的臉轉向另一邊。

滷蛋母親站起來，走到媽媽眼前，對著媽媽說：「咦！你們家，這是在賣女兒嗎？」

媽媽一臉不悅，立刻站了起來，瞪著親家母，大聲回嗆：

「賣女兒？你們現在說這些話，是故意來糟蹋我們的是嗎？你們也不想想，我的女兒才幾歲，就讓你們三十多歲的兒子把她搞到大肚子。如果，這個婚，結得這麼不情願呵！乾脆就叫老五把孩子拿掉，反正我女兒也還很年輕。」

媽媽故意說氣話，眼看雙方，暗潮洶湧，你來我往，隔空摩擦出濃濃的硝煙味，讓滷蛋不免急躁起來：「阿姨，拿掉孩子，這件事，茲事體大，千萬使不得。人命關天，您可不能拿我的孩子，當作賭注。」

語畢，滷蛋急得滿頭大汗，立即轉頭對自己母親說：「媽媽，您的孫子就要出生了，您忍心讓您的長孫，流落在外嗎？」

媒人站起來，焦急安撫雙方和滷蛋。

「好了，好了，大家都坐下，有話好好說。」

這時，媽媽氣不過，反過來對滷蛋母親說：「原本兩人工作好好的，幹嘛一結婚，就叫他們搬回羅東。你們也不替他們想想看，回羅東，工作不好找，又沒錢的，妳是要他們怎麼生孩子啊？」

滷蛋的母親，被媽媽說得面紅耳赤，激動得咬牙切齒，她氣得用尖酸的語氣，對媽媽說：「哎喲！那妳女兒，又好到哪裡去了？才十幾歲就跟人上床被人搞大肚子！真不知道是誰不檢點？這婚，不想結，就不要結算了！誰知道，這肚子裡懷的是誰的種？」

媽媽再也聽不下去了，她怒沖沖地緊握拳頭，站了起來，作勢想要打人。

「妳在說什麼？有種妳再給我說一遍。」

滷蛋一看，這還得了，十萬火急的拉起自己母親的手臂，調頭對著未來的岳母不停的鞠躬：「阿姨，對不起，對不起！我媽媽，不是這個意思。」

然後回頭對自己母親說：「媽！您冷靜一點。別為了多做幾個喜餅，就這樣說話！我是請您是來講婚事，不是請您來吵架的。我已經三十二歲了，沒有老五，我這輩子就不打算結婚了。」

一旁的媒人，趕緊替雙方打圓場說：「結婚馬上就有孫子，這可是雙喜臨門啊！眼看寶寶就要出世了，你們大家有話好說，有話好說。」

在雙方人馬互相指責下，陷入了一個冷戰的狀態，誰也不讓誰……就在大家僵持不下時，滷蛋的爸爸突然間開金口了：「喜餅，要多少，本來就是你們女方，說了算數。聘金，也是你們女方說了算。」

看對方有了誠意，媽媽也不好再堅持己見了。思索片刻後，媽媽也敞開心胸，老老實實地將自己心裡的盤算，說了出來：「我家雖然沒有什麼錢，但是因為做生意的關係，親友確實多了點。喜餅，沒準備個兩三百盒贈送親友，會說不過去。至於聘金，我們家從來就沒有收取過。老五的姐姐結婚時，同樣地，我們家也沒有收過半毛錢。小聘嘛！我也是依照禮俗。小聘收到的錢，我會在結婚時，附上等值的嫁妝，送到你們家，一毛也不會少給。至於大聘的聘金，表面上看起來很多，但也只是做個排場。聘金，是擺給親友瞧瞧罷了。等婚禮舉辦完後，就會完璧歸趙，全部還給你們。我會這麼做，完全是在替你們趙家做面子，真不知道，你們到底是在怕什麼？」

氣暈了的媽媽，一口氣就將隱藏在心裡的話，全給說完了。

知道媽媽不會收聘禮後，殺氣騰騰的趙家，終於鬆了一口氣，和顏悅色起來。媒人見狀，馬上站了起來，笑眯眯地說：「既然這大聘的錢，只是個排場，那麼這婚期，就盡快辦了吧！」

為了能讓五姐有嫁妝，能安心出嫁，媽媽厚著臉皮，跑到四姐家跟四姐借錢：「小陶，妳五妹妹懷孕了，就要結婚了。我想幫她買個化妝鏡、縫紉機、衣櫃和電視給她。」

「阿母，您需要多少儘管說？」

「我……我……」

「您放心，錢不是問題。」

「小陶，妳把利息也算一算。每個月，我會按照日期，分期還給妳……。」

「阿母，我不要利息。等妳有錢，再還給我也不遲。」

「妳不收利息，這樣，我會過意不去。」

「阿母，真的沒關係！我現在又不缺錢。對了，阿母，我聽三姐說，您要和叔叔去貸款買馬達三輪車，來載貨做生意？買車的錢還不夠多少？從我這裡拿就好，您就不要再去跟別人借錢了。」

「那怎麼好意思！我已經跟妳借錢，要買電視和縫紉機給老五了，我不能再跟妳借錢了。要是被妳老公知道，我又來借錢，那可怎麼辦？」

「阿母，您不用擔心，我借您的錢，是我的私房錢。他不會知道的。就算讓他知道了，他也不會說什麼。您放心，您的四女婿，年紀雖然是大了點，但是他還算滿有度量的。」

就這樣，媽媽跟四姐借了一筆錢，很快地就讓五姐舉辦訂婚結婚儀式。媽媽除了把小訂收到的錢，全部買了嫁妝，還跟四姐多借了一筆錢，加了進去，讓五姐風風光光嫁給滷蛋。

五姐結婚後沒幾日，突然間雷雨交加，種在門口的大榕樹不敵強風吹襲，應聲倒下。媽媽眼看著種植17年的大榕樹，突然倒了，心中燃起一陣不祥預兆。她喃喃自語地說：「這棵大榕樹，是老五的生父，在她出生時種植的。如今，老五出嫁了，榕樹也跟著死了。唉！我真的好擔心老五，嫁去那麼遠的地方，會不會有什麼不測？」

媽媽凝視天空，眼眶裡泛著淚光，面對著我們一群小孩，冒出一句揪心的話：「唉！妳看她婆家，還沒有過門就這樣。婚後才是苦日子的開始。希望老五的命運，不要跟我一樣。這麼地苦命、這麼地不幸！」

這番話，也讓一旁的三姐，眼眶跟著泛紅。她也擔心起自己的親妹妹，努力把眼淚憋了回去，清了清喉嚨、吸吸鼻涕，然後拍了拍媽媽的背說：「阿母，您不要難過，不要想這麼多。五妹妹，應該不會像您一樣，那麼歹命！」

五姐結婚後，和五姐夫雙雙辭去了工作，真的搬回羅東老家了。五姐夫則是跟著親友捕魚去。但是，捕魚這個職業，非常辛苦，只要有一天不工作，就沒有收入。在海上捕撈作業期間，漁船還會在大海中，停留個好幾個夜晚。五姐鎮日提心吊膽，擔心受怕；而五姐夫，更是不適應海上的捕魚作業。才上船沒幾日，他就受不了風吹雨淋、烈日灼身。他害怕置身在茫茫大海中，船隻會因大浪襲擊，而迷失方向；他更擔心，大浪會打翻船隻，讓他無法看到即將出世的孩子。五姐夫一上船，就焦慮不安，非常緊張，無法鬆懈下來。捕魚的日子，總讓他感覺很累、很痛苦。害怕、緊張始終圍繞著他，壓力大到已超出他自己的負荷。於是，他下定決心，改行轉換跑道。

但是，找工作談何容易？工作不好找，讓五姐夫不停地轉換工作。經歷了幾份工作後，好不容易，才找到貨運行的工作，逐漸的穩定下來。但是工作時，五姊夫說話的聲音，又大又難聽，在不知不覺中得罪了很多人，也和主管不合，產生了嫌隙。主管趁著他不在時，不斷跟老闆說五姐夫的壞話：「老闆，你看那趙滷蛋，愛做不做，今天又遲到了。」

「他跟客戶說話，態度輕浮，實在太沒有分寸，總是一直出錯。」

「依照他的作法，早晚會把我們的客戶，給得罪光光。」

當滷蛋知道主管在背後，講他壞話時，一怒之下，就想馬上去找主管好好理論一番。但是五姐勸他，工作難找，孩子又快出世，請他冷靜，將火爆脾氣穩定下來。

為能保住飯碗，抓住工作機會，五姐要滷蛋，天天都提前趕到公司上班。但是，滷蛋在公司只要稍有不慎，還是會遭到同事惡意中傷。

中午時分，滷蛋接到五姐打來的電話：「我好像落紅了。」

五姐害怕地跟滷蛋說著。

「肚子怪怪的，有點痛痛的。我是不是就要生了？」

「老五，就妳一個人在家嗎？我媽呢？妳讓她先陪著妳去醫院，我隨後就到。」

「妳媽，不知上哪兒去了，一整天都沒個人影。」

「那妳再堅持一會兒，我馬上就到了。」滷蛋一聽，沒人可以陪五姐去醫院，就慌慌張張、急急忙忙的跑回家裡，陪著五姐上醫院了。

婦科的醫生，幫五姐內診後，對他們說：「你們太緊張了。這出血量，看起來還很少，子宮頸也還沒開。可能還得再等個一兩天，才會生！你們先回家去！等密集陣痛後再來也不遲。」

滷蛋騎著機車把五姐送回家後，便匆匆趕回公司。老闆看他回來了，就把他叫進辦公室：「聽說你最近上班，常常遲到。上班時間，又常常溜班。」

「老闆，我不是故意的。那是因為，我老婆就快生了。」

「就算你老婆要生了，也可以請假啊！我又不是個不通情達理的人。你跑去哪裡，誰都不知道。你連請個假都懶。」

老闆的話，讓滷蛋結巴了。

「主管都已經跟我說，你經常借故『溜班』，這是真的嗎？」

老闆怪罪的審問著，讓五姐夫再也忍受不住，竟然發火了！不知輕重的滷蛋，氣呼呼地對老闆嚷著：「好啦！好啦！不要再念了！你一直批評我，是怎樣？」

老闆被嗆，著實嚇了一跳，不爽的看著滷蛋：「唔！怎麼說你幾句都不行？」

「你只相信主管的話，是什麼意思？我講的話，難道，你就不用相信了嗎？」

這時，屋裡的主管，聽到吵鬧聲，闖進大辦公室：

「趙滷蛋，你怎麼火氣這麼大？幹嘛對老闆，這麼沒大沒小？我問你，今天你外出時，到底請假了沒有？你若沒做錯事，我幹嘛要說你的壞話？不要老是說，我在你的背後，故意放冷箭。」

主管的一席話，讓滷蛋惱羞成怒。他氣呼呼地、一臉不悅地，推開主管，賭著氣快步走了出去。過沒多久，又突然調過頭來，全身散發出挑釁的氣焰，仰起頭，斜眼看著主管，並拉起他的衣領說：「打從我進來，你就看我不順眼。專門在背後搞鬼，說我壞話！你捅的破婁子，也要算在我的頭上嗎？我勸你最好小心點！你讓我不好過，說不定哪天，我也回敬你一刀！」

滷蛋鐵青著臉，直瞪著主管。當他鬆開主管領帶時，還氣不過地將腳一伸，踹翻了茶几上的一杯水。

他怒瞪著主管和老闆兩人說：「我再也受不了！老子不幹了，總行了吧！」

老闆睜大雙眼，不可置信，看著散落一地的玻璃碎片，他搖了搖頭，沒有絲毫挽留之意，直接對著滷蛋說：「我這座小廟，可容不下你這尊大佛！會計那裡，我會通知。你去領錢吧！」

一旁的滷蛋氣得直跳腳，並用極其銳利的眼神，怒視著老闆：「走就走，你這小廟，我還不屑留！」

脾氣不好的滷蛋，和老闆撕破臉了，鬧得不歡而散，離職了。

被炒魷魚的他，憋了一肚子的火氣，對現況感到失望極了，脾氣變得更暴躁起來。

兩天後，五姐陣痛就要生了。滷蛋和公婆，喜上眉梢，興高采烈的陪著五姐到醫院待產。產房裡，嬰兒「哇哇……哇……哇哇哇……」墜地哭著。

幾分鐘後，護士抱著剛出生的嬰孩，出來跟家人報喜。五姐的婆婆心急的問：「是男生，還是女生？」

護士環抱著嬰兒，讓陪產的家人都能看到新生兒一眼，然後再笑盈盈對著現場的人說：「恭喜！恭喜！是個千金。」

婆婆不相信地往前一步，拉住小護士的袖子：「護士小姐，等一下！讓我瞄一下。」

護士小姐停下腳步，五姐婆婆翻開嬰兒包布，朝孩子生殖器瞟了一眼：「好了！夠了。護士小姐，妳可以把嬰兒抱走了！」

五姐的婆婆，態度馬上一百八十度大逆轉，從笑臉立刻轉成「臭臉」，然後轉身對著滷蛋說：「吼！你不是跟我說，你媳婦懷的是個男胎？怎麼竟生了女孩呢？」

重男輕女的公婆，知道媳婦生的是個孫女後，掃興地從醫院走了。

小娃兒都還沒滿月，經常莫名其妙的「哇哇！哇！……」不停地哭著。五姐抱起孩子，輕輕搖晃著，但是寶寶還是哭鬧不休。婆婆嫌棄的罵著五姐：「妳怎麼那麼笨！連個嬰孩都看不好。妳是怎麼帶孩子的，尿布都濕了，也不知道要換？把嬰兒給我，妳去煮飯吧！」

五姐把孩子交給婆婆後，就低著頭往廚房裡走去。

客廳裡不時傳來嬰兒哭鬧聲，五姐不安地放下廚房的工作，趕緊跑到客廳門口探望。嬰孩被放在客廳的小沙發上，「哇哇……哇……！」的獨自嚎哭著。婆婆理也不理、哄也不哄，翹著二郎腿，愉快地講著電話。等五姐走了過來，想抱起女嬰，卻被婆婆大聲阻攔：「去去去！討厭查某！妳是沒聽到孩子的哭聲嗎？還不趕緊去泡牛奶！」

嬰兒啼哭聲，讓五姐心急，趕緊泡好了一瓶牛奶，拿到客廳。客廳裡的婆婆，板著一張臉，用嚴肅的眼神，瞅著兒媳婦看：「我說呢！這孩子怎麼這麼愛哭！原來是，跟她母親長了一個樣，苦瓜似的。」

婆婆臉色難看，直瞪著五姐。五姐忍不住用手摀住嘴巴，淚水卻不聽使喚，湧了出來。婆婆看到五姐斗大的淚珠，臉色一沉，簡直就快氣死了。她氣鼓鼓的，用更犀利的言詞斥責五姐：「我是打妳了嗎？欺負妳了嗎？哭個什麼意思？真是有夠奇怪耶！我兒子跟妳，明明都是雙眼皮。怎麼會生下一個單眼皮的？我真是懷疑，這小嬰兒到底是不是我兒子的種？」

嬰兒哇哇的啼哭著，婆婆邊說邊將五姐手裡的奶瓶搶了過去：「拿給我！」

五姐將手鬆開，想把奶瓶交給婆婆；婆婆一個沒拿穩，奶瓶被打翻了。奶瓶裡的奶，潑得婆婆滿身都是。她氣得破口大罵，兩隻眼睛像噴火似的，死瞪著五姐：「妳這個死豬頭！妳是故意潑我是嗎？妳是腦袋裡進水了嗎？叫妳把牛奶給我，就心不甘情不願。」

房間裡，離職在家、坐吃山空的滷蛋，聽到震耳欲聾的婆媳大戰，厭煩又生氣地走了出來：「真是夠了，妳們煩不煩啊！別再吵了，行不行！老五啊！妳也好心點。不會哄一下妳女兒，叫她別再哭了。哭哭哭！沒事都給你們哭倒楣了。」

五姐趕緊抱起嬰兒，到廚房裡重新泡奶。婆婆換好衣裳後，就走到滷蛋旁邊，巧妙地去煽動兒子：「你看！你娶了個懶惰的媳婦。有叫，才會動。才說她沒幾句，就只會哭！剛才，我還看到她，跟隔壁的三伯有說有笑的。怎麼一回到家，就臭臉相向。你小心，她幫你戴綠帽子。」

婆婆一番話，讓滷蛋對五姐有所猜疑而產生了裂痕。母子倆，動不動就找五姐出氣，讓五姐婚後的日子簡直是度日如年。但是，為了剛出生的孩子，五姐只能一再的容忍。

天天到處閒逛的滷蛋，有一天，在路上遇到了國小同學，就到小吃攤喝起小酒，閒聊起來。當國小同學知道滷蛋正在失業中，便從中牽線，讓他跟著自己老闆，做起投機取巧的生意。他們利用漁船，走私大陸乾貨和香菇。每走私一次，就可獲得暴利數百萬元。很快地，五姐夫就賺了一大筆錢。有錢以後，滷蛋就更加恣意妄為了。

火爆個性的他，經常早出晚歸，喝得醉醺醺才回家。已經懷了老二的五姐，哭哭啼啼地跑回娘家。幾天後，五姐夫氣沖沖來到家裡，嚷著要五姐跟著他回家：「老五，說，妳是什麼意思，把女兒丟在家裡不顧，卻自己一個人，跑回娘家躲著？」

「我本來是要抱女兒回娘家的。可是你媽，突然衝進車站，硬把孩子搶走了。」

滷蛋氣沖沖的回應五姐：「我媽，把孩子抱走，妳就可以不要女兒了嗎？」

「哼！我為什麼跑回娘家？你心裡有數！」

「妳這是什麼意思？給我說清楚！」

「這麼丟臉的事，還要我說出來嗎？」

「我又沒有做出，見不得人的事！」

「還說沒有！你的襯衫上，明明就有女人的口紅印。」五姐委屈地哭著，說出了口。

「咦！我到酒吧喝喝酒，談生意，這又有什麼！做生意，大家都是逢場作戲！我去酒店，還不是在為我們這個家打拼！難道妳都不懂嗎？」

「可是，婆婆說，你在外面已經有女人了。說不定很快，很快就會幫你生兒子了。」

「我媽說的都是氣話，她是故意氣妳的。」

「可是，那天在街上，我明明就看到你，親熱地摟著一個女人。」

「你在胡扯什麼啊？……」五姐怎麼能將他玩女人的事，給說出來，讓他在岳母面前，尷尬地抬不起頭來。滷蛋像是吃了什麼炸藥似的，氣沖沖的回嗆五姐：「我都講了那麼多遍了，是白講了嗎？妳還在，盧什麼盧？養什麼女人？玩一玩，也不行嗎？妳不說，我還不氣，妳越說我就更氣。誰叫妳，竟敢跟我媽頂嘴，還要離家出走！打電話給妳也不接，女兒妳也不顧！不打妳，我要打誰？」

滷蛋臉上掛不住，腳一伸，就這麼踢了過去。懷孕八個月的五姐，當場被狠狠踢了好幾腳，跪倒在地上。

媽媽來不及救五姐，她發火地拿起牆角的掃把，對準滷蛋的背，就是一陣狂抽，嘴裡還不停的破口謾罵：「別以為，我們是女人，就該被你欺負。別以為，我們家男人不在，你就可以欺負我們。」

打著打著，媽媽把掃把一扔，用自己的身體，護住了五姐身軀。她跪在地上，抱著五姐，抽搐的大聲嚎哭起來：「嗚……你怎麼就這樣欺負人。你怎麼這麼狠心！」

現場的我們，無不滿臉訝異，不敢相信平時柔弱的母親，竟會如此激動。

「事出必有因，有因才有果。」看著媽媽這個舉動，我一點都不覺得訝異。這熟悉的場景，彷彿讓我又回到小時候，看到當時，媽媽無助的那一段過往……。

記得那個時候，我還沒讀小學，姊姊們都上學去了，弟弟也不知上哪兒去了，只剩下我和妹妹留在家裡。爸爸那時病重，在醫院裡躺了好久好久……。

媽媽一個人在廚房做飯，準備煮好飯菜，就帶去醫院給爸爸。這時，一個彪形大漢闖了進來。那個肥滋滋的阿兵哥，一進門，就環視四周，靜默不語。然後，將手中軍用盥洗用具，用力地，甩在地上。我看著臉盆、漱口杯，牙刷和牙膏全散落在地上，覺得眼前這個陌生人奇怪極了。

一旁的妹妹，好奇地走了過去，伸手想撿起地上的漱口杯。我趕緊跑過去，想攔住妹妹，但是已經來不及了！這個肥仔阿兵哥，竟衝到我前面，一把就抓起不到兩歲的妹妹，將妹妹高舉了起來，讓妹妹小小身軀，橫躺在他頭頂。妹妹嚇得嚎啕大哭……我害怕地跳起來，想去抓住妹妹那兩隻踢來踢去的腳。

但是，阿兵哥故意把妹妹舉得更高，讓妹妹懸在半空中，害我怎麼搆，都搆不到。他低下頭對著我說：「妳媽媽呢？妳媽媽去哪裡了？妳去叫她，給我出來！」

我愣住了，張著嘴沒有回應。

「妳不去是嗎？」壞心的阿兵哥做出爆裂的手勢，想橫空劈下妹妹。眼看阿兵哥，就要把妹妹摔死了，我著急的奔向廚房，驚聲喊著：「媽媽，阿母，阿母媽媽，您快來啊！……不快點，妹妹……妹妹就快死了。」

此時飄浮在半空中的妹妹，狂哭著……

「啊……啊……啊……啊……」

媽媽從廚房奔了出來，她手裡拿著一把鍋鏟，不斷揮打阿兵哥。但是腦滿腸肥的阿兵哥，人高馬大的。他雙手抓住妹妹腋下、將她往上拋，接住後又作勢要將妹妹猛地摔向地面。這突如其來的舉動，讓手無縛雞之力的媽媽，一時之間，不知所措。她拼命捶打著阿兵哥，焦慮的哭求著阿兵哥：「求求你，把我女兒放下來。求求你……求求你，我求求你……」

媽媽不斷地懇求阿兵哥。

阿兵哥只說了一句話：「好啊，走！」

「不……我不要，我不要……」

看到媽媽猛搖頭，鐵石心腸的阿兵哥，就把妹妹當作球，讓妹妹頭朝下，倒掛著身體盪著……盪著……再急速抱起，擲向空中。妹妹極度驚恐，張嘴大叫……。

「啊……啊……！」

那淒厲叫聲，嚇得媽媽狂跟在阿兵哥身後轉圈：「不……不要啊……！你不能，捏死她啊……求求你！我求求你，放下孩子！」

「真的要我放下嗎？」阿兵哥拿妹妹當作人質，在媽媽耳際竊竊私語。

我不知道他們到底在談什麼，只感到媽媽的行為很奇異。她不可置信地搖頭，嘴上卻說：「好……好，……只要……只要……孩子……平……安」

說完，媽媽靜默了，兇狠狠的怒瞪著阿兵哥。時間彷彿突然停頓了似的……我目不轉睛的盯著媽媽瞧，看到她的眼神裡，竟充滿了憤恨、惶恐和痛苦。她明明淚流滿面，卻沒有哭出半點聲音，也沒有用手擦拭淚液……過了不久，那臃腫肥碩的阿兵哥，就放下了妹妹，跟在媽媽的背後，走進黑暗的長廊……。

也許是因為這段過往，讓媽媽對滷蛋的舉止，有些歇斯底里的憤慨。她似乎不願意讓那悲憤的情景，再次出現在眼前。

過了半晌後，滷蛋看著丈母娘如此護著老五，自覺理虧，知道自己做得太過火了，便心虛地收回了凶悍的目光。過了一會兒，滷蛋終於放下身段，對著一旁不斷掩面哭泣的五姐說：「老五，求求妳，現在就跟我回去。」

五姐抬起頭，怒視著滷蛋。被白了一眼的五姊夫，這下子怒氣又上來了，他用猙獰的眼神看著五姐道：「今天，要是妳不肯跟我回去，我就在這裡撒野。」

五姐不屑地，用發火眼光，再次怒視著滷蛋，讓五姐夫暴跳如雷：「還瞪，信不信？我一腳……。」

「你一腳，怎樣？」一心只想保護五姐的媽媽，聽到這句話，咬牙切齒，緊握拳頭，狠狠盯著五姐夫：「你再踢她，信不信我就打斷你的狗腿！你也不想想看，你打她，傷到的可是你自己的孩子。趙滷蛋，你給我聽清楚點，你要是敢再踢我女兒一腳，我就跟你拼命。你敢再動她一根寒毛，你就給我試試看。信不信，我拿著扁擔，追到你羅東家去理論。」

媽媽激動的、惱火的罵著滷蛋，讓現場的人，全部都靜默了下來。在嘶吼飆罵的背後，我看到媽媽為了保護孩子，把自己的安危置之度外。

片刻鐘後，媽媽轉向五姐說：「老五，老公，是妳自己選的。好壞，妳都得自己承擔。妳女兒現在才一歲半，自然會吵著要找媽媽。妳現在，就去收拾收拾，跟著滷蛋回去吧！」

然後調頭對著滷蛋說：「滷蛋，我把老五交還給你。她還懷著孕，你不可以再打她了。她禁不起打，不管有什麼天大的事，也不能用打的。要是讓我知道，你又打她，我絕對不會放過你。再過些日子，我會和老五的叔叔去羅東看你們。」

滷蛋靜靜點了點頭，五姐含著淚，跟著滷蛋回家去了。

15.土石流坍塌了

一年後，「鈴……鈴……」電話響了幾聲，接起來後，又立刻被掛斷；回撥之後，卻傳來五姐的哭聲……。

「嗚……」

媽媽心急地問：「老五妳是怎麼了？又被打了嗎？妳受傷了嗎？」

「嗚……不是我，不是我。怎麼辦，怎麼辦？」

「老五別哭，到底發生什麼事了？」

「是滷蛋。」

「滷蛋怎麼了？」

「滷蛋被警察抓走了。」

「不是跟你們說了，不要做非法的事嗎？這下可怎麼辦啊？」

原來五姊夫，走私行跡敗露被抓，同行將罪行都歸咎在他的身上，讓他被判處有期徒刑2年半。

接下來的日子，五姐整日以淚洗面。但是，為了家計，她白天到附近的魚工廠，當起女工，賺取一些微薄的收入。婆婆不但沒有說出半句感激鼓勵的話，卻還一臉不悅地對著她說：「討厭的查某！妳去上班，就把妳女兒丟給我。我一個人，可沒辦法顧兩個孩子！」

獄所懇親會的那一天，五姐帶著幾盤菜，來到監獄探望：「趙滷蛋有人來看你了！」

「老五，妳怎麼來了？咦！妳不是去工廠上班了，怎麼有空來看我？」

「你是我最愛的人，只要有會面時間，我當然會來。不管你被關多久，我都會等著你出獄。家裡的事，你就不用擔心，一切我都會張羅。」

看著老五真心誠意、忠心耿耿的對待自己，讓滷蛋想起之前的所做所為。他滿臉歉意地在老五面前，遮掩住臉說：「老五，對不起！對不起！請原諒我之前，對妳的魯莽。」

「我們是夫妻，沒有什麼原不原諒的問題。不原諒，我就不會來了！」

滷蛋不好意思的低下頭來。

「那孩子呢？她們還好嗎？」

「放心吧，孩子們都很好。但是，你媽說，她老了，沒有辦法幫我帶孩子。」

「那妳要怎麼上班呢？」

「我考慮過了。如果我不去上班，我們的孩子，就要喝西北風了！老天對我真好！不久前，我在魚市場裡，遇到了我的國中同學——孫筱晴。沒想到，她也嫁來羅東了。她人很好，又很善良，是我最要好的同學。最重要的是，她跟我說，她家以前是賣滷肉飯的。她知道我要帶孩子，沒辦法去工廠上班。她要教我設攤，和我一起賣滷肉飯。到時，也會和我一起照顧孩子。你就放心吧！」

接著五姐辭去工作，在家附近擺起攤位，做起生意來。為順從婆婆的旨意，為趙家添個男丁，早在五姐夫入獄前，五姐的肚子裡，就已經懷了老三。身懷六甲的她，帶著兩個女兒和孫筱晴一起做起了生意。天天過著忙忙碌碌、數日子的生活，期盼著滷蛋能早點兒出獄歸來。

五姐夫出獄的那天，筱晴貼心的告訴五姐，自己可以一個人顧店裡，讓五姐去獄所接風，然後帶五姐夫先到旅館裡，洗個熱水澡，再回家。五姐高興得眉開眼笑，她牽著兩個女兒，背後再背著一個小男娃，在獄所前的樹下，苦等了好幾個小時。終於，讓襁褓中的男孩，第一次見到自己的親生父親。

回到家後，五姐勸說滷蛋，希望他能和自己一起打拼、做一點小生意。五姐真心誠意對滷蛋說：「你現在剛出獄。一時間，也找不到好工作。不如聽從筱晴建議，在我們攤位旁邊，兼賣陽春麵。你看如何？當我們人手不足時，可以相互支援。雖然賣麵只是小本生意，賺不了什麼大錢，但也足夠我們全家餬口了。」

五姐夫，聽從了五姐的建議，願意跟著五姐過著擺攤的清苦日子，讓五姐頓時放下心中的枷鎖。他們每個月，只公休兩天。休假時，五姐夫就會帶著全家出門郊遊踏青。

一個大雨過後的清晨，天氣變得特別晴朗，三個孩子也起得特別早。滷蛋決定，帶著全家到九份的外公家探視外婆。雖然外公和舅舅都不在了，但是外婆和舅媽及表妹，仍舊住在九份的老屋子裡。五姐夫騎著機車，用五貼方式，帶著五姐和孩子們，在崎嶇小路兜風，來個機車旅行。

車子在彎彎曲曲的碎石路上，顛簸地跳來跳去。沿路吹著涼風，漫步在山中小徑，五姐看著久別的海景，映入眼簾，驚呼著：「哇！又看到海平面了，足水ㄟ！」

五姐夫，也往海的方向看了一眼，全家享受著海天一線，絕佳海景。五姐夫努力往前騎著，突然間，他將機車停了下來，對一家五口說：「來來來！你們大家都先下車。」

五姐不解地問：「為什麼要下車呢？」

「因為，昨晚和今天一大早，都下過大雨。我記得前面，明明就是一座小橋，怎麼今天看起來，都變成了馬路了？我去仔細看一下。」

五姐擔心提醒：「那你自己小心點。」

五姐夫，小心翼翼地往前探路。走到半路時，回頭對五姐喊道：「老五，妳先帶著孩子，貼著山邊牆壁，往後退，前面溪水好像暴漲了，路面已經不通了。」

五姐擔憂地說：「滷蛋，是路面淹水了嗎？這樣太危險了，不如我們先回去吧！等水都退了，再去外婆家也不遲。」

五姐夫卻對五姐說：「水流是有點急，但是，只要把機車推過小橋就行了。妳看，前面的馬路，都還是乾的。你和孩子都先別過來。我要先把機車牽過去，免得這個老爺車，一碰到水，就拋錨。等我把車推過去後，再過來幫妳背小孩。」

五姐夫邊說邊推起機車往前走。五姐擔憂的抬頭，猛盯著山坡看。

突然間，有小落石從岩壁上掉落，還掀起陣陣灰煙，嚇得五姐緊張得對著滷蛋大叫：「啊！滷蛋快跑！有落石掉下來了！」

說時遲，那時快，頃刻間，一顆巨石，猛然脫出泥土，迅速地從山上，滾落到山腳下，揚起一陣煙塵，畫面驚險萬分。還好，五姐夫聽到五姐呼喚，往前快跑了幾十步，閃了過去，五姐夫並沒有被巨石砸中，而是滯留原地的機車，輪胎被泥巴給困住了。五姐擔憂地對五姐夫，高聲喊著：「滷……蛋ㄟ……你有沒有怎樣？」

對面的滷蛋回覆著：

「放心，我沒事。是機車的輪胎，陷入爛泥裡了！妳趕緊把孩子，帶到轉彎處等我。」

滷蛋往回走，死命地想拉起機車，但車身傾斜了一下，往右邊傾倒，差點就要壓到他的腳。

五姐往遠遠山邊看著，急喊著：「滷蛋ㄟ，你不要再管機車了。山邊的泥漿，好像又向下在滑動了。你趕快跑向我這邊，比較安全。」

此時，轟隆一聲，高處的山壁，筆直地崩塌了。從高聳斷崖上，落下滾滾的泥流。五姐焦急吶喊：「蛋ㄟ！快跑啊！」

五姐夫怕失去機車，不肯鬆手，他使勁地，想盡快將車子從泥濘中拖起來。偏偏不到幾秒的瞬間，土石流，大規模坍塌，「轟轟轟～～～」引起一陣灰濛濛的煙塵。五姐都還沒弄清是怎麼回事的時候，她的老公，已墜落深谷之中，不見蹤影。才一轉身的瞬間，滷蛋連同機車滾落山谷中，讓五姐嚇得魂飛魄散，蹲在地上大聲疾呼：「啊呦！……救人唷……救人喲……」

經後方車主的幫忙，通知警察到現場處理。在第一時間內，將卡在石頭邊坡上的滷蛋，吊掛了上來。五姐夫一路昏迷，被救護車「歐～伊～歐～伊……」地送進礦工醫院。

在五姐悉心照顧下，昏迷多日的滷蛋，終於甦醒了。

縫了上百針的滷蛋，頸椎嚴重受挫、顴骨突出變形，可以明顯看出來眼睛一大一小、臉也歪了一邊。變形的臉龐，讓滷蛋傷心不已。出院後，五姐夫照著鏡子，看著鏡中自己的臉，彷彿是個妖怪，讓他心理很是受創，情緒低落到極點。他害怕走入人群，不敢面對自己，幾乎足不出戶，再也不跟任何人互動，也不願意走進小吃店一步。

筱晴特別到家裡探視。滷蛋像是得了憂鬱症，不打招呼，也不搭理筱晴。

他趁著五姐和筱晴在廚房閒聊，忙著煮飯菜時，拿起工具盒裡的刀片，跑進二樓臥室，想往自己的脖子割。這時，尿急的筱晴，也剛好跑到二樓上廁所。剛上完廁所的筱晴，聽到臥室裡，發出怪怪的聲響，以為是遭小偷了，便推開房間門，闖了進去。恰巧目睹滷蛋，正舉刀想要自刎。筱晴尖聲斥喝，努力搶回刀子。看著滷蛋哭，筱晴也陪著他哭。等滷蛋情緒逐漸平復，她才哽咽地告訴滷蛋，自己的內心，也正陷入巨大的創傷：自己全心全意為夫家打拚，而老公卻外遇了。她跟滷蛋訴說著：

「我做得死去活來，值得嗎？」筱晴抱頭大哭了起來，她難過地對滷蛋說：「外表的創傷，是會痊癒的。但是，情感的痛苦，卻是一種無法痊癒的絕望。」

她抽泣著對滷蛋說：「心痛的感覺，到底是什麼？我已經不知道了呀！我的心已經死了，只剩下軀殼了。」

聽筱晴訴說著自己的遭遇，讓正要自殘的滷蛋，一時間傻住了，反過來安慰她。

滷蛋手一伸，不知不覺中，就把筱晴牢牢摟在自己的懷裡，兩人盡情地大哭了一場……

「嗚……筱晴，對不起！對不起！我不知道，妳受到這麼大的傷害。」雖然，他們倆際遇不同，卻也算是同病相憐。

等雙方都哭夠了，筱晴才小心翼翼地，將刀片藏在自己的背後。

這時，發現兩人怎麼同時不見的五姐，從一樓找到二樓，經過走道，再走進二樓的客廳，再推開臥房的門，這才發現，筱晴怎麼依偎在滷蛋的懷裡，兩人還哭得一把鼻涕一把眼淚的。

五姐的臉色驟變，筱晴立刻推開了滷蛋，想要馬上站起來，但是，由於坐在地上太久了，腳一麻，立刻又跌坐了下去。她半蹲了一會兒，站了起來，立即給五姐使了個眼色，悄悄把自己身後的那把刀子，撿了起來，交給了五姐，讓五姐自己去判斷，到底發生了什麼事：

「老五，現在我把人交還給妳了。妳自己看著辦。」說完後，就逕自離開了。

原來是誤會一場！筱晴在千鈞一髮之際，機智的把滷蛋手中刀片，給搶了下來，救了滷蛋一命，還及時安撫了滷蛋的情緒，讓五姐總算鬆了一口氣。

五姐發覺，五姐夫的負面情緒，絕非一日之寒，而是來自外表的受損。她必須寸步不離的，照顧守候滷蛋，直到滷蛋心靈痊癒為止。

為了能解救滷蛋，五姐告訴自己，一定要想辦法讓滷蛋康復。自己絕不能失去信心，一定要堅強起來。

為了拯救她和滷蛋所組成的家，五姐挑起家中所有重擔，內外兼顧。不僅要照顧幼童和小吃店，也得挪出空閒，陪伴滷蛋，並鼓勵滷蛋走出家門，走出戶外，重啟他們記憶中的幸福時刻。

為治療五姐夫跨不過去的心病，五姐只要有空，就會硬拉著五姐夫，到附近廟宇拜拜、許願，祈求滷蛋能快點走出陰霾。

有一天，五姐在廟裡，遇見一位常去廟裡修行的師姐。這位師姐，是一位醫師娘，她對滷蛋說：「外在固然重要，但『修養』更是重要。臉，只不過是個面具而已。而『內涵』才是最重要的。你已經從鬼門關走一回了。如果顏面重建的手術，能帶給你重生。不妨可以考慮，到臺北的大醫院，去做個整形手術。現在醫學，已經很發達了，很快就能回復你的外表了。」

醫生娘的說法，讓滷蛋心中燃起了一線希望。

五姐想帶著滷蛋到臺北求醫，她跟筱晴說：「聽說，臺北的顱顏整形外科，很有名氣。」

「妳是想帶滷蛋到臺北求醫？可是，往返臺北羅東一趟就得花掉一天時間。」

「是啊！我知道。光是用想的，要一天來回，我就覺得累。可是，這總是個康復的機會。不去試，怎麼知道不會康復？。」

「說得也是。」筱晴漫不經心的回答著，若有所思的看著五姐。片刻鐘後，她對著五姐說：「咦！滷蛋，不是有一技之長嗎？我記得，他從前可是個棉被師傅。你們不妨可以考慮，搬去基隆妳乾媽家附近。那裡離臺北比較近。妳乾媽，不是開禮服店的嗎？妳去拜訪她，我想她應該會照顧你們。你們從前也做過這行業，應該去找回自己的老本行。如果，妳乾媽答應幫妳。妳就應該搬去基隆市區，離她近點兒。相對的，基隆的租金，比臺北便宜很多。妳和滷蛋，就可以邊工作、邊看醫生。」

「這點子不錯！不過，那禮服店的成本太高了，我負擔不起。」

「那妳就開個棉被行，總行吧！」

「可是，要開棉被店，也需要一筆錢，我哪有那麼多資金啊！」

筱晴想也不想，立即對著五姐說：

「那就把小吃攤給賣了，我的那一半錢，也先借給妳使用！妳可以先去市區，租個店面，開個棉被行。」

「可是，魯肉攤是我們合夥開的呀！我把小吃店給賣了，那妳就沒有工作了呀！」

「反正做小吃，也太累了。正好，我也想藉機會，好好休息一陣子。」

筱晴的一番話，讓五姐感到非常欣慰。竟然有這麼好的朋友相挺，還把自己的攤位一半錢，借給五姐。

當媽媽知道滷蛋狀況後，特別來到羅東探視。她拿出一筆錢給五姐：

「老五，這筆錢你先拿著。」

「阿母，妳怎麼會有錢？妳不是，才跟四姐借了一筆錢？」

「ㄛ！妳是說，我從老四那裡，借來買車的錢？嘿！那件事都已經過了好幾年了，我都已經還清了。」

「這麼快就還清了？」

「妳四姐，沒有收我半毛的利息錢。自從我和妳阿叔買車後，家裡的生意就好多了。我賺到錢後，就趕緊按月攤還了。現在家裡，比較好過了。我手上的這筆錢，是我去跟會，標到的。我知道，滷蛋要做重建手術。妳要開店，也需要一筆錢。妳就先拿去用吧！」

「阿母，我不能拿，這是妳辛辛苦苦賺的錢。弟弟妹妹都還小，都等著用錢呢！」

「傻孩子，我是妳阿母，不能看著妳過得這麼苦。反正，妳先把錢，還給妳那個，叫什麼晴的朋友。」

「叫孫筱晴。」

「對對對，是叫孫筱晴沒錯。我總覺得，妳還是不要跟她借錢比較好。因為，古人說，

『錢債好還，人情債難還。』阿母這裡的錢，妳也不必急著還。」

「阿母，這樣不行啦！」

「沒關係！等妳賺大錢，再還我也不遲。妳放心吧！妳叔叔並不知道，我標了這筆錢。妳把錢，先留著開個店面，等有溫飽，再幫滷蛋找個醫生吧！」

「阿母，那等我賺到錢，馬上還給妳。」五姐含著感激的眼淚，拿著媽媽標會的錢，三分之一還給了筱晴，剩下的錢加上賣攤位的錢，到基隆市區開了一間棉被行。五姐負責顧門市及櫃檯；五姐夫則不用露面，只要負責彈棉被的工作，依照顧客所訂製的尺寸，製作出鬆軟的棉被。他們邊開店，邊做整形手術。

有了棉被店後，五姐夫日夜認真的工作，讓五姐感到無比欣慰。夫妻倆通力合作、同甘共苦、一路相扶持，終於讓店裡的生意漸有起色。經過整形外科醫師的手術與治療，滷蛋突出的下顎和變形的臉，也逐漸恢復中，只要再經過一兩次手術，就能完全康復，讓滷蛋感到十分欣慰。

16. 無情的小偷

一天下午，我奉命：提著十幾斤重的火雞，拿到五姐的店裡，送給五姐。五姐驚訝的看著問我：「家裡，有什麼值得慶賀的事嗎？為什麼會有，這麼大的火雞呢？」

「唉喲！妳都不知道，家裡養火雞的事嗎？」

「去年，媽媽在草山空地養雞和鴨子，這件事妳應該知道吧！」

五姐點了點頭說：「我記得，去年過年前，阿母還殺了一隻雞給我。」

「是啊！每次家裡只要有好吃、好喝的，媽媽都不會忘記姐姐們。但是……」我欲言又止……。

「但是，什麼？妳就直說呀！」五姐發急的問：「別在那裡吞吞吐吐的，這不是妳的個性。」

被五姐嘀嘀咕咕念，我爽快地，一下子就霹靂啪啦說出口：「養雞的地方，距離家裡，真的很遠。要去養雞場，還得經過亂葬崗。草山那附近都沒有住家。每次，放學後，幾乎都是妹妹陪我去餵雞的。」

「那老八和弟弟沒去嗎？」

「有啦！他們比較忙，所以比較少去。每天，我們都得等所有的雞隻都吃飽了，將牠們關到籠子裡了，才能回家。回家時，馬路都已經黑了。我覺得，真是奇怪！」

五姐不解的問：「有什麼奇怪的？」

「雞，養在鳥不拉屎的地方，竟然也會遭小偷？」

「小偷？那你們有捉到小偷了嗎？」

「當然沒有。所以，我爸爸常常要去守夜。」

「叔叔一個人去守夜？」五姐睜大眼睛看著我。

「是啊，我爸爸都是一個人去。這次，最離譜了。」

「怎麼說？」

「家裡的雞，好像得了雞瘟，都已經奄奄一息，就快死了。一大早，媽媽才把抗生素和藥，用飼料包成一球球的，塞入每隻雞的嘴裡。那不長眼的小偷，居然還跑來偷雞！媽媽，都快被氣死了。」

五姐聽我說，也憤憤不平的罵起小偷：「喔！這壞小偷，真是不長眼！小心吃壞肚子，毒死他！」

聽五姐這麼罵小偷，我不禁莞爾起來。

「後來，媽媽估算著，不想再養雞隻了，乾脆換成火雞好了。因為媽媽說，火雞又大、跑得又快、啄人又很痛。小偷，肯定不敢偷！」

「還是阿母想得周到，薑是老的辣。」

聽五姐讚美媽媽，我忍不住搖了搖頭：「不！不！不！那是大錯特錯囉！」

五姐不解地問：「妳是什麼意思呢？」

「我們家的火雞，果然是夠凶悍。但是，確實很會啄人。火雞成天咕嚕嚕～咕嚕～對人亂叫。居然，也拼命啄著、撲著路過的鄰居和小孩。媽媽被告得很煩了。老是一直跟人道歉。」

「阿母難道沒把火雞，關到籠子裡嗎？」

「就是沒有關起來，火雞才會到處亂跑，我們才會被告。只有晚上時，我們才會把火雞趕回家。前幾天，白天裡被偷走了一隻。媽媽又急又氣，但無可奈何，又能怎樣？」

「大白天小偷怎麼有辦法，偷這麼大的一隻火雞啊？」

「這叫：『人外有人，天外有天；強中自有強中手。』媽媽還是失算了。我明明就知道，有可能是哪家人偷的。我曾親眼見過，那個調皮王，故意拿起一大把蔥，放在屁股後面，逗火雞回家呢！但是，媽媽說，無憑無據的，又不能闖進別人家屋子查看。就算看到餐桌上有一隻火雞，也不能證明，火雞肉，就是咱們家的。所以，只能自認倒楣。媽媽跟自己過不去，她實在太氣了，說再也不想養了，所以就乾脆，把火雞給全宰了。她打電話，給每位姐姐，要大家全都回家來拿火雞。唯獨，沒有打電話給妳。因為媽媽說，妳得忙著顧店，還要看顧三個小孩，肯定沒有空檔。所以，叫我把火雞，給妳送來。」

五姐若有所思，悄悄地將眼光轉向地上。而我繼續叨念著：「一大早，媽媽就為了要讓姐姐們，都可以吃到火雞肉，從天一亮，就忙到現在。洗完衣服後，我再跟著媽媽，去把火雞抓回來。然後，我就跟著媽媽，蹲在地上，拔雞毛、清洗內臟，一直做到現在。洗到腰都快要挺不直了。等事情都做完了，媽媽還要我，提著這麼重的火雞，送來給妳。」

五姐一聽，感到歉疚地說：「來來來，妳一定又熱又累，這是百吉棒棒冰，剛買來的，妳趕緊先拿去吃。」

五姐馬上從冷凍櫃裡，拿出一支冰棒給我。我拿起冰棒，開心地吃著……。一旁五姐注視著我吃，邊問著我話：「土碳啊，我忙到好久沒回家了，妳再跟我說些家裡的近況？」

有冰棒可吃，我就忘記媽媽交代，不要讓五姐知道過多家裡的事，免得她掛心。言猶在耳，我卻忘得一乾二淨，喋喋不休、嘮嘮叨叨的對五姐，說個不停：「嘿！五姐啊！其實，最近家裡真的發生了很多事。但是，媽媽都是報喜不報憂。媽媽說，妳生活過得太苦了，不能讓妳知道。」

「什麼叫，報喜不報憂？家裡到底發生了什麼事？妳倒是跟我說清楚。」

被五姐這樣逼問著，讓我心頭一震，慌了，發覺我不該多話，趕緊將話哽在喉嚨：「不能說、不能說，媽媽交代過不能說。」

「妳不說，換我生氣。妳乖乖跟我說，我再給你一支冰棒吃。」

五姐對我靦腆一笑，又拿出一隻冰棒，遞到我的前面，哄我，要我快點吃，免得冰棒都融化了。我也忍不住想快點吃冰，等我都吃完了，五姐又繼續拉著我問：「說啊！別吃完了就不肯講了。」

我為難地搖了搖頭。

「別怕！我一定替妳保守秘密。」

於是，我深深吸了一口氣，口無遮攔、漫無邊際的說：「媽媽去羅東看妳，是不是帶了一筆錢給妳？」

「這件事，怎麼妳也知道？」

「是我偷聽到，媽媽和魚老闆的對話。」

「媽媽為什麼，去找魚老闆？」

「她想跟魚老闆，借一些錢，魚老闆要收媽媽四分利息。還好媽媽說，四分利，利息太高，她付不出來，就沒借了。後來，媽媽又聽說，隔壁嬸嬸起了個會。她馬上跟了兩個會。這兩個會，已經都標來用了。其中一個會款，給了妳。」

「可是，阿母去羅東看我時，明明跟我說，現在家裡已經過得不錯了？我才敢跟阿母，借那筆錢。」

「對，那時候，家裡確實是有點改善了。跟四姐借錢買車後，的確賺錢也快了些。剛賺到錢，媽媽就聽說，礦場的煤要漲價了。媽媽想把煤炭囤積後再賣，就把賺到的錢，全都拿去買了幾噸煤炭，放在海邊空地上。誰知，才沒過幾日，颱風就來了。海水倒灌，把我們家放在海邊的煤炭，全都沖散了啊！放在海邊的煤炭，全化為烏有、夷為平地！清早起來，我站在門口，凝視著放煤炭的地方！不得了！大馬路上，怎麼到處都是螞蟻？」

「妳說什麼？什麼螞蟻？」我沒有回應五姐，逕自講著心裡的感受。「不管認識或者不認識的人，全都像螞蟻搬家。他們拿著不同的器具，撿拾我們家的煤炭。我從家裡快跑了過去。大聲哀求他們：『拜託！拜託！不要撿，不要撿，這是我家的煤炭。』可是，他們怎麼好像都聾了，竟然聽不見我講的話！他們還是繼續彎下腰身，馬不停蹄的，撿著我們家的煤炭。」

說著，說著，五姐和我，同時飆出了眼淚。擦拭完淚水，我又再加說了一句話：「我還以為，鄰居，真的全都變成螞蟻了呢？」

五姐被我這麼一說，又哭又笑的。我又繼續打開天窗說亮話：「媽媽說，不能讓妳再操煩了。也不好意思，再跟四姐借錢。她怕跟四姐借錢，輾轉就會讓妳知道。如果讓妳知道，她擔心，妳就會急著，想把錢，還給媽媽。媽媽說了，這錢得花在刀口上。在這個節骨眼上，得優先讓五姐夫，把最後的治療做完。」

五姐聽完，不自覺地流出感動的眼淚。

「再說到，我們家裡養了那一群的鱉甲。我心裡就更難過了。」

五姐用不可思議的眼神看著我，拍了拍我的背，遞給我一張衛生紙，讓我擦拭眼角。

「好不容易，家裡養的鱉都已經長大了。我爸爸說，家裡的池子，實在太小了，得移到草山養雞的地方飼養。看著鱉，長到變得胖嘟嘟的。媽媽高興地說：『錢！錢！錢！等把鱉甲賣了，我們家就要鹹魚翻身了。』誰知道，就在準備賣掉鱉甲的前幾天，寒流突然來了。媽媽說天寒地凍的，要我爸爸別去工寮守夜了。誰知道，就這麼不湊巧！就在那天夜裡，小偷就把一隻隻的鱉甲，全都裝進他的袋子裡。黑心的小偷，不但把整池的鱉群偷光，也把鱉的蛋全都帶走了。天亮了，我看到養鱉的池子裡，只留下一池的汙水。那幾天，我們全家都變成低氣壓了。媽媽還安慰我們，不能因為受到一點打擊就哭。但是，她跟我們說話時，鼻子裡，卻一直冒出泡泡。」

講著講著，不自覺的，我和五姐當場又哭了起來……。哭完後，五姐對著我說：「土碳，我們不要哭了。我相信一切都會過去，都會雨過天晴的。妳不是，已經很會煮菜了嗎？妳幫我，把火雞拿去剁一剁。」

我二話不說，拿起菜刀，「噔噔噔地……」想展現自己的刀工，一刀刀用力砍著……但是火雞實在太大了，一個沒留神，手一滑，卻把自己的食指切掉了一塊肉。我痛苦地發出呻吟：「嗯……！嗯……！」

緊接著「鏘！」的一聲，菜刀掉到地上。五姐聽到聲音，跑進廚房，眼睛瞪得大大的。她趕緊拿起一疊衛生紙，幫我包紮止血。五姐對我說：「土碳，妳很痛嗎？妳的嘴唇，怎麼這麼慘白？……」

我痛得直發抖，一句話也說不上來，然後眼睛一閉，就傾倒在五姐的肩上……。

「妳有沒有心臟病啊？妳別昏倒！別嚇我啊！」五姐嚇到臉色蒼白，大聲說：「以後，我再也不敢叫妳切菜了……。」

唉呦！我不但沒幫到五姐的忙，反倒讓她嚇得魂不附體，從此以後，她再也不敢叫我幫她煮飯炒菜了。

17. 震驚

經過最後一次手術，滷蛋受損的組織，已恢復得比以往還要好了。此時，五姐的閨密筱晴離婚了。失婚後的她，無心工作，失魂落魄的來到店裡，哀怨的找五姐訴苦。她說自己一時間沒了住所，不知道該何去何從？五姐非常心疼，不捨好友遇上了這種不幸的婚姻。剛好此時，五姐房東的房客，租約期滿搬走了。五姐熱心幫房東，將三樓房間轉租給筱晴，讓筱晴順勢搬到樓上的租屋處落腳，彼此也能相互扶持照應。

婚變後的筱晴，心情不佳，時常睡不安穩，食不下嚥，一下子瘦了十幾公斤。五姐看到筱晴，才沒幾天，就瘦了一大圈，不捨地對她說：「筱晴，妳怎麼瘦那麼多呀？妳別想不開啊！」

看著筱晴逐漸失去往日開朗笑容，五姐擔心的摟著她道：「把不開心的事情，都說出來吧！有什麼話，別憋在心裡。小心，會悶出病來！」

筱晴若有所思，注視著五姐。片刻後，她「哇！」地一聲，哭了出來……。

「把話說出來吧！我又不是外人。」

筱晴眼眶泛著淚水，娓娓道來：「她們實在太欺負人了！最令我最難受的是，我這麼掏心掏肺對待夫家，他居然背叛了我！別難過，妳的心情，我能了解。」

五姐拍了拍筱晴肩膀，繼續聽著筱晴訴苦。

「前夫說，我憑什麼說，是那小賤人勾引了他？是誰勾引誰上床？妳心裡有數？他還說：妳也不照照鏡子，看看自己，現在變成是什麼德行？我氣急敗壞的問他，我哪裡不好？他說：妳一臉橫肉，肥到都快滴油了，跟神桌上的那頭豬有差別嗎？」

說到這裡，筱晴哭得快要心碎。五姐遞給她一張衛生紙，讓筱晴擦拭淚水。筱晴擦完眼淚，接著又說：「那沒良心的，還說我一點都不溫柔！要他不變心也難！妳說，氣不氣人？

老五妳說，我真的如他所言，有那麼癡肥嗎？妳說，我有那麼不體貼嗎？」

筱晴接連說了一些令人喪氣的話，讓五姐聽了格外心疼，忍不住安慰起身邊的她：「筱晴，妳別難過，男人一旦變了心，什麼難聽、惡毒的話，都說得出口！這些罵妳的話，都是他出軌的藉口。妳就別理會他了！」

目擊好友筱晴，活生生的，被人比喻成祭祀用的神豬，讓五姐這位好姐妹，聽了也好揪心、眼底滿是不捨！望著筱晴淚如泉湧，五姐怕筱晴承受不住，只好靜靜走到她身旁，摟著好友說：「好了好了，別再哭了！我們就不要再說了！」

但是，筱晴似乎還滿腹委屈要說，她把目光朝向五姐，鼓起勇氣繼續往下說：「那天，我去找小三當面攤牌了！」

「妳去找小三？」

筱晴點了點頭。

「本來以為，找到那個騷貨，就能給她點難堪，說不定可以扭轉劣勢。豈料見面後，我才恍然大悟！」

「這是什麼意思？」五姐不解地看著筱晴。筱晴閉上了眼睛，不知道在想些什麼？五姐隨即緊緊握住筱晴的手，想給予她力量。

「妳就直說吧！我們是好姊妹！」

筱晴猶豫一會兒後，深深地吸了口氣，用接近沙啞的聲音，把事情從頭至尾，詳詳細細的說了一遍：「自從和那小賤人見面後，我才明白，自己才是那個幕後，真正的第三者。」

「妳在胡說些什麼？妳明明就是正宮，為什麼會轉變成小三？」

「這是，因為……」筱晴咬著下嘴唇，站在那裡思索……。

「因為，什麼啊？妳怎麼越說，越讓我摸不著頭緒，聽得糊里糊塗了？」

「這是因為，他們本來就是一對情侶。」

「什麼？妳的意思是說，妳老公和小三，在婚前就認識了？他同時，交往兩個女朋友？吼！虧他長了一副老實相。還玩兩面手法？」

五姐連續用質疑的語氣，逼問著筱晴。讓她愧疚的、沉默的低下頭。

「妳怎麼了，妳怎麼不說話？難道是我，說錯了嗎？」

過了半晌後，筱晴才吞吞吐吐地說：

「其實，早在認識我之前，他們就已經交往五年了。」

「什麼？」五姐匪夷所思，難以置信，張大嘴巴大聲說：「那妳和老公交往時，到底知不知道，他已有正牌的女朋友？」

筱晴緊咬嘴唇，點了點頭。直腸子的五姐，馬上霹靂啪啦指責起筱晴：

「什麼？既然妳已經知道，人家有女朋友。為什麼還要介入他們的感情？」

「當時，我已經被愛沖昏了頭。」

「我不能沒有他！」

筱晴大聲回話，讓五姐難以想像地搖了搖頭，並指責起她來：「筱晴，妳真是自討苦吃！」

遭五姐唾罵，讓筱晴神情落寞，低頭道：「一個銅板，拍不會響。只有一種因素，事情是無法發生的。假使，『落花有意，流水無情！』那麼，事情也不會轉變成今日的結果！我們是兩廂情願！勉強不來的。再說，感情的事，來得太突然了！我一旦陷入愛情，就無法自拔！後來，我就懷了孕，奉子成婚！」

五姐吃驚地重複著筱晴說的話：「奉子成婚？所以，妳

耍了小手段？我記得，在羅東遇到妳時，妳剛嫁來羅東，並沒有懷孕啊？」

被五姐這麼一質疑，筱晴心虛地趕緊解釋：「喔！後來，我就不小心，從椅子上跌倒，造成流產。」

「妳流產？這件事，我怎麼可能不知道？」

「小產這種事，我總不好到處宣揚？」

「流產這種事，的確是不宜聲張！」五姐雖然有些猜疑，但看著筱晴這麼傷心，也不好說破，停頓片刻後筱晴又繼續地往下說。

「所以後來，我就一直沒有受孕過。然後，就跟妳開店做了生意。婚後，我們夫妻感情不錯！我一直以為婚後，我老公已經把她忘得一乾二淨！於是，我才心甘情願，願意為這個家犧牲！替丈夫扛起責任，撐起一個家。我不但開店做生意，還得侍候公婆、照顧小姑、小叔。他卻整日藉口談生意，越來越忙！最後，竟趁著我不在時，和那個賤女人，開房間去了！我為了能穩穩地抓住他的心，做了很久的不孕症治療。只希望能力挽狂瀾，讓老公回頭！沒想到，孩子沒懷上，身材卻走了樣！反倒讓那可惡的賤女人有機可乘，回過頭來，搶走我的老公，破壞了我的婚姻。那賤人，跟著他一起譏諷、嘲笑我，說我，是待宰的神豬！讓我聽了，好像是一根針，直直插在我的心口上！妳說，我還能吃得下飯嗎？」

把心事傾吐而出後，筱晴心情感到平靜多了。受到老公和小三言語上的刺激，讓原本不修邊幅，總喜歡穿著大尺碼罩衫的筱晴，突然間覺悟、想通了。她告訴自己，應該要堅強勇敢的站起來，否則，只會被前夫和小三，嘲笑得更加嚴重；她還告訴自己，不能再這樣，渾渾噩噩的過日子了。「從哪裡跌倒，就得從哪裡站起來。」於是，她打起精神，重整旗鼓，開始縮衣節食，講究的打扮起自己的儀容，想把當年那個火辣少女，給找回來。

減肥後的她，開始恢復以往活躍的社交生活，積極參與同學的聚會。一次餐會時，同窗知道她的遭遇後，為了不讓筱晴因分手而感到空虛孤寂，便帶著筱晴一起出國去旅遊。原本，筱晴只是抱持出國散心的想法，沒料到，看到同學正在做跑單幫的工作，而且生意做得有聲有色，賺了不少錢。她也想學著做生意，賺點生活費。於是，她跟著好友，經常往返日本、韓國間，選購商品後，再帶進臺灣販售，以賺取高額價差。

採購團返國後，筱晴總會選購禮物送孩子；同時幫五姐這位好麻吉，帶回當季流行服飾；也不忘幫五姐的老公，添購一份禮品。一直收到禮物的五姐，因此感到相當不好意思！

每當筱晴工作告一段落，幾乎天天跑到店裡報到，和五姐掏心掏肺，天南地北的聊著……。她陪著五姐一起顧店，直到店鋪打烊，才慢慢離去。有時，停止營業時間快到了，她會特意趕在關店前，去買個熱騰騰、香噴噴的消夜，拉著五姐和五姊夫滷蛋，一起喝個小酒解悶。

五姐因為最小的寶貝，需要哄睡覺，總是先行離開。留下滷蛋和筱晴兩人，心無旁騖地繼續聊著……。

一天夜裡，孩子睡到半夜，哭鬧不休。五姐被小孩吵醒，發現滷蛋竟然沒有在自己身邊。她抱著啼哭的孩子搖著、哄著，小孩仍舊哭鬧不止。她伸手摸了摸孩子的頭，發覺額頭居然這麼的燙！她著急地想帶孩子去醫院，卻找不到滷蛋。只好穿了雙拖鞋，「碰碰碰！碰碰碰！」的走上三樓，向筱晴求救。

在樓梯間，隱約聽到房間內，傳來細微的笑聲；但走近房門一步，卻變得異常安靜。五姐感到有點詫異，在房門上，輕輕敲了幾下：「筱晴，筱晴，妳睡著了嗎？」

喊了幾次後，卻一點回應也沒有！剛才那笑聲，難道是自己聽錯了嗎？五姐又再次敲了敲門：「筱晴！妳睡著了嗎？」

「筱晴，筱晴！」房間內一片死寂。五姐轉身摸了摸自己的頭，自言自語說：「這大半夜的，筱晴應該是睡著了，我不應該打擾人家。」

五姐回到房間後，用背帶揹起哭鬧的孩子，拎著皮包，走到一樓外黑暗的巷口，準備搭計程車去醫院。

在寂靜的深夜裡，涼風吹了過來，連個人影都沒有。五姐孤伶伶地站在路邊，黑暗中，「咻地！」一團黑影跑了過來，猛拉住五姐背後的背巾，嚇得五姐尖叫一聲：

「啊……啊！」身後的人，緊緊拉著五姐背後的背帶不放。五姐往右，他也往右走；五姐往左，他也往左邊跑，嚇得五姐想往前奔跑。忽然間，背後有一股強大的力量，用力扯住了她，限制了她的行動：「跑什麼跑？叫什麼叫？」

突發狀況，嚇得五姐的心臟，差點跳了出來。五姐急著轉頭一看：「吼！原來是你，嚇死我了！」

「三更半夜，背著兒子要去哪裡？」

「兒子發燒了，吐了好幾回！滷蛋，你三更半夜，跑去哪裡了？也不跟我說一聲？還裝什麼假聲音嚇我？」

滷蛋摸了摸頭，不好意思的笑了出來：「呵呵呵……剛才，朋友來找我，我就出去跟他們喝了兩杯。我看妳和孩子，都睡得很熟，所以就不吵妳了。要去哪家醫院？我騎車帶妳去。」

「家裡的兩個孩子，怎麼辦？」

「我剛才看過了，那兩個小傢伙，睡得正熟。放心吧！我們快去，速回！」

連續幾天，筱晴失蹤了似的，都沒有到店裡。五姐忍不住起疑地問：「滷蛋，這幾天，你有沒有看到筱晴？」

「妳問得可真是好笑，筱晴是妳的朋友。我怎麼會知道，她跑哪兒去了？倒是，我們帶孩子去看醫生的那晚，我有看到她！」

「你有看到她？」五姐嘴裡問著滷蛋，但腦海中卻浮現出那晚孩子發燒的情景：她在深夜裡，穿著拖鞋，「碰碰碰！碰碰碰！」的走上三樓，明明就有聽到細碎竊笑聲，怎麼她才一上樓，房裡聲音就終止了？想到這裡，她突然起了疑心，問起滷蛋：「滷蛋，那晚，你去了哪裡？」

「我不是已經跟妳說了。那晚，朋友約我去喝個小酒。」

「那晚你到底跟誰？」五姐的話到嘴邊都還沒說完，就被五姊夫打斷了。

滷蛋拉高嗓門，假裝生氣地說：「跟誰？我還會跟誰？我不是，早就跟妳說過了。那天，我和朋友要去餐廳的路上，遠遠就看到筱晴和幾個朋友，坐在騎樓裡，吃著羊肉爐！」

「你是說，筱晴半夜裡，跑去吃羊肉爐？三更半夜，還有誰在賣羊肉爐？」

「說妳笨，還真是笨！人家說，沒知識，也要多看電視！佳佳羊肉爐，這可是，有名的老字號。從晚上十點營業，賣到凌晨五、六點。只要天氣一轉冷，那羊肉店啊，越晚生意可是越好！」

滷蛋的一席話，讓五姐掃盡心中的疑慮。五姐不自主的接話道：「我還以為，那天筱晴是在家裡睡覺呢？真是奇怪啊！自從那晚以後，筱晴怎麼就失蹤了，連個影子也沒！」

五姐的話，才剛剛講完，就看到滷蛋一臉的不悅。他表情嚴肅，不耐煩地說：「筱晴又不是三歲小孩，妳在替她操什麼心？說不定，她現在回老家去了。」

說曹操，曹操到，正在談論著筱晴，關鍵時刻，她就出現了，五姐總算放下了心中的一顆大石頭。

三個月過後，五姐在洗衣服時，察覺到五姊夫的口袋裡，竟有一張住宿飯店的發票！嚇了一大跳的五姐，腦中閃過的第一個念頭是：「該不會，滷蛋又外遇了吧？」

不知道該怎麼辦的她，頓時心慌意亂、六神無主！這時，筱晴從韓國跑單幫回來了。五姐一看到筱晴，馬上疑惑的問：「筱晴，妳怎麼這麼快就回國了？」

「ㄛ！對啊！這次貨，補得比較少，所以就提前回來了。」

筱晴的說法，讓五姐心存疑慮，但眼前的事，更讓五姐感到憂心。她馬上焦急的對筱晴說：「怎麼辦，怎麼辦？」

「發生什麼事了？」

「滷蛋……」

「滷蛋哥怎麼了？別吞吞吐吐的。滷蛋哥，發生了什麼事？」

「滷蛋……滷蛋……好像外遇了？」

「妳怎麼會知道？」

「我在他的口袋裡，發現一張飯店的發票？」

「旅館的發票？什麼時候的事？」

「日期，就是妳出國的那天。」

「那日一早，我就去日本琉球購物！」

「ㄟ！不對阿，我明明記得妳跟我說過，妳這次出國是要去韓國的。」

「喔！對對對！是這樣的，我們購物團，臨時更改行程改去琉球。所以，我才能提前回來。」

「原來是這樣啊！我記得，妳出國的那天一大早，滷蛋就跟我說，他接到我婆婆的電話，要他速回羅東一趟，幫我婆婆辦理農地過戶的事。隔天，剛好可以趕上這次的國中同學會。我問他，要不要我陪著他一起回去？他卻說，我們做生意，不能隨意關門。後來我又問他，那要不要帶孩子回去給婆婆看？他又說，我回去這幾天，是替媽媽處理一些農地事物，得忙進忙出的，身邊帶著孩子，多不方便！所以，他要我留守店裡，順便帶孩子。直到一小時前，他才剛回來。我看他，換下來一堆的臭衣服，就想趕快幫他洗一洗！誰知道，我就從口袋裡，翻出來這張羅東賓館的發票！妳看，這應該是出軌的證據吧？」

五姐拿起發票，給筱晴看，委屈地啜泣了起來：「妳看，他才進門不到一小時，又急著出門去了。真不知道，他在忙些什麼？我看啊！八成又去幽會了！難怪，這三個月來，他都沒有碰過我！尤其最近，老是在大半夜裡失蹤，天都快亮了，才踏進房門。哼！這次，又不知道，是帶著哪個野女人回羅東？」

「老五，哪來的野女人？妳可別老是亂說啊！滷蛋可不是個壞人！妳想想看，最近是棉被的淡季。滷蛋哥，回羅東去幫幫家裡，也是理所當然。就算回羅東辦理事務，也該帶著孩子給我公婆看啊！妳不是說，滷蛋回去辦理農地過戶的事。一個男人帶著孩子，那有多不方便？」

五姐抬頭看了看筱晴，按捺不住地碎念了筱晴一頓：「筱晴，妳怎麼老是，幫那個野女人說話？」

「沒有啊！我只是就事論事。發票的事，肯定是妳誤會他了！等滷蛋回來，妳應該當面直接問個清楚！別老是在那裡疑神疑鬼！」

筱晴，苦口婆心勸說五姐，要她靜下心來，不要胡思亂想。才剛講到這兒，短短時間內，五姊夫竟然回來了。五姐看了看時鐘，覺得有點詫異：平時滷蛋一踏出門，總是很晚才回來，怎麼今天，這麼快就回來了？她看了滷蛋一眼，又立刻將臉撇了過去。筱晴故意瞟了滷蛋一眼，然後幫著五姐，大聲罵起滷蛋：「滷蛋，你以後晚上，不要老是亂跑！你知不知道，半夜三更才回家，會讓老五擔心！」

「擔什麼心？窩在家裡睡覺，就會賺錢嗎？難道妳不知道，很多人都是做一條棉被，一蓋，就是幾十年嗎？要交遊廣闊，才會有更多的人，買我們家的棉被。我到處結交朋友，還不是為了能多認識些朋友，多賺點錢。我成天為這個家賣命，偶爾出去透透氣，吃個宵夜也不行嗎？」

五姐噘起嘴沒有回話；倒是筱晴，雙手叉腰，故意白了滷蛋一眼，然後用話刺激他：「就算你結交了一些喜歡吃喝玩樂的朋友，也不應該，玩到賓館裡去啊！」

「真是好笑！我去賓館，我什麼時候去住旅館啊？」

筱晴停頓了一下，然後說：「就，我出國的那兩三天？你說你跟誰去了賓館？」

「妳是說，我回羅東那兩三天？」滷蛋好似明白了，他轉向五姐，眼睛緊緊瞪著她瞧：「我是那種，胡搞瞎搞的人嗎？我朋友從臺東來，難道都不用帶著去住飯店嗎？」

五姐心虛地迴避滷蛋的眼神，望向地上，然後問道：「你說，是誰從臺東來？」

「就是那個阿雄！」

「哪個阿雄？你是說，跟你一起走私的那個董振雄嗎？」

「別說，什麼走私不走私的。人家現在，可是個大老闆了。大老遠地從臺東跑來找我，我總不能怠慢客人，讓他睡在我媽媽家的客廳吧！我不招待他住飯店，請問妳要他去住哪裡？」

「妳還有什麼問題，想問我嗎？」

「沒事，沒事！」筱晴替五姐回答了滷蛋的問題後，便回頭看了五姐一眼，拍了拍五姐的肩膀，示意地說：「你們自己，好好的說清楚講明白，我累了，要先上樓了。」

她拎起桃色的小皮包，回樓上了。

時間過得真快，半年時間又過去了。滷蛋外出旅遊的時間，越來越多；晚間消失的時間，也愈來愈長。

一天傍晚，客人找上門，指定做幾條全新的棉被，想和棉被師傅討論一些細節：如果以春夏秋冬估算，到底結婚要用的新娘被褥，需要做幾床？分別要做成幾斤重，才夠蓋一輩子？五姐開心接下大單後，卻找不到滷蛋的蹤影。她拿起電話，四處撥打，就是找不到滷蛋的蹤跡。

快打烊了，筱晴來到店裡，五姐跟筱晴抱怨起滷蛋的不是：說五姊夫不負責任，把工作都丟給她，自己卻快樂逍遙去了，讓她感到有些沮喪。聽完後，筱晴極力勸說五姐：「妳不要想這麼多，大不了，就跟他離婚。像這種不愛妳的人，何必跟他綁在一起！不離婚，最容易導致悲劇收場。適時選擇分開，才是明智之舉。」筱晴，並以過來人的身分，奉勸五姐趕緊放手離婚。

經筱晴奉勸過後，五姐還是難過地告訴她，雖然自己曾經發誓，一定要和滷蛋離個徹底。但是，經過審慎評估後，還是覺得，離婚要顧慮的事情太多，得為了三個孩子著想，不能輕易衝動的說離就離。所以，自己已決定好了，還是要死死地守住婚姻。沒想到筱晴聽完後，很是不悅。她以「當局者迷，旁觀者清」為例，再次勸戒五姐趕緊離婚吧！她說：「感情的事，是勉強不來的，妳不如趁早收手。緣分盡了，就沒有必要再堅持下去！不好的姻緣，就別再拖拖拉拉，趕緊離了吧！」

筱晴不斷地鼓吹離婚，讓捨不得分手的五姐，如同迷途羔羊般，困惑在苦惱之中。

一個深夜，轟隆隆的雷雨聲，劈天蓋地而來。一道道的閃電，炸裂了天空；大雨傾盆而下，落個不停。五姐孤零零的躺在床上。閃電的光影，伴隨著超大雷聲，讓她感到害怕與恐懼。她忍不住起床，走到了窗前，看著偌大的雨珠，擔心起尚未回家的滷蛋。三更半夜的，也不知道滷蛋跑哪兒去了？

五姐放心不下，煩躁不安，一個人在房間裡，走來走去。聽著牆上的掛鐘，「滴答！滴答！滴答！」地響著，心情越發煩躁了起來。她乾脆穿起拖鞋，「碰碰碰！碰碰碰！」的走上三樓。外面的風雨聲，蓋住她的腳步聲，她快速地來到筱晴的住家門口，敲了敲筱晴的房門，竟沒有人應門。五姐猶疑了一下，轉動了門把，手往裡一推，門竟然沒有鎖緊，自動開了。屋裡沒有開燈，五姐往裡頭細聲喊著：「筱晴，筱晴，妳睡覺了嗎？」

五姐走進沒人的客廳，從廁所門縫裡，透出淡淡的微光，傳來嘩嘩啦啦的流水聲：「筱晴，妳在洗澡嗎？」廁所的淋浴間不時傳出啪啪的沖水聲，五姐心想一定是筱晴在洗澡。她下意識地轉身想要離開，很不巧，就在這時，從浴室裡卻傳出來，嬉鬧的笑聲……。五姐暗想：哦！這筱晴，什麼時候交男朋友了，怎麼從沒聽她提起過？就在此時，淋浴間男子嬉鬧的說話聲，傳進耳畔：「哈哈哈……妳別再躲了！」

「嗯，人家不要嘛！……」撒嬌的「嗲」聲，讓五姐聽了，全身都快要起雞皮疙瘩了！

「嘻……嘻嘻……」又是一陣男子的笑聲，再熟悉不過的聲音，剎那間傳進腦海，讓五姐心跳加速、寒毛直豎。或許是自己聽錯了，停頓數秒後，緊接著又聽到男女對話：「嗯……好了，好了，換我幫妳刷背了！」

聽到如此親密的對話，讓五姐心情雜亂、呆滯不前……。

這……這，這可是，枕邊人的聲音嗎？此刻，「轟……轟轟……轟……」窗外又是一陣雷雨交加……，意外和震驚，讓五姐嚇到直顫抖，整個人僵硬的站在原地許久，回不了神……。

此時此刻的她，猶如大夢初醒：她終於知道，為什麼筱晴總希望自己快快離婚；又為什麼，筱晴回國，老是帶禮物給滷蛋；當小孩發燒，她去三樓找筱晴，明明就聽見屋裡有聲響，卻無人回應；滷蛋和筱晴，一前一後離開店裡，一個說出國了，另一個人則說，回羅東去了，兩人卻僅差一小時回到店裡。先回到家裡的滷蛋，發現筱晴沒在預定時間內，回到店裡；

他就急匆匆又出門去找筱晴，證明兩個人，早已計畫好一切；很明顯，那住宿飯店的人，肯定就是他們倆沒錯；當滷蛋鬧自殺時，筱晴牢牢地把滷蛋摟在懷裡，證明他們早就在一起了；起初自己起疑心時，筱晴還拼命護著滷蛋，替他說好話，這些詭異的巧合，一件件地浮上五姐的心頭。

就在此時，浴室門打開了。黑暗中，滷蛋探出頭來，從椅子上拿起一件浴袍，對著筱晴說：

「來，寶貝，趕快把外套穿起來，才不會冷。」筱晴穿起外套，總覺得黑暗中，有雙眼睛緊盯著她看。她回過頭，大叫了一聲：「啊……有人？」

「誰？是誰？」滷蛋閃到牆邊，一手抓起椅子，砸了過去。另一隻手，立即把指尖往開關一按。房間的燈，瞬間亮了。滷蛋喊了一聲：「妳……妳怎麼會在這裡？」

差點被椅子砸中的五姐，僵立在那兒，一動也不動。她沒有閃躲，只是呆立在原地。幾秒過後，當筱晴看清楚一旁站著的人是五姐時，她的臉色，立即一陣青一陣白的，馬上裝出一副受驚嚇的模樣，激動地跪在地上，不停地哭著……。滷蛋看著筱晴趴倒在地上，不斷地顫抖，彷彿下一秒就要承受不住似的。他扶著筱晴，怒不可遏的斥責起五姐來：「老五，妳這渾蛋！站在門邊，裝神弄鬼想嚇死誰？妳想嚇死筱晴嗎？」

惱羞成怒的他，臉立刻漲得紅通通的。

「妳知道嗎？人嚇人，會嚇死人！」滷蛋反過來，張牙舞爪罵著五姐，好像錯不在他。他對五姐大吼著：「妳不要用這種眼神看著筱晴！這是妳家嗎？給我滾出去！」

發現兩人姦情後，五姊夫，非但沒道歉，反倒怪罪起五姐嚇壞了筱晴，讓五姐由震驚轉為憤怒。五姐徹底失望了，用鄙視的眼神，狠狠瞪著筱晴。傷心的她，再也無法說出話來……。

外頭雷雨交加，似乎是五姐的心情寫照。五姐氣得跑了出去，她淋著雨，跑到海邊的平浪橋上，想要往下跳。臨要跳海的那一刻，她突然想起了自己的三個孩子。她撥了通電話，跟四姐告別，想把孩子託孤給她。四姐接到電話後，立刻跟四姐夫開著車趕來。小陶一看到五姐坐在地上，身上被雨水淋得溼淋淋的，立即蹲坐在五姐身旁，拉著她的手說：「老五，妳別哭啊！妳別想不開啊！妳死了，那三個苦命的孩子，要怎麼辦啊？」

聽到孩子，讓五姐哭得更傷心了。四姐和五姐在雨中，環抱在一起哭著……。站在一旁的四姐夫，等五姐情緒稍緩，語出驚人地說：

「妳死了，可真是太好了！孩子，馬上就可以叫別人媽媽了！妳去死，是犧牲了自己，成全了別人，讓他們稱心如意！老五，就算妳淋雨，大病一場，我看哪，滷蛋也不會同情妳的！他們現在巴不得，妳最好趕快去死！妳想跳海嗎？妳現在就去跳吧！等妳跳完了，就換妳那群孩子，天天過著被虐待的日子！妳想中人家的計，讓孩子痛苦，就在這裡淋雨等死吧！」

被四姊夫罵完後，五姐心情逐漸平復多了。四姐夫就和四姐開車帶著五姐回家了。

回到家後，五姐努力想挽回這段感情，但滷蛋對五姐冷落至極，兩人感情降至冰點。

18. 紙箱裡的孩子

背叛的滋味，令五姐感到心力交瘁。但是，為了三個孩子，她仍舊想要繼續維持婚姻。孰料，筱晴竟然吃醋，百般糾纏又鬧著要自殺。還說罹患不孕症的自己，已經懷上滷蛋的種，逼迫五姐夫非離婚不可！

深交後的友情，變了調，成了陌生人；想要白頭到老的兩人，卻因好友介入，再也看不到未來。五姐的「真心」被換成了「絕情」。被心愛的兩人，同時背叛，讓她看透了「友情」和「愛情」。

這段婚姻，讓五姐感到失望和絕望。經過一番痛苦的掙扎，她決定勉強同意滷蛋提出的離婚要求。

在口頭上，滷蛋允諾五姐，讓她在離婚後，可以擁有兩個女兒的扶養權。但是，要帶走小孩的那一刻，五姐的婆婆卻出現了：

「老五，妳們要離婚？我絕不反對。但是，妳休想帶走我的孫女。妳若膽敢，帶走其中一個，妳這輩子，就休想再見到我的男孫。我會把他帶到深山裡藏起來。讓妳一輩子活在痛苦之中。妳若不信，就給我試試看！」

婆婆的威嚇，讓五姐聲淚俱下，只好委曲求全。答應夫家的要求，將三個子女，全留了下來。雙方言明，只要五姐不帶走女兒，假日時，便可探視孩子。

臨走前，孩子掙扎地哭得聲嘶力竭，以為五姐這一離開，就不再回來。大女兒緊緊地拉著五姐的手不放、二女兒緊抱著她的小腿不讓她走、小兒子莫名的嘶吼尖叫，雙腳還穩穩勾住五姐的大腿，怎麼也不肯鬆開。五姐跪在地上，揪心肝地哭了又哭……最後，五姐的婆婆，硬生生的推開了五姐：「妳這個『破格』的女人，快走！」

就這樣，五姐悲傷地走出家門。

離開羅東後，不知不覺，已過了一個星期。五姐找到了新的工作，便打了通電話回羅東。恰巧，是大女兒蓉蓉接的電話。

「蓉蓉，我是媽媽，弟弟和妹妹乖不乖？」

「媽媽，我好想念妳！妹妹很乖，但是弟弟一直吵著要買糖果和餅乾。阿嬤就買給弟弟吃，不給我們買。媽媽，妳怎麼都不來看我們？」

「我找到工作了，等假日時才能去看你們。」

「媽媽，妳在哪裡上班啊？」

「我在臺北的東東百貨公司上班。」

「東東百貨公司在哪裡啊？」

「在臺北火車站，下車後，過個天橋就到了。那個百貨公司好大，有童裝部、玩具樓、蹦蹦車的遊戲場，戶外還有一個廣場，有好幾種遊樂設施。等下次，媽媽放假時，再帶你們來臺北玩。」

通過電話後，蓉蓉一直把這件事，牢記在心裡。日子一天一天過去，五姐連續回去探視了孩子多次。她想帶著孩子北上遊玩，卻因婆婆極力反對而作罷！所以，孩子也從未到臺北玩過。原本這個星期，就該回家探視小孩的五姐，撥了通電話告訴孩子：「過年前，公司舉辦周年慶，我會很忙，暫時無法回去看你們。等我把事情忙完了，就會回去看你們！」

年底，筱晴和滷蛋登記結婚了，順理成章結為夫婦。初五過後，孩子們的爺爺和奶奶，跟著進香團到南部參拜。接著滷蛋也出門訪友，留下筱晴代為照顧三個孩子。筱晴坐在沙發上嗑瓜子，眼睛緊盯著電視螢幕。孩子們叫著筱晴：

「阿姨，我們的肚子好餓。」

筱晴不耐煩的說：「桌上不是有飯菜嗎？」

「那個早上和中午都已經吃過了。」

「給你們吃，還要嫌東嫌西！非洲有很多難民，吃都吃不飽！妳們要知福惜福！」

三個孩子你看我，我看你，紛紛搖頭表示不想吃。弟弟阿成忍不住地問筱晴：

「阿姨，阿嬤有給我們零用錢，我們可以去買餅乾吃嗎？」

「妳們高興就好。」筱晴一聽婆婆竟背著她，偷偷給孩子零用錢，心裡很不是滋味！嘴裡不停嘀咕著：「妳們阿嬤，就怕我會餓死她的孫子！」

三個孩子，高高興興拿著錢，到不遠的雜貨店，買餅乾吃。兩個姐姐一下子就選好了自己愛吃的餅乾。弟弟阿成則一直挑、一直選，朝著商品一看再看，看了好久好久。姐姐蓉蓉忍不住問弟弟：「阿成，你到底要買哪一個？」

阿成猶豫了一會兒說：「大姐姐，我只想買鞭炮！」

「你的肚子難道不餓？」

「妳和二姐的餅乾，分我一半。我的鞭炮，也借給妳們玩一下。」

「好ㄟ，好ㄟ。」妹妹婷婷不停的拍手附和。

於是三個人依自己意願，選購了餅乾和鞭炮。

他們邊吃邊玩。六歲的弟弟，高興的拿起沖天炮燃放。兩個姐姐又愛又怕，一聽到鞭炮聲，就躲得遠遠的。雖然，她們也很想玩，卻不敢點燃鞭炮。阿成開心地玩了幾次鞭炮後，發現有一個沖天炮好像沒點著。他伸手想把鞭炮扶正，誰知道那個沒點著的鞭炮，竟瞬間，「碰！」的一聲炸開了。幸虧阿成立刻趴倒在地上，才沒有傷到眼睛。但是，他的膝蓋有些瘀青，食指也被炸到破皮了。他淚眼汪汪，放聲大哭。大姐蓉蓉嚇得半死，趕緊牽著哭泣的弟弟回家敷藥。

聽到哭泣聲，筱晴從沙發上跳了起來。查明事情原委後，她氣呼呼地罵起三個小孩：「你們三個，就不能乖點嗎？蓉蓉，妳是怎麼帶弟弟的？叫你們在家吃飯，你們卻不肯。偏偏要出去買點心吃。」

被罵的蓉蓉用憤恨的眼光，瞪著筱晴看。筱晴怒氣沖沖，拿起身旁的棍子，連抽了蓉蓉幾十下：「妳怎麼跟妳媽媽，像是同一個模子刻出來的。讓人看了就有氣！好心讓妳出門買餅乾，妳卻帶著弟弟買鞭炮！還把弟弟的手都炸傷了。妳怎麼不乾脆，炸爛自己的手？」

蓉蓉被筱晴打了好幾下後，就一直躲在房間裡。

晚餐時間到了，筱晴竟沒有叫她出來吃飯。都已經過了八點半了，肚子很餓的蓉蓉，突然間，想念起媽媽。她在房裡哭著，想起媽媽之前跟她說過的話：

「我在東東百貨公司上班。那個百貨公司好大，有童裝部、玩具樓、蹦蹦車的遊戲場，戶外還有一個廣場，有好幾種遊樂設施。」

這時，阿成和婷婷同時走進房間：

「大姐姐，妳怎麼哭了？」

「阿姨打得很痛嗎？」

蓉蓉紅著眼眶沒有回答，倒是問起他們：「筱晴阿姨，有沒有煮晚飯？」

「沒有！」「有。」

「到底是，有，還是沒有？你們一個說有，一個又說沒有。我要聽誰的？」

阿成看著大姐姐不開心，便委屈地說：

「有是有，不過那筱晴阿姨，只煮她自己愛吃的辣椒麵。」

「是泡菜麵。」婷婷立即幫忙糾正。

阿成又繼續講著：「那麵麵真的很辣，我不敢吃！我跟她說好辣！阿姨就說，哪裡會辣？煮給你們吃，就已經很對得起你們了！還在那裡，挑三揀四！愛吃不吃，隨你高興！」

阿成將不滿全寫在臉上。他一邊說，一邊摸起自己的肚子說：「大姐姐，妳聽，我的肚子，還會發出聲音喔！」

「我聽聽看！」婷婷立刻撲到阿成身上，將耳朵靠近肚子聽著：「是真的耶！有咕嚕～咕嚕的聲音耶！」

阿成聽到婷婷說，真的有聽到自己肚子的聲音，立即一副委屈的樣子，抱著蓉蓉說：「大姐姐，我想媽媽。我記得媽媽說，百貨公司有蹦蹦車，我想去找媽媽，我想去玩！」

「是，我也記得，媽媽說過，她公司的頂樓，有小孩的遊戲場，除了蹦蹦車，還有好幾種遊樂設施……。」

「姐姐，我也好想媽媽！我也想和阿成去百貨公司玩！」

「大姐姐，妳就帶我們去找媽媽好嗎？」

婷婷邊說，邊落下淚珠並對蓉蓉做出拱手膜拜的動作。

阿成也學著婷婷拱手求著蓉蓉：「大姐姐，拜託！拜託！」

「不行，如果被筱晴阿姨知道就慘了！」

「拜託！拜託啦！」阿成和婷婷同時拉著蓉蓉的袖子。

阿成眼看大姐姐不答應，便發出哽咽的聲音說：

「阿嬤還有好幾天，才會回來。我不想一直吃辣麵麵啦！我不喜歡筱晴阿姨，我不喜歡吃辣麵麵！」

說到這裡，阿成聲調突然改變，眼珠轉啊轉的，「哇！」的一聲！就哭了出來……。

「嗚……我想媽媽……我想媽媽！……」

「噓，別哭！不要讓筱晴阿姨聽見了！好了，都別哭！我帶你們一起去找媽媽！但是，阿嬤給妳們的錢，全都要拿出來買車票！」

阿成和婷婷馬上將口袋裡的錢，全交給了姐姐。蓉蓉拿起三人僅剩的零錢，躡手躡腳地推開房門。她發現筱晴正在洗澡，就帶著弟弟妹妹出門，往公車站牌走去，順利搭上了公車。來到了羅東火車站，蓉蓉在售票口問了售票員：「請問，現在要到臺北的普通車，是幾點幾分？」

「普通車是10：11分開，還要等40分鐘喔！自強號是9：31分，再過三分鐘就要到站了。」

「請問，自強號的兒童票，一張要多少錢呢？」

「羅東到臺北，一張是119元。」

「119？這麼貴？」

「妹妹妳要買幾張？」

「喔！謝謝！我不搭了。」

蓉蓉想了一下，搭普通車還要等40分鐘，才能上車，到臺北會太晚；若改搭自強號，自己皮包裡卻只剩不到一百元，連一張車票都買不起，這可怎麼辦呢？蓉蓉只好轉頭對弟弟妹妹說：「婷婷、阿成，我們的錢，不夠買車票，我們回家去吧！」

當阿成聽到，自己不能去看媽媽時，又嗚地哭了出來……

「嗚……我不要，我不要，我要去臺北找媽媽！媽媽，媽媽啊……！」

婷婷也跟著憋屈地哭了出來：「我想媽媽，我也好想媽媽……」

「好好好，妳們都不要哭……」身為姐姐的蓉蓉心疼了。其實，她也好想去找媽媽。思索一會兒後，她就對著弟弟妹妹說：「這樣吧！等一下，火車就要進站了。火車進站時，會有很多人下火車。我們就要當作不認識。到時，妳們要想辦法擠進站內。婷婷，妳超過身高了，妳再蹲低一點，跟著前面那群提行李的人，一起進站。阿成，你就跟著那個胖叔叔的後面，從他的旁邊擠進去！記住，從剪票口擠進月臺裡。進了月臺後，就走到電話亭等我。等我們會合後，我再帶著妳們一起上火車。」

蓉蓉透過車站月臺的窗戶，指著電話亭待會兒的集合位置，要弟弟和妹妹別走丟了。

「嗚嗚嗚……」火車即將進站了。南下北上的列車，幾乎同時停靠在月臺左右側。接著「嗶……嗶……嗶……」運轉員不斷吹著哨子，將人群趕往後退，提醒旅客不要靠近月臺，讓火車順利停靠。此時，出口柵欄門，擠滿許多上下車的旅客。阿成和婷婷順利擠進了月臺，而蓉蓉卻被剪票員攔了下來：「妹妹，妳身高超過115公分了！妳已經國小三、四年級了吧？妳要買票喔！」

站務員擋下了蓉蓉，當場讓她的臉都嚇青了。

「是誰帶妳來的，大人呢？妳去叫她來補票？」

不知所措的蓉蓉嚇得心臟「怦怦怦……怦怦……」直跳著，……就在此時，廣播聲響了：「各位旅客您好！現在停靠在1號月臺，是往臺北方向的自強號，還沒有上車的旅客，請趕快上車。本列車停靠的站有……」

站內的運轉員，又再度拿起哨子「嗶嗶嗶」吹著，提醒旅客們火車就要開了。阿成和婷婷手牽手走到剪票口，發現蓉蓉被攔下來，嚇得半死。這時，一名領隊拿著旗幟，氣喘吁吁地跑到入口，對著入口驗票員說：「拜託！拜託！別再剪了，就快來不及了！後面的，趕快往前跑！自強號就要開了！」

領隊擋在剪票入口，十幾名旅客拉著行李箱，狂奔的擠進站內。蓉蓉在忙亂中，也被人推擠進了月臺。她迅速拉著弟弟妹妹跳進車廂，火車「嗚！」了一下往後退，然後開始往前進了。

「各位旅客您好，本列車為第229號次自強號列車。本列車從臺東開往臺北，預定在晚間11：33分抵達終點臺北車站。沿途停靠宜蘭、八堵、松山等站。」

聽到廣播聲後，三人面面相覷，總算鬆了一口氣。

火車起動後，大家忍不住會心笑了出來……。蓉蓉帶著弟弟妹妹，一節一節車廂地往前移動，總算找到一個沒有人坐的位子，三人輪流在座位上坐了下來。

叩……叩……叩！火車快速一站又一站的飛過，窗外黑壓壓的一片，這時，車廂的門被列車長打開了：「查票！查票！請把車票拿出來！」

蓉蓉遠遠看到查票員來了，立即拉著弟弟和妹妹，緊張地往前，走到廁所裡躲藏。片刻鐘後，

「碰碰碰！」

「碰碰碰，廁所裡有人嗎？」

頻頻敲門的聲音，讓弟弟和妹妹，嚇出一身冷汗。

「廁所到底有沒有人啊？再不出聲，我就叫列車長來開門！」

蓉蓉在婷婷耳朵旁講了幾句，婷婷就大聲回說：「我在大便。」

又過了一會兒：廁所的門再度被「碰碰碰！」的敲著：「廁所裡有人嗎？」

蓉蓉再次在婷婷耳朵旁小聲窸窣說著。婷婷聽到後，立刻回說：「就快好了！」

「怎麼大那麼久啊？拜託！拜託！可以快點嗎？我都快尿出來了。」

廁所外，尿急的大媽，頻頻催促著。蓉蓉把門一開，三人前後跑

了出來。大媽不解地回頭看著他們：「怎麼三個人一起上，難怪尿那麼久！ㄟ，你這個小男生，都已經這麼大了，怎麼還在女廁尿尿？你可以去男廁了！」

阿成被大媽拉住袖子攔了下來，他不敢抬頭看大媽，嚇得縮在門邊。蓉蓉趕緊回頭拉住阿成：「快走啦！」

大媽瞪了他們一眼，蓉蓉趕緊替弟弟回話：「喔！好，謝謝阿姨！以後知道了。」

蓉蓉低著頭趕緊道謝，牽著弟弟妹妹的手想走回車廂。她推開了車廂的門，快速往裡走了兩步，卻看見列車長，正在車廂內替乘客補票。原來，蓉蓉在慌亂中，走錯了車廂。她焦慮得渾身冒冷汗，迅速轉身倒退，趕緊拉著阿成和婷婷，往反方向跑，走回已驗過票的車廂裡躲藏。

到臺北車站了。他們趁著一堆人擠在出口閘門，就彎著腰，跟著人群鑽出剪票口。收票員機靈的叫住他們：「你們三個！車票呢？」

被攔檢，三人擔憂得心臟都快蹦出來了！在眾目睽睽下，蓉蓉漲紅著臉，假裝在找車票。她翻了翻每一個口袋，緊張得都快哭了……。湊巧此時，一個媽媽抱著生病的孩子，正要走出閘門。就在出口處，「嘔！」的一聲，剎時，嘔吐物散落一地。站務員看著滿地穢物，愣了一下，本來想要罵人，誰知那生病的弟弟，又連續吐了好幾口，吐到滿臉都是。

小弟弟的媽媽，一時還反應不過來，露出不知所措的神情，對站務員說：「對不起，對不起！他人很不舒服！」

「算了，妳走吧！我去叫清潔人員，來協助清理。」

剪票員邊說邊朝著車站內跑去。蓉蓉見機不可失，趕緊牽起弟弟妹妹的手，飛奔跑出了車站。

出站後，三個人站在十字路口，猶豫不決，不知道該往哪裡走才對？蓉蓉問起一旁的路人：「請問，東東百貨公司怎麼走？」

「不知道。」

「請問，東東百貨公司怎麼走？」

「不好意思，我不是住臺北ㄟ，我不知道！」

「請問，東東百貨公司怎麼走？」

「喔！那個百貨公司，我有聽過，好像是往左還是往右，我也不清楚？妳問別人好了。」

蓉蓉問了好多路人，都得不到正確答案，只好牽著弟弟妹妹往右走。走著走著，抬頭一望，路上一堆霓虹燈廣告招牌，讓她看得目眩神迷、眼花撩亂！到底東東百貨在哪裡呢？正在煩惱時，碰巧看到對面馬路的招牌閃著東東百貨公司六個大字。蓉蓉開心帶著弟弟妹妹走過馬路，來到公司門口。走近一看，天啊！天啊！這不是東東百貨而是東進百貨。已經感到很疲累的他們，頓時間不知道該如何是好？這時，一位大學生瞧見三人在原地打轉，便走了過來：「小朋友，這麼晚了，你們要去哪裡？」

「我們要去東東百貨？」

「要去東東百貨啊？」

「是！」

「這裡是東進百貨，東東百貨還要再往前走，再轉個彎就到了。」

三人一聽，開心地快馬加鞭來到百貨公司門口。弟弟阿成問蓉蓉：「大姐姐，這是東東百貨公司嗎？」

「對，就是這裡沒錯！」

「為什麼百貨公司的門，不開呢？」

姐弟三人睜大了眼睛，仔細看！原來，百貨公司已經熄燈了。

「怎麼辦，怎麼辦？門都關了，怎麼辦？」

不信邪的三人，從前門走到後門，又從後門走到了前門。看著大門深鎖，阿成難過的說：「怎麼辦，怎麼辦？大姐姐，我們找不到媽媽，該怎麼辦啊？我好渴、也好餓！」

「我也是，我肚子也很餓。」不知道該如何是好的蓉蓉，看到隔壁剛好有一個麵攤。她摸了摸口袋裡的錢，剛好可以買兩碗陽春麵。反正明天天一亮，就可以找到媽媽，就不用花錢了。於是乎，她就帶著阿成和婷婷買了兩碗麵，三人分著吃。吃完後，都已經是深夜1點多了。阿成對著姐姐說：「大姐姐，我好累，我想睡覺！」

婷婷也同時說：「我也好累，我也想睡覺！」

怎麼辦？在這深夜裡，還能去哪裡呢？夜深了，不知該怎麼辦的蓉蓉，拖著弟弟妹妹漫步在大街上。阿成走走停停，不斷喊著：「大姐姐，我走不動了。找不到媽媽，我們到底要去哪裡呢？」

「我的腳好酸，我也不想走了！」

被弟弟和妹妹這樣吵著，讓蓉蓉感到無助。她凝視著天空，心裡想著：「臺北這麼大，難道沒有我們容身之地嗎？」

就在此刻，他們恰巧走到百貨公司的後門。後門的暗角裡，有一堆堆的紙箱擺在地上。蓉蓉靈機一動，就拿起一只大紙箱，對著阿成和婷婷說：「今晚，我們就睡在紙箱裡！」

「把紙箱當床？」「睡在紙箱裡？」阿成和婷婷疑惑地重複蓉蓉說的話。

「沒錯，今晚，我們就睡在紙箱裡！阿成，來！你先躺好；婷婷，妳就睡到阿成的旁邊。」

阿成躺好後，就自動騰出空間，讓婷婷能倚靠在他的身邊。等婷婷躺好了，阿成就對著蓉蓉說：「大姐姐，這樣躺著，好像很冷ㄟ！」

「別怕，姐姐會幫你蓋被子！」

蓉蓉拿起一個又一個紙箱，蓋在他們的身上，問阿成和婷婷：「這樣，你們還會很冷嗎？」

「不冷了，睡在裡面，好像睡在城堡裡！」

「大姐姐，妳也進來睡。」

「不，紙箱裡，容不下我了。妳和婷婷睡就好了。」

「那妳要睡在哪裡啊？」婷婷擔心的問。

「我就睡在你們身旁的紙箱。你們眼睛閉起來，乖乖躺著。等明天，天一亮，就會看見媽媽了！」

蓉蓉安頓好弟弟和妹妹後，仔細觀察了一下地形。若自己想要隱密些，就只能將紙箱，拖到稍遠的角落睡下。

睡夢中，蓉蓉被吵雜的人聲吵醒了。她迷迷糊糊的睜開眼睛，發現有好幾雙眼睛，正趴在紙箱上，望向自己：「呵！沒死沒死，還活著！」

一位婦人，大聲向後面喊著：「唉呦！不用報警，那妹妹，眼睛睜開了！」

還未清醒的蓉蓉，聽到後腦杓有「碰—碰—碰—」的聲音。這什麼聲音啊？她往後一看，不得了了！昨晚，身旁一個個的空紙箱，已經被壓得扁扁，綁成一捆一捆的，被拋向了資源回收車！婦人看著蓉蓉張開雙眼，關心地問：「妹妹，昨晚，妳怎麼睡在這兒？」

心急如焚的蓉蓉，再也聽不進清潔人員所說的每一句話。她一翻身，立刻連滾帶爬的逃出紙箱⋯⋯。她顧不得眾人的眼神，三步併作兩步，跑到昨晚弟弟妹妹睡覺的地方。哎喲！眼前已是一座小山了！這驚心動魄的畫面，讓蓉蓉的心臟，噗通、噗通、噗通、噗通跳著⋯⋯偏偏在這時，又有人推著車，將車上空箱，一個個丟往弟弟妹妹身上！目睹婷婷和阿成已被堆積如山的紙箱覆蓋著，蓉蓉驚嚇得臉色慘白。驚恐萬分的她，立刻跪在地上，把山一樣高的紙箱，一個個往外扔……。四、五個大人被蓉蓉的舉動嚇了一跳，急忙追了過來：「ㄟ，妹妹妳瘋了嗎？」

蓉蓉害怕地不斷翻找，斗大的淚珠如雨般往下滴……。

「妹妹，妳在幹什麼？」

蓉蓉因驚嚇過度，講不出完整的話：「還……還……還在裡面！」

「裡面有人嗎？」

「弟……弟……還在……還……」蓉蓉用力點了點頭。

「聽著，別往這裡丟紙箱了……裡面有小孩……」大家不約而同，立刻彎下腰，幫忙把紙箱往一旁丟去。堆積如山的厚紙箱，瞬間被翻開了。

「天亮了嗎？」阿成揉了揉眼睛，婷婷也坐了起來，蓉蓉激動的流出高興的淚珠……。三個孩子，被帶往了百貨公司的服務部。

「小朋友，你們說，妳媽媽在我們公司服務。可是，我查過，我們公司並沒有一個叫陳阿滿的。如果再找不到你們的媽媽，我就把你們送到警察局。求求你們，不要把我們送去警察局。」蓉蓉拱手拜託樓管和客服小姐：「我們真的是從羅東來的，我們好久沒有看到媽媽了，我們來這裡是來找媽媽的。我和媽媽通過幾次電話，她真的在你們公司做事。」

看著孩子楚楚可憐乞求著，客服員心軟的說：「那你們再等會兒，我再幫你們去查一查！」

正在五樓打掃的五姐，聽到一群同事正在聊天：「來來來，天大的消息！」

「在垃圾場，發現了三個可憐孩子。」

「昨夜那麼冷，他們竟睡在紙箱裡！」

「那三個孩子說，她們是從羅東來的，要來我們公司找他們的媽媽。」

「剛才樓管說，再找不到他們的親人，就要把他們送去警察局了。」

五姐一聽，該不會，真的是自己的孩子？便心急的問：「請問那三個孩子，姓什麼叫什麼？有多大？」

「叫什麼名字，我不知道。但是，最大的好像……才三、四年級；最小的是個男孩，應該還沒念國小。」

聽到這裡，忐忑不安的五姐，按捺不住焦急的心情，腳底就像生了風似的，還沒聽完同事講的話，就拚命往前狂奔……。

老遠的跑到服務臺門口，看到三個嬌小身影，就站立在櫃臺邊。果真，是自己的孩子沒錯……五姐，飛快跑了過去，著急心疼的情緒，瞬間化成滔滔不絕的淚水：「你們怎麼這麼不聽話！」

「媽媽，真的是媽媽！」

「這麼遠，你們是怎麼來的？」說完，立即向服務人員鞠躬：「不好意思，這三個孩子，讓您們操心了？」

「ㄟ，你不是陳韻文嗎？這三個孩子，要找的是陳阿滿？」

「陳阿滿就是我本人，離婚後，我改了名字，孩子們並不知道，才會搞出烏龍！謝謝你們！讓你們費心了！」

「別客氣！」五姐跟櫃臺人員道謝完，就轉過身，不捨的罵著孩子：「你們這樣偷偷跑來，會嚇死阿嬤！」

阿成看著自己的媽媽，哭喪著臉說：「阿嬤又不在家，她去南部進香拜拜了。」

「你們一聲不響地來到這裡，也會嚇壞筱晴阿姨！」

「反正筱晴阿姨又不喜歡我們，她還會打我們出氣。我們不在，她最開心了！」

「媽媽，我們好想妳！」

聽孩子說著讓人痛心又難受的話，讓五姐愧疚的，立即將孩子擁入自己懷裡。歷盡千辛萬苦的三個孩子，終於在服務處和媽媽相擁而泣……。

五姐打電話回羅東報平安。孰料，筱晴接到電話後，就氣呼呼的罵五姐：

「妳是怎樣？見不得別人好嗎？知道我和滷蛋感情好，就利用孩子，故意來破壞我和滷蛋的感情？我就知道，孩子離家出走，就是妳出的鬼主意！是妳故意在背後唆使慫恿的吧？」雖然，五姐極力的否認，但沒說上幾句話，線路就被筱晴切斷了。

知道孩子為了找媽媽，睡在紙箱的這段歷程，五姐的婆家也覺得事態嚴重。在孩子的央求下，他們終於答應，讓五姐每月可以帶寶貝們外出一次。

19. 原諒別人就是寬容自己

五姐為了能讓孩子有居住的地方，決定換一間較大的房屋，以後孩子們來找她時，才有地方落腳。

因所賺的錢不多，五姊只能帶著三個孩子，找到一處木造老舊房子。房東是個歐巴桑，當她知道，五姐離過婚，手頭並不寬裕，便起了憐憫之心，特別將房租降低，好讓五姐能安穩住下來。

而另一方面，滷蛋和五姐離婚後，便結束棉被店生意，和筱晴搬回羅東老家居住。筱晴只要聽到孩子們，跟阿嬤吵著要到臺北找媽媽時，心中就有怒氣。等孩子從五姐那裡回來，總不給小孩好臉色，惹得五姐心裡很不痛快。

時間很快，三年又過去了。電話鈴聲響了，竟是筱晴打來的。她責問五姐：「妳是不是和滷蛋藕斷絲連？」

一直心存懸疑的筱晴，不斷疑心揣測，明白的對五姐說：「滷蛋外遇對象，明明就是妳！」

「沒有？筱晴，妳弄錯了，滷蛋約會對象，真的不是我！」五姐直白地向筱晴表白：「好馬不吃回頭草！我和滷蛋已經不可能了。」

「才怪？妳和滷蛋的鹹濕對話，我都聽見了！」

「跟滷蛋情話綿綿的人，真的不是我！」

「不是妳，才怪！那電話裡的聲音，我聽得出來，就是妳！」

「別胡扯，我已經跟滷蛋失聯很久了！」

「不！妳騙我，妳擺明了，就是在報復我？」

筱晴堅信，半夜和滷蛋電話講不停的人，就是五姐，讓五姐心裡百感交集、五味雜陳。五姐再也不想理會，這個滿口胡說、不講理的人，就掛斷了電話。

大半夜裡，電話又響了。筱晴在電話的那頭，哭得很慘，對著五姐咆哮：「滷蛋是不是又去找妳？」

「沒有，他真的沒有來找我！」

「哼！滷蛋帶著孩子，就是去臺北找妳！他明明就是去找妳，妳還想要騙我？」

「筱晴，我真的沒有騙妳。滷蛋是有把孩子帶來臺北。但是，到臺北後，孩子們就自己上來公司找我，我和滷蛋真的沒有碰過面！」

「別騙我了，人都到臺北了，你們怎麼可能不見面？滷蛋昨晚又徹夜未歸，是不是找妳重溫舊夢？」一肚子鬱悶的筱晴，故意提高聲量，暗諷五姐：「老五，妳就是故意報復我？等著看我笑話？想當初，是妳老公先不要妳的，不是我故意要搶走滷蛋的。妳現在回過頭，要把滷蛋搶回去，這是什麼意思？我就算死，也要變成厲鬼，絕不會放過妳！」

筱晴寧願痛恨五姐，也不肯相信五姐所說的每一句話。她不停的哭泣，驚天動地的鬼吼鬼叫！要五姐把滷蛋還給她，讓五姐覺得真是不可理喻！她不想再回答筱晴的任何問題，就直接把電話給掛了！

幾天後，電話又響個不停。五姐心想，一定又是筱晴打來鬧的。她不想接電話，但是電話的那頭，像催命符似的響個不停。晚間時刻，五姐只好接通了電話：

「請問，陳韻文小姐在嗎？」

「是，我就是，請問您是哪位？」

「我這裡是警察局。請問陳韻文是不是就是陳阿滿？」

「是，我之前改了名字！」

「吼！妳讓我們找妳，找了好久！」

「找我？找我有事嗎？」

「有一個命案，想請妳協助！」

「命案？我怎麼會和命案，扯上關係？」

「是這樣的，有一位叫孫筱晴的，她穿了紅衣紅褲自殺了！」

「什麼？筱晴自殺了？」這突如其來的消息，讓五姐震驚難受……。

「她在遺書裡，清楚的寫著，都是陳阿滿害她的！她說，陳阿滿是她老公外遇的對象！拐走了她的老公，讓她痛不欲生！就算做了厲鬼，也絕不放過她！」

事情怎麼會演變成這樣？五姐進了警局，到案說明。五姐向警方表明，自己只不過是個炮灰，自從離婚後，就再也沒有和前夫聯繫過。和前夫逢場作戲、約會的，是另有其人。筱晴臨死前，還是弄錯方向了！這真是一個天大的烏龍事件！

看著最親密的朋友，「為愛」反目成仇；「因恨」走上絕路；連討命也討錯了人，讓五姐深感無奈！筱晴的死，可以說，死得十分冤枉！

人生沒有後悔的藥。自從筱晴離世後，滷蛋受了很大的打擊。一連串的罪惡感和悔恨，讓他無心工作，開始酗酒賭博。為了滿足自己情感上的空虛，他四處結交女友，同時供養好幾個美女。為了能支付龐大的開銷，他再度走私販毒。最後終於再度被捕，鋃鐺入獄。

在滷蛋服監期間，五姐多次到監獄協商，希望滷蛋能同意將孩子的撫養權交還給她。婆婆知道這個消息後，氣憤難平。她躲在暗巷的角落，趁著五姐探視完孩子，轉身要離去時，立刻拿起一盆屎尿，往五姐身上潑去：「妳這個破格女人，都是妳害筱晴的！都是妳

害我兒子入監的。現在還想搶走我的寶貝孫子！呼妳死！」

突然遭到穢物潑灑，讓五姐心裡很不好受，脆弱的心境，幾乎就要失控……！

一晃眼，半年又熬過去了。五姐的公婆，參加進香團，遊覽車疑似煞車失靈翻覆，公公魂斷高速公路、婆婆多處骨折、筱晴自殺、滷蛋又因服監無法處理喪事，五姐負起道義責任，全權處理後事。料理完公公的後事，便全心照顧起婆婆。沒想到，曾經百般刁難的婆婆，臨終前竟落下感謝的淚珠，五姊熬過最艱難的時刻，總算苦盡甘來，孩子們也終於回到五姐的身邊。

眼看，就要雨過天晴了，沒想到，情勢卻急轉直下。五姐的兒子阿成生日到了，五姐特別提前下班，買了一些菜，匆忙地趕回家，想為孩子，做一頓好吃的料理。匆忙間，發現自己竟忘記帶鑰匙了。她走到房東家門口，按下門鈴，想借鑰匙。沒想到來應門的人，竟是釣魚的工人小鐵。五姐不敢置信，在分離數十載後，竟在此再度巧遇。多年後的小鐵，已是一個公務機關的員工。未婚的他，還在等著五姐。五姐婉轉地告訴他：「小鐵！我已經結過婚，而且又帶著三個孩子。我們不適合，你去找別人吧！」

「妳離過婚，帶著孩子，又怎麼樣？就因為妳離婚又帶著三個孩子，我才更想要好好照顧妳！如果，妳不願意和我在一起。那麼，請允許我，默默的守在妳身邊！」小鐵用情良苦，下班後，天天跑到五姐租屋處，幫忙帶孩子、逗孩子玩。只期盼，五姐能接受他的感情。那麼巧，五姐的房東，竟是小鐵的姑姑。自從小鐵的父母先後病逝，房東就是小鐵唯一的長輩。她對小鐵提出忠告：

「雖然老五，是個任勞任怨的好女孩；但畢竟，她有三個拖油瓶，不適合當作結婚對象！你父母都不在了，所以我不能任由你隨心所欲。婚姻非同兒戲，你必須審慎考慮！」

「姑姑，這麼多年來，我等的就是老五。我只想和老五在一起，我不想再失去這段感情。」

姑姪倆為這件事不斷爭吵，讓五姐左右為難，成了夾心餅乾。把戒指都準備好了的小鐵，不顧姑姑反對，執意跟五姐求婚，卻連續遭到五姐拒絕。因為，在五姐內心，有著千斤重擔，深怕再婚，會連累孩子，因此拒絕接受小鐵的好意！被拒絕，讓小鐵情緒不佳、心情跌到谷底；跟姑姑說話時，眼角老是有些濕潤。房東姑姑十分擔憂，認為都是五姐耽誤了姪兒找結婚對象。

批評、指責、抱怨就像是無形的枷鎖，如同緊箍咒般，分分秒秒束縛著五姐，壓得五姐幾乎喘不過氣來……。

壓抑已久的情緒，瞬間潰堤了……。媽媽接到電話，趕到五姐家，一進門，就看到五姐穿著紅色肚兜，渾身上下抖個不停，手持一把長劍，在空中不斷揮舞，口中還念念有詞：

「筱晴，看劍！妳自殺和我無關，走開！走開！別害我的孩子和小鐵！筱晴，妳恨我，要報復我，就把仇報在我身上吧！來吧，來吧！孩子是無辜的……妳不要再製造事端了，我是清白的！」

一旁的媽媽嚇傻了，一把抱住五姐：

「我的孩子，妳怎麼了？妳醒一醒啊！我的心肝孩子，妳為什麼，會這麼歹命？」

一旁的姑姑，一臉羞愧地對媽媽說：

「都是我不好，都是我的錯！如果不是我，硬生生拆散他們，老五也不會承受這麼大的壓力！」

小鐵用臉盆裝了盆溫水，幫五姐擦拭身體和淚珠：

「阿姨，請您答應！讓我照顧老五一輩子吧！我姑姑，她已經知道事情的原委，也答應讓我和老五在一起了。」

一旁小鐵姑姑，點了點頭，對著媽媽說：

「我們家小鐵說，不管老五變成什麼樣子，他都願意照顧她。唉！經過這件事，我才知道妳家老五歷經了這麼多波折。我現在全明白了，老五和小鐵，可說是前世今生累世的姻緣！我不再阻撓他們了！我想只有讓他們共同生活，我們家小鐵才能安定下來，我也才沒有虧欠感！」

媽媽含著感激的淚，盯著身旁的小鐵看：「我把責任都丟給你，對嗎？我把老五還給你，是對的嗎？」

媽媽愧對地拉著小鐵的手。

眼前的這一幕，讓我回想起多年前，熱心的五姐為搭救被欺負的六姐，和小鐵在海邊相識了。而媽媽卻極力攔阻，故意從中作梗，要五姐到棉被行上班，才讓心靈空虛的五姐，認識了滷蛋。五姐才結婚沒幾日，突然有一天，雷雨交加，種在門口的大榕樹，不敵強風吹襲，應聲倒下。當時，媽媽眼看著栽培17年的大榕樹，突然倒了，心中燃起一陣不祥預兆。她喃喃自語地說：

「這棵大榕樹，是老五的生父，在她出生時種植的。如今，老五出嫁了，榕樹也跟著死了。唉！我真的好擔心老五，嫁去那麼遠的地方，會不會有什麼不測？」

媽媽凝視著天空，眼眶裡，還泛著淚光，面對我們這一群小孩，冒出一句話揪心的話：

「唉！希望老五的命運，不要跟我一樣。這麼的苦命、這麼的不幸！」

那一年，我又回到老屋前。雖然屋外的那棵大榕樹已經死了，但是在榕樹側邊，卻又冒出了一株生命力旺盛的小榕樹。這將會是五姐生命的另一個預告嗎？

看著用情良苦的小鐵，日夜不停、無微不至的照顧著五姐，彷彿又幫善良的五姐，點燃出新的燈燭！

雖然，這是一場命運糾葛，筱晴終究恨錯了人，死得太冤枉了。生命是這麼可貴，豈可輕言自殺？如果筱晴能明察秋毫，弄清事實，就不會落得如此下場，也不會死得不明不白。

儘管五姐被最好的閨密背叛，心理很是受創；但是，時間讓她頓悟了一件事：一個人會背叛你一次，就還會有下一次。真正屬於自己的感情，是不會被搶走的。唯有放下，才能得到解脫，心靈也才能得到淨化。

最終，五姐選擇原諒滷蛋和筱晴。因為原諒別人，就是寬容自己；善待別人，就是善待自己。

五姐，因不計前仇，以德報怨，化解了和公婆、滷蛋的怨尤；同時，也為孩子，樹立了寬厚、仁慈的良好典範。

20. 廁所有鬼

大姐的兒子就要娶媳婦了，全家高高興興，請反應靈敏的三姐擔任總招待，負責辦理晚輩喜宴，統籌婚禮並處理大小事務。三姐與有榮焉，承擔重責大任。

一大早，她特別去洗了頭，然後趕往會場，忙進忙出的。布置場地、相框擺放、禮金簿的名冊以及謝卡配置等等……都由她張羅著。

宴客的飯店，是名氣響亮的中式餐廳。因場地頗大，當天有多組新人在此舉辦婚宴。

會場大致布置完成後，三姐不時摸著肚子。三姐夫，看著三姐氣色不好，關切的問：「妳的氣色好差！是不是，哪裡不舒服？」

「我沒有不舒服！只覺得這餐廳，怎麼有股陰冷的氣息，讓人感覺怪怪的！」

「怎麼了？會冷嗎？要不要我去幫妳拿外套？」

「不用了，倒是有點想上廁所！」

「妳想上廁所？那就趕緊去啊！」

「算了，廁所在那邊的角落，感覺四周都是陰陰、暗暗的，我再忍一忍。」

「妳不要憋尿，否則會得膀胱炎。餐廳裡有這麼多人，有什麼好怕的！」

「好吧！那我先去上個廁所好了，皮包你幫我看好！」

說完，三姐就把皮包交給三姐夫，逕自往盡頭的狹小走道走去……。

這時，弟弟帶著全家大小，來到餐廳的地下室。一停好車，弟弟打開車門，讓媽媽先下車。突然間，一股寒風襲來。才步出車門的媽媽，驚恐的尖叫了一聲：「唉喲！」

弟弟關切地問媽媽：「媽媽，您是怎麼了？有哪裡不舒服嗎？」

「我的背後……」

「妳背後怎麼了？」

「好像有人，故意從我的背後倒了一盆冰冷的水！又冰又涼的，讓我感覺好像是被電流電到了呀！」

說時遲，那時快，只見一陣旋風騰空飛起，冷風再次從媽媽的背後席捲而來……

「唉喲！這風怎麼這麼的奇怪？竟然這麼陰冷？」媽媽邊說，邊打哆嗦……。

弟媳趕緊將自己的外套，披在媽媽肩上。她攙扶著媽媽，往電梯口走，然後對媽媽說：「媽媽，這裡真的陰陰冷冷的，我們快點進電梯，妳就不會冷了！」

媽媽邊走，邊對著弟媳說：「剛才，那股陰冷寒氣猛往我脊椎骨裡竄！真是恐怖！你們看，冷到我直打牙顫，都起雞皮疙瘩了！」

媽媽才剛說到這兒，突然又颳起一陣陰風。

「唉喲！」媽媽又尖叫了一聲。

四周圍繞著一股奇怪的陰風，盤旋不去，直竄媽媽的背後。弟弟停下腳步說：「奇怪！這風從哪裡吹過來的？都已經冬天了，哪來的冷氣？難道這餐廳裡，還在吹冷氣不成？老婆，妳先帶著媽媽和孩子上樓，我去車上，幫你們拿外套！」

就在這個時刻，樓上餐廳的接待員，匆忙地朝大姐跑來：「您好！不知道是不是您家的客人，倒在廁所裡頭？」

大姐一聽，相當不悅，馬上嚴肅地對工作人員說：「夭壽！你可別胡扯了，我們家人都不是酗酒者。聚會時，也都不喝酒。那醉倒廁所裡的人，肯定不是我們家的客人！拜託！拜託！我現在正在辦喜事，請別來觸我的霉頭！」

被大姐這麼一說，員工也丈二金剛，摸不著頭腦，便不知所措的離開了。

媽媽從踏入餐廳的那一刻起，就不停的和受邀的賓客，親切地打招呼。席間，姊妹們也輪流來探望母親，和媽媽閒話家常。

在平時，不管是任何場合，三姐總是第一時間來向媽媽請安；怎麼今天，母親都已經到會場這麼久了，還不見三姐蹤跡？媽媽總覺得事有蹊蹺，她一直坐立不安、心神不寧，逢人就問：「ㄟ，妳們有看到老三嗎？奇怪了，那老三到底去哪裡了？怎麼還沒來跟我打招呼？」

媽媽開始有些焦慮了，只要望見姊妹，便著急的說：「唉喲！奇怪！我這心頭，怎麼會亂糟糟的！好像是哪裡不對勁似的？」

媽媽似乎感應到些什麼？老對著我們姊妹講，她的胸口有些鬱卒。妹妹看著媽媽一直重複地抱怨自己不舒服，趕緊轉移話題說：「媽媽，您是哪裡不舒服，要不要我幫您按摩？」說完，妹妹立刻將手搭在媽媽肩上，替母親按摩。

「媽媽，這樣的力道還可以嗎？」

身旁的媽媽，想事情想得十分入神，沒聽見一旁的妹妹提出的問題。過了好一會兒，妹妹故意低下頭，靠近媽媽的臉，盯著她問：「媽媽，您今天穿得真漂亮！這件旗袍是誰買給妳的……」

媽媽無心按摩，她抓住妹妹的胳膊盤問：「妳別再按摩了！我的心頭，怎麼亂糟糟的？我問妳，妳家三姐，人呢？妳到底有沒有看到她？」

「ㄛ！三姐啊！我來的時候，就沒有看到她。我只知道，今天三姐是『便媒人！』待會兒，婚禮進行時，她要牽著新娘，到主桌入座！現在，她八成跑去新娘房等候了！」

眼看，已經過了六點半，該來的賓客也來得差不多了。再過幾分鐘，就要舉行婚禮了。這時，三姐夫猛然回頭，一眼就發現自己的老婆，居然背向自己，獨自坐在遠處昏暗角落的椅子上，讓他感到相當詫異。三姐夫快步走向三姐身旁，拍了拍三姐肩膀問：「妳怎麼還坐在這裡？妳怎麼還沒有去新娘房，去請新娘入場？」

三姐，緩慢地將頭扭轉了過來。在微弱燈光下，她的臉色變得極為難看，看上去，格外鐵青，還有點兒陰森恐怖，讓三姐夫吃了好大一驚：「老三，妳……妳……妳是怎麼了？」

三姐陰沉地、深深地看了三姐夫一眼，沒有回答，讓三姐夫嚇出了一身冷汗，發急地問：「老三，妳手怎麼那麼冰？妳哪裡不舒服嗎？」

「我沒有不舒服。」

「妳不是說，上完廁所，就要去新娘的化妝室？妳怎麼還沒有去？」

原本說話滔滔不絕、伶牙俐齒的三姐，這回說話的語氣，猛然間變得慢慢騰騰的。她對著三姐夫幽幽地說：「我……我不敢去……上……廁所，那間廁所裡，有……有阿飄！她們要來抓我……我不敢去上廁所！」

「妳別胡說八道！這裡到處都是客人！哪來的鬼？喜宴都快開始了！妳現在還不趕快去尿尿，待會兒，哪有時間去上廁所啊？走！現在我就陪著妳去！」三姐夫向後轉，拿起椅子上的皮包，跟在三姐背後保護她。孰料，才這麼一轉身，三姐卻像飄落雪花似的，頃刻間，消失在狹窄長廊……。這個詭異行徑，令三姐夫感到相當困惑……。方才，自己的老婆不是才說過，不敢一個人去上廁所的？怎麼才一會兒功夫，卻走得這麼的急？三姐夫快步往前挪移，想跟在三姐背後，但是，才走到一半，便被一群湧入的賓客，擋住了去路。他踮起腳尖，往前一瞧，剛好看見有兩個身影，也跟在三姐背後踏進女廁。他心想：這下子，我老婆有伴同行，至少不會一個人單獨上廁所了。三姐夫，安心地走回餐桌，與大家閒聊著。

片刻過後，大姐匆匆跑了過來，質問起三姐夫：「ㄟ，老三的老公，你老婆人呢？」

三姐夫愣了好一會兒，才回過神來：「我老婆？我老婆她沒有去新娘休息室嗎？剛才，她明明說，上完廁所，就會去化妝室的。難道……」

三姐夫，話尚未說完，便加快腳步，往狹小走道走去，剛好和四姐擦身而過。三姐夫馬上停下來問四姐：「喂！小陶，妳有沒有看見我老婆？沒有？我沒有看到三姐耶！」

這時，二姐從另一桌，往這邊走了過來，她拍了拍三姐夫的背說：「我跟你打招呼，你怎麼不搭理我？你這麼慌慌張張的，是要去哪裡？」

「二姐啊！真是對不住，拍謝啦！我正在找我老婆，妳有看到我老婆嗎？」

「沒有耶！我也正在找老三！」

「奇怪了！我老婆說，要去上個廁所，怎麼才一下子，人就不見了？」

一股不祥之兆，在三姐夫內心深處翻攪。三姐夫突然覺得事有蹊蹺，便趕緊往盡頭的那扇門走去。此時，一堆人將女廁團團圍住，三姐夫被人群擋在門外。他踮起腳尖，看到三個夥計，蹲在地上凝神注視著地面，驚嚇的說道：「足恐怖！妳看她是不是跟新娘犯沖，被新娘子沖到了？」

「唉喲！不是啦！這應該是，捉交替啦！」

「她是第三個，倒在同一間廁所的人！」

「吼！她應該是遇到什麼壞東西，還是遇到無形的了？」

這時，救護車趕到了，救護員抬著擔架上來了。餐廳的經理，面對廁所裡面的人群喊道：「拜託！拜託！救護員到了，沒事的人，請趕快離開！」

大夥兒同時往外走，三姐夫也被人群推著往後退。一群人交頭接耳竊竊私語：「唉呦！我看到躺在地上的那個女的，還很年輕。」

「那她還有沒有氣息啊？」

「還有沒有氣，我就不知道了；不過我有瞥到，她的眼睛還張著呢！」

這時，有一個救護員轉向人群，大聲喊道：「請問，誰是病患的家屬？要送哪一家醫院？」

一群人突然安靜了下來。經理伸長脖子，察看了四周道：「沒事，沒事！你們大家都走吧！」

說完，經理轉向救護員說：「不好意思！我們還沒有找到家屬！我們餐廳，距離馬偕最近了，就先送馬偕醫院吧！」

這兩句話，讓三姐夫突然間意識到不對勁！他停頓了腳步，迅速回過頭，走到救護員後面，用手推開救護員說：「你……你……你……你們借過一下！」

三姐夫快速上前一步、猛力推移救護員，探頭往裡望去。這不看也罷！他這仔細一瞧，不得了了！倒在廁所裡，口吐白沫的人，正是他的老婆，我們的三姐！沒有外傷的她，身體斜躺在地上。她的臉上，已沒有任何血色，極端驚懼的睜著雙眼……被抬上擔架，「歐咿……歐咿……地」送進了醫院……。

婚禮，在拉炮聲中，照常舉行。我們沒有因為此事，而驚動任何客人。喜宴開始後，我們姊妹靜靜的、陸續的離席，到醫院探視三姐。氣若游絲的三姐，魂飛魄散，消失在我們的生命裡，讓我們感到非常的震驚！

三姐被蓋上白被單的那一刻，真是讓人無法置信……站在一旁的我，握著三姐的手，對著她低語：「一切都已經過去了，我們的恩恩怨怨已隨風而逝！現在，在我的心底剩下的只是滿滿感恩，請放心的走吧！」

遽然間，三姐就這樣結束一生，不禁令人揮淚不止、百感交集……如果，能讓歷史再次重演，我願意釋出善意，化解姐妹之間的仇恨和敵意，重新改善和三姐的關係，學習傾聽三姐內在的心聲……。

21. 回頭探詢真相

現在，我回溯到小時候，試著站在不同的位置上，來看過去所發生的每一件事情。

時間彷彿又回到三姐小的時候……五歲時，三姐的父親，在大樹下吐血身亡了。

除夕夜，正當大家圍爐享受天倫之樂之際，三姐卻和懷孕九個月的媽媽，在空蕩蕩的客廳裡，為父親守孝。沒過幾日，懷孕的母親就分娩了。母親因悲傷過度食不下嚥，分泌不出奶水。夜裡，嬰兒不斷啼哭，把三姐給吵醒了。三姐走到房間門口，卻看到二姐比她早起一步。二姐不斷搖晃媽媽的手臂，對著媽媽說：「阿母，妹妹一直在哭，她是怎麼了？會不會跟阿爸一樣？」

這句話，深深烙印在三姐的心裡面，讓三姐開始擔心受怕！她害怕七妹妹也會和自己父親一樣，突然地離開她。三姐更加擔心的是，媽媽鎮日愁眉不展，會不會也丟下她們撒手西歸？不安全感，如影隨形的充斥在三姐的生活周遭。

三姐從小就目睹媽媽因為生父過世，生活陷入困頓，被迫將自己的骨肉——七妹妹送人領養。三姐的心裡面雖然難受，但是，至少她知道，七妹妹送人後，就能在好心人家的照顧下，過著幸福平順的日子。不過，當母親又再一次，要將朝夕相處的四妹妹小陶送人時，卻讓三姐百般不捨，再度面對骨肉分離的悲哀！因為，終究四妹妹小陶跟三姐感情深厚，有剪不斷的手足情深。

小陶要離去的那個場景，讓三姐終身難忘……。三姐經常對我們提及那日景象，她說：

「那年盛夏，美蓮阿姨，來到家裡，要將小陶帶走。二姐一直對媽媽哭喊著：

『阿母，我阿爸已經不在了，七妹妹妳也已經送人了，妳不能因為叔叔生病，就要把四妹妹也送人啊！』

當時，二姐悲痛哭泣聲，感染了站在一旁的我，我也跟著哭了起來……。看著美蓮阿姨，拿幾件衣服和餅乾，就把小陶騙走了，使得我既生氣又難過！眼睜睜看著美蓮阿姨，就要把小陶抱走了，二姐生氣地拉著我的手，從背後追著美蓮阿姨跑……。我跑到連拖鞋都掉了，在滾燙的馬路上，只好赤著腳，踮起腳尖，跟著大姐和二姐，追了一公里多的路，直到小陶消失在遠去的汽車上……。（註解：大姐和兩個哥哥同一個父親；二姐、三姐直到七姐是同一個父親所生，所以二姐看著妹妹被抱走，便拉起三姐猛追。）

兩年過後，小陶才第一次獲准回家作客。當時，我的願望就是期盼能早點兒和小陶相聚。但是，小陶回家的時間，卻僅有短短半日。看著小陶又要被帶走了，我和二姐，不情願讓她就這麼離開；於是，我們不斷慫恿小陶，勇敢跟媽媽表白，不要回養母家。但是，大姐卻把我們叫到門邊，對我們說：

『鄰居們都說，我們家的阿母命太硬了，她命中帶煞，會剋夫又剋子！』

『妳看，叔叔才跟阿母結婚就病倒了，全家人都快受不了。現在，我們連三餐都快吃不飽了，哪有可能再讓妳回來！』

『小陶，妳還是留在養母家吧！』

『至少妳在養母家，有吃、有喝，既不愁吃穿，也不必擔心生病會沒錢醫治！』

眼看小陶又要離開了，我緊緊拉住小陶的衣袖不放。最終，小陶還是哭著被帶走了。我朝她離開的方向，失望地目視著她遠去……。」

每次，三姐一提到這件往事，總是紅著眼眶；可見小小年紀的她，承受極大的壓力！

對於鄰居所云：「妳的媽媽，是個剋夫又剋子的人！」這句話，雖然一直烙印在我的腦海裡……但我一直弄不明白，當年家裡，究竟發生了什麼事？為什麼鄰居總會加油添醋地說：「妳的媽媽，是個命中帶煞之人。」當姐姐將這段話，轉述給媽媽聽的時候，媽媽總是靜默不語，不予責怪，也不做辯駁！

小時候，我們只要問起媽媽，兩個哥哥過去所發生的事，母親總是一個人獨自流淚！而一旁的三姐，也總是瞪著我們，要我們閉嘴，不要再問了。我們這幾個弟弟妹妹，一來怕惹三姐生氣，二來怕勾起媽媽的悲痛回憶，因此，再也不敢提及前塵往事。

三姐過世後，媽媽因傷心過度，一病不起。我回到老家緬懷當年，剛好遇到隔壁鄰居阿好嬸，這才從她的口中得知原由。阿好嬸說：「聽說，妳家三姐，一夕間，就沒了！唉！在妳們姊妹中，就屬妳三姐，最為孝順！沒想到，她的命，竟也是這麼的薄！跟妳們家前面那兩個孩子一樣！沒病幾日，就這麼走了！」

我詫異地瞪大了眼睛，看著阿好嬸，一臉不解地問：「阿好嬸！妳是說，我家那兩個已過世的哥哥？他們是從樹上摔死的嗎？」

「什麼？妳們這幾個同姓的，連這件事，都不知道嗎？」

「我們只要問到過去的事，我媽，總是淚流不止，也不回應此事！要是誰敢再多問，我家三姐就會很生氣的，擰誰的大腿！」

「呵……哈哈哈……！」阿好嬸大笑三秒後，睜大了眼珠子說：「妳家三姐，果真把責任都攬到自己身上！這女孩，也完全遺傳到妳媽媽的貼心！看來，妳媽媽還真是，沒有白疼她了！」

聽了阿好嬸的這番話，讓我更覺驚訝道：「阿好嬸，我家三姐的這樁意外，讓我媽媽非常難過，她受到過度刺激，話都說不清了！加上這些年來，我們隱約聽來的，就有好幾個不同的版本。真相到底是什麼，我們都弄不清楚？您能告訴我們，以前發生了什麼事嗎？能不能由您，說給我們聽聽，在當年，到底發生了什麼事？」

「既然，妳媽媽和老三都不願意說，我是個局外人，更不方便多說什麼了！」

「阿好嬸，我媽，是不是有什麼隱情？為什麼？她不讓我們弄個清楚？我家三姐，也不讓我們知道事情的真相？現在，就連您，也要跟著一起隱瞞？難道這裡面，是有什麼不能說的祕密嗎？」

阿好嬸聽我講完後，嘆了一口氣說：「其實，這些事，都是造化弄人，也沒有什麼不能說的祕密！好吧！既然妳那麼想知道，就由我來仗義執言，替妳媽媽，說句公道公平的話，也好讓你們這些晚輩知道，你們的母親，為了你們這群孩子，經歷多少坎坷！」

阿好嬸望著我，眨了眨眼睛說：「話說當年，妳媽媽先後嫁了兩任老公。很不幸的，他們同樣的，都得到了肺結核病。那時，我看妳媽媽，帶了一大群孩子，這麼年紀輕輕的就守寡了。三不五時，我就會送給她一些捕獲的魚蝦，希望能夠幫她度過難關。我知道，她必須做生意才能養家。所以，我會瞻前顧後，加減幫她帶一下孩子。我還記得，那年五月，妳媽媽因為生意不好，對我說：

『採集石花的季節又到了，我那幾個孩子，都吵著說，想吃些石花凍！』

『阿好姐，我能拜託妳，幫我瞄一下那幾個小的嗎？』

『我帶著那兩個男孩，去海邊拔些石花菜，來做些果凍！』當時，我還交代妳媽媽說：

『帶著孩子去海邊，可得千萬小心！』話又說回來，住在海邊的我們，哪家的孩子，不是從小就在海邊撿扇貝、海膽長大的？

到海邊的當天，妳媽媽還對我說：

『阿好，妳放心，等退潮後，我再帶著他們，到淺海灘裡，翻翻小石頭，找找看石頭縫裡，有沒有小螃蟹和海螺。』

『我沒有錢可以買肉給孩子們吃，總該煮點海鮮粥給他們品嚐品嚐！』

『如果翻到多一點小螃蟹和海螺，我就拿些過去給妳加菜！』

『等我把石花菜曬乾了，就多做些果凍跟妳分享。』我和妳媽媽的感情，就是這麼好，我們會互相幫忙帶孩子，共同分享食物。

雖然，妳媽媽沒有錢；但是，她可是個非常勤勞的人。她永遠閒不下來，只要一找到空檔，就會跑到海邊，拔礁石上的青苔和藻類，製作成海苔餅，給這群孩子吃！

原本，妳媽媽是想說，那兩個大孩子比較成熟穩重，聽得懂話，才有能力在淺灘裡翻翻石頭，抓一抓石頭下面的螃蟹之類的海產。她自己，則是走到長滿青苔的礁岩上，去拔石花菜；再到礁石縫裡，撬些海膽來賣錢。但是，不知不覺中，妳媽媽卻越走越遠，腳一滑，就摔落凹槽水域中。摔落的當下，妳媽媽是有能力自行脫困的。但是，要怪就怪，妳們家那兩個貼心的孩子，一回頭，就看到妳媽媽身體在海溝當中，雙手攀在岩石上，一次次地使勁往上撐，身體卻無法爬到岩石上。他們以為妳媽媽出事了！便急忙跑到長滿青苔的礁岩上。妳媽媽，遠遠看到孩子朝自己跑了過來，她心頭一震，焦急地大聲叫住他們：

『這裡危險，快回去！快回去！』那兩個孩子，確實也真聽話，聽見妳媽媽生氣的吼叫聲，就馬上手牽手，準備走回沙灘。不料，就在此刻，男孩在布滿青苔的礁岩上，打滑摔倒了……。說巧不巧，就在這一瞬間，竟來了一個力道強勁的滔天大浪，將男孩捲了過去。幸虧，妳家的大男孩，在情急之下，傾全力拉住他弟弟的雙手不放。兩個孩子，就這麼趴倒在礁岩上……讓翻騰的海水，不停拍打沖刷……。最後，有好心的釣客，及時把妳家的那兩個孩子從海水中拉起。雖然，這兩個孩子沒有被海水沖到海灣裡，倒也喝到不少海水。回家後，連續多日，兩個孩子都出現腹痛、上吐下瀉等症狀。妳媽媽原以為，吃吃成藥就能緩解。沒想到後來，情況愈發嚴重。等送到醫院才知道，那兩個孩子，肺部都有浸潤現象，需住院醫治。這件事，讓妳媽媽非常自責和難過。她總認為是自己害了孩子！尤其，妳媽媽只生了這麼兩個男寶貝。那時候，妳爸爸還沒和妳媽媽結婚，妳們同姓氏這四個孩子，也都還沒有出生。妳媽媽連生幾個都是女孩，卻只有妳大哥二哥這兩個男丁。妳媽媽把那兩個兒子視為心頭肉！如今，出事了，說什麼也要卯足全力，來拯救孩子。為了能救那兩個小孩，妳母親拉下臉皮，跟左鄰右舍、親朋好友，借了不少錢！最後，在入不敷出的情況下，就由妳外公作主，將妳媽媽許配給妳爸爸。當時，我聽說，妳外公已經跟你爸爸拿了好幾筆救命錢。妳外公還對妳媽媽說：

『妳不要看他是個老芋頭，身上還是有點小錢，可以用來救命！』

『妳要是跟這個外省人結了婚，他肯定可以幫妳還清債務。說不定，連妳家那群孩子，也都能衣食無憂！』妳媽媽本來想要守寡，把孩子拉拔大的；但是，為了救妳家那兩個大孩子，只好允諾婚配。因為事情來得太突然，他們只有登記沒有宴客。遺憾的是，人算不如天算，屋漏偏逢連夜雨，船破又逢對頭風！妳家那兩個苦命的孩子，還真是個短命鬼！竟然那麼倒楣！拿到妳爸爸的救命錢後，住院沒幾日，居然在醫院裡，細菌感染，先後病逝了。真是讓人欲哭無淚！

唉！妳媽媽，千算萬算，才終於下定決心，嫁給妳爸爸這個『阿山ㄟ』（外省人）。難得，她能遇到一位忠厚老實又可靠的人，還肯拿出畢生積蓄，替她解決問題，付醫藥費。但是，她萬萬沒想到，花了錢，還是救不了那兩個歹命的孩子。這真是造化弄人啊！妳爸媽結婚後，妳爸爸就衰事連連、禍不單行、大小病不斷，肺結核才好又被巨石壓傷，肋骨斷了好幾根，險些成了第三個亡魂。妳媽媽歷經兩任丈夫斷命，兩名孩兒亡故，差點連妳爸爸的小命也不保！接連碰到這些倒楣不幸的事，怪不得種種八卦謠言與傳說，會傳遍村落，都說妳媽媽是個剋夫又剋子的女人！輿論一面倒，讓妳媽媽承受千夫所指的壓力！也難怪妳媽媽，會把傷痛藏在心底，不願再提起這些傷心往事！

我記得，那兩個男孩過世後，妳媽媽曾無意間跟我提起，有位算命先生，告訴她，這輩子她不是生十個兒子，就是生十個女兒。沒有男丁繼承香火，讓她難過沉痛至極，她心灰意冷跟我說，這輩子恐怕真的跟兒子無緣了。傷心的坎都還沒走過，妳家大姊又生了場大病，讓妳媽媽更加害怕，她為了救孩子，相信了算命先生所說的話，替妳大姊取了外號叫：『米糕』，期待取了這樣吉祥名字後，妳大姊就能一生平安。妳母親還告訴過我，只要天天叫著、喊著過年必吃的『米糕』，過年時妳大姊就不會缺席了。

記得當時妳大姊被左鄰右舍叫著『米糕』，讓她惱火極了。她常為此事，不跟妳媽媽說話呢！但是，誰又能知曉妳媽媽忍著不回話，其實，是不想失去至親，她是想抓緊妳大姊的手啊！

話又說回來，妳家三姐，從小就是孝順。我記得她從孩提時期，就特別貼心。當她看到妳媽媽失去丈夫和孩子，非常心疼！她知道，妳媽媽一提及往事，就會自責。所以，她才不願意讓妳們這些姐妹，在妳們母親面前，提起過去那段撕心裂肺的事！妳家三姐，是用心良苦！她是以積極照顧弟弟妹妹的方式，來博取媽媽的歡心，減輕媽媽的痛楚與負擔。她可以說是把她生父的所有重擔，全都扛了下來了呀！

自從妳家老大、老二，相繼成家後，妳家的大小事務，全都是由妳家三姐一人在扛。她替妳媽媽，留在家裡照顧妳們，如果我沒記錯，妳們小時候，應該都是妳家三姐帶大的。」

聽著阿好嬸，連續不斷的誇讚三姐，我終於明瞭三姐的嚴苛，都是出自一番好意和一片孝心。

阿好嬸滔滔不絕的說著，往事一幕幕又重現在我的眼前……。

小時候，我是個貪吃鬼。記得有一次，我從臥房走到門口大樹下，看到妹妹開心地將一顆糖果塞進嘴裡，便忍不住口水直流的問妹妹：「妹妹，妳怎麼會有糖果？是誰給妳的？」

「三姐給我的。」我目不轉睛地盯著妹妹的嘴巴，趁著妹妹張開嘴巴跟我說話之際，就把她口中的糖果，給挖了出來。當下，妹妹發現自己嘴裡的糖果，怎麼突然不見了，就嚎啕大哭起來。

這一哭，驚動了屋內的三姐。三姐提高嗓門大聲地問：「妹妹，妳是怎麼了？摔倒了嗎？」

我一聽到三姐的聲音，迅速將糖果，咬成兩塊：大塊糖果，快速塞回妹妹的口中；小塊立刻吞入我的嘴裡。當妹妹看到我給她的糖果，是大顆的，就滿足地微笑著。

這時，三姐來到了門口的樹下問我：「土碳，剛才，是不是妳把妹妹弄哭了？」

一旁的我，嘴裡含著糖果，嚇得不敢出聲。三姐貼近妹妹，低下頭問：「妹妹，說，剛才妳為什麼大哭？」

「嘻嘻嘻！土碳把大顆的糖果分給我吃了！嘻嘻嘻！我吃到的是大塊的糖果！」

三姐一看，心知肚明，瞪大眼睛，用鄙視的眼光看著我：「妳給我小心點！」

讓我嚇得垂下眼眸，不敢多話！

國小課本裡，「增產報國」四個字，一直在我腦海裡，我不懂其意，直覺應該把這個增產報國獎項，頒給我的媽媽。因為我的媽媽，堪稱是史上最會生孩子的人。媽媽才和爸爸結婚沒多久，又替爸爸添了三個女兒和一個兒子。家裡人口，多到讓人苦惱！每次吃飯的時間到了，我們這一群孩子，總是爭先恐後，彷彿像是蝗蟲過境般，搶來搶去，怎麼吃都吃不飽。爸爸下班後，從門外看到這一幕，簡直嚇壞了。半夜時，他常常會獨自走到海邊散步，紓解一下身心的壓力。這件事情，讓媽媽感到擔心害怕！她深怕爸爸承受不住生活的重擔，會想不開，做出傻事。媽媽為了減輕爸爸負擔，增加家裡的收入，她加入粗重工作行列，和爸爸同進同出，沒日沒夜的一起賣著煤炭，努力工作賺錢來養活我們。

當媽媽外出工作時，母親的工作，則交由三姐代理。在家裡，三姐扮演了小媽媽的角色。父母不在家時，三姐儼然就是我們的母親。她必須快速長大，代理大人所賦予的職責、照顧並保護我們。

但是，一個孩子要怎麼教育小孩呢？偏偏小時候的我，是個既愛哭又很調皮的孩子，甚至活像一隻猴子，喜歡爬到樹上。記得有一次，三姐才去廚房做個家務，我就一溜煙爬到樹枝上，倒掛起來。弟弟也總是有樣學樣，學我攀爬到樹枝上。不料，樹上正巧有隻不知名的蟲，嗡嗡的飛了過來。弟弟用手一揮，就被螫了一個大包。他慘叫了一聲：「哎喲！哎喲！」

我問弟弟：「你怎麼了？」

「我被咬到了！」弟弟看了看腫包，忍住疼痛，沒有哭出聲。然後，又繼續地往樹幹上爬。

這時，三姐從廚房裡跑了出來：「怎麼了，阿弟你怎麼了？」

在樹上的我，一看情勢不對，趕緊往上再爬高一些，躲進能遮蔽身形的枝葉裡隱藏。三姐看到弟弟抱住樹幹，想往上爬，慌張地大叫：「阿弟，太危險了，你怎麼可以爬樹？」

三姐著急地將弟弟抱了下來，還用自己的手，揮了幾下弟弟的屁股：「阿弟，你怎麼這麼調皮，萬一受傷了，那可怎麼辦啊？」

「嘻嘻嘻！我已經受傷了，我都沒有哭！」個性爽朗的弟弟，被打屁股後，依舊嘻嘻笑著，一副無所謂的樣子，還伸出手臂上紅紅腫腫的包，讓三姐看：「剛才有隻蟲蟲，螫到我了！我很勇敢，都沒有哭ㄛ！三姐，妳瞧！我的手都紅了。」

三姐看著這圈紅紅的腫塊，擔心的巡視屋簷和窗戶下，有無蜂巢。她環顧四周後，確定沒有蜜蜂的蹤影，便轉頭對弟弟說：「這個腫包，會不會很痛？」

「痛痛癢癢的！」

「那就好，這應該不是蜜蜂叮的！走，進屋去，我幫你擦藥！」

此時，佇立樹下的妹妹，一直抬著頭望向樹上。三姐疑惑地停住腳步，也抬頭朝著枝葉裡瞄了過去。霎時，她氣得大叫：「土碳，好危險！妳給我下來！我說，阿弟怎麼可能會爬這麼高？原來就是妳在搞怪！」

四腳倒掛在樹枝上的我，瞥見三姐的臉，突然間變成臭臉了，感到相當害怕！加上三姐這麼一吼，我就知道，事情大條了！我一定逃不了一頓挨打。於是，我費勁爬得更高。三姐氣得拿起竹竿，往樹葉裡刺去：「土碳，我看妳的皮在癢了？」

三姐用木棍往樹葉裡戳，戳著戳著……。她累了，就站在樹下等我。而此時的我，腳也酸了，手也沒力了，只好硬著頭皮，縱身一躍，跳了下來！

「土碳，妳這頭牛，是要死了嗎？妳是不想活了嗎？還是嫌咱們阿母的眼淚，流得不夠多？妳想摔死，我肯定不會攔住妳，但是，妳不要再讓阿母擔心！妳敢給我跑跑看？等一下，我就打死妳！」怒氣攻心的三姐，把焦急、害怕和擔心，全化成棍棒！一棍棍，一棍棍地往我身上猛力揮去！我非常怕三姐，不敢跑給她追，只好任由她處置。

現在，回想起這一幕，方知三姐是氣急攻心，害怕頑皮的我，會因此摔死；怕我重蹈覆轍，會和兩位哥哥一樣，發生憾事。才高中生的她，叫不動才六歲調皮又過動的我，唯一方式，就只能用打的，才能制止不幸事件發生。

22. 大西瓜

兩年後，迎接夏日的到來，天氣突然變得很悶熱。爸爸和媽媽在海邊空地，頂著烈日高陽，做著粗重的工作。孝順的三姐，下達一道指令，她要我和五姐及弟弟妹妹，走兩公里的路，到八斗子水果行，替全家買一顆大西瓜回來，也好讓風吹日曬、汗流浹背的爸媽，得以解渴消暑。到了八斗子水果行，我和五姐認真地選購了一顆沉甸甸巨無霸的大西瓜。那西瓜實在太大又太重了，小小年紀的我們根本搬不動。於是，我們四人聯手，七手八腳的、用抬的、用滾的，將大西瓜一路滾到天橋旁的階梯。望著陡峭的階梯，大家都傻眼了，深怕一個不小心，在搬運途中，讓大西瓜滾落階梯，豈不前功盡棄？猶豫了一會兒後，五姐和我們大家又費勁地、小心翼翼地一步一步往上移動，終於合力把大西瓜抬上天橋。我們站在橋上，大口大口地喘著氣，眺望遠處青翠山林和國小的操場。突然，心頭舒坦多了！我們一起笑了出來……感覺就要達成使命了！休息片刻後，我們再次戰戰兢兢地，將大西瓜由上往下搬動。下樓梯時，階梯與階梯間的落差，讓我們吃盡苦頭：五姐必須卯足力氣，倒著走路；而我們則必須使盡全力，拱著身體，用腳尖去探尋每個臺階的位置，防止西瓜墜落。我們渾身汗如雨下，總算安全地將西瓜抬下了階梯。到平路後，我們便開心用滾的，再將西瓜滾到後山的階梯，然後，小心翼翼地將大西瓜搬到細長階梯最高點的平臺上。站在平臺高處，放眼望去，眼前就是一望無際的湛藍大海。我們開心地望著層層的海浪，大家不由得會心一笑，因為只

要再走三百公尺就到家了。當大西瓜搬到家門口時，我為了求表現，彎著腰，一把抱起大西瓜，快速跨進門檻。這時忽然聽到，「啪啪啪……啪……啪……」的連聲巨響。唉呦！真是要命，西瓜重重摔了一跤，剎那間，就碎裂開來！大家伸手指責我：「喔喔……妳糟糕了！」

嚇得我臉都綠了，一時之間，尷尬得不知如何是好？惶恐不安的我，呆呆的望著眼前的西瓜發愁！就在此刻，弟弟和妹妹，火速地蹲在地上，手腳俐落地撿拾起碎裂的西瓜猛嗑……。我被這一幕喚醒了，也跟著蹲了下來，趕緊撿起一塊破西瓜，咕嚕咕嚕地往嘴裡送去。唉喲！才咬了幾口，手裡西瓜便被一棒槌了下去，掉落到地上！我嚇得魂不附體，低垂著眉眼，不敢抬頭看三姐一眼，趕緊丟下西瓜，逃之夭夭。

回首前塵往事，好不容易才買到的大西瓜，竟然瞬間就被我摔落，碎了一地；美味的消暑聖品，爸媽卻連一口都沒有品嚐到！難怪三姐會那麼生氣，我真是成事不足、敗事有餘，欠揍極了！

家裡客廳，掛滿了各式各樣的獎狀。唯獨我，一張獎狀也沒有。我常想，如果我能有一張獎狀，不知道有多好？已經小學五年級的我，在校成績很差，經常考試不及格，若能吊車尾考到六十分，就要謝天謝地了！

有一天，老師忽然對我說：「土碳！妳頭腦簡單，四肢發達，體育成績優異，這次就由妳代表學校，參加四項全能競賽！」

老師的一番話，讓我信心十足。回家後，我趕緊將這天大的好消息告訴三姐：「三姐，以後早上，我就不能擦完地板、做完家事，再去上學了。」

「為什麼？」

「老師說，我跑步，是全班第一名。可以代表學校，出去比賽！等這次月考完後，就要參加晨間集訓了。」

「不行！妳不能參加田徑隊！」

「為什麼，我不能參加田徑隊？」

「因為，參加田徑隊的人，不是流氓，就是太妹。」

「拜託，拜託！我只想為校爭光！」

「不行！妳就是不能參加！」

「拜託！再過一個星期，就要開始集訓了。」

「好啊！如果妳真的想參加，這次月考成績發下來，必須每科都考９０分以上；如果沒有達到９０分，妳就不能參與集訓！」

「什麼？一定要考９０分嗎？我連６０分都考不到！」

「考不到９０分，就別想參加什麼田徑隊！」

我好怕被剝奪參加市運賽事的機會，自從那天起，腦子不好的我，開始努力翻閱書本，反覆的複習。到了月考前一天，三姐忽然拿出課本，一題接著一題的考我。沒想到，我竟能對答如流。三姐疑惑地笑了……

「太奇怪了！妳是怎麼做到的？假使這次月考，妳真的能考好，那我就幫妳跟媽媽求情，讓妳去練田徑！但是，我這裡還有三個條件。

第一，如果妳真的去田徑隊了，就得把書讀好。不能因為練習，就荒廢學業。

第二，妳得做完家事，再去練習。

第三，家裡跑腿，幫叔叔（我爸爸）送貨給客戶的事，還是不能有所耽擱！

我開出的這三個條件，出發點都是在製造時機，讓妳有機會能多加練習！」

話一說完，三姐就把弟弟叫到身邊，努力幫弟弟做考前複習。

考完試後，我將成績單拿給三姐看：「考得都不錯嘛！妳是怎麼辦到的？」如我所願，三姐真的允諾讓我參與學校的田徑訓練。三姐開心對我說：「土碳！妳有雙飛毛腿，跑得像噴射機一樣的快！下回，我叫妳送晚餐去給叔叔時，妳送完後，就去跑趟沙灘，跑完後再回來！」

三姐不斷地鼓勵我，讓我心花朵朵開，也讓我甘之如飴被她呼來喚去！

到了市運會比賽的那一天，我盡全力往前衝刺！眼看，第一名就是我了。沒想到，原本跑第一的我，因為衝刺時，衝錯跑道，失去競賽的第一名機會。雖然，我在百公尺徑賽，沒有贏得冠軍；但是，其它的獎項，我都名列前茅。小學畢業時，老師將體育優異獎頒發給我，這是我人生中的第一張獎狀。妹妹一看到獎狀，就開心的抱著我說：「好棒！好棒喔！土碳妳終於有自己的獎狀了！」

我把獎狀貼在房間的角落，天天望著獎狀發呆、微笑……，一天總要看個好幾回。這張榮譽獎狀，對我而言意義重大，它是「肯定」，也是「鼓舞」，它更是屬於三姐的。因為，沒有三姐的激勵和幫助，就沒有今天的我。

還記得，三姐第一女中畢業時，保送大學。但是，家裡沒有錢，付不出學費。三姐的老師，還特別來到家裡，做家庭訪問。老師對媽媽說：「老三的媽媽您好！我是老三的導師。我聽老三說，您不讓她讀大學。您知道嗎，您家老三，成績優秀，她可是我們全校排名第一的學生，可以保送大學！」

「老師，我知道我們家老三很努力，可是，我家沒錢可以讓她繳學費啦！」

「沒關係！您沒錢，我可以借錢給您！」

「妳借我錢，也沒用，我可是沒有錢可以還妳！」

「那我資助她，讓她去讀書好嗎？」

「老師，妳的好意，我心領了！」

「但是，妳看看她還有一堆弟妹要顧。我要是讓她去讀書，那她的弟弟、妹妹，誰要來幫我照顧？」

老師的話還沒有講完，就被媽媽堵死了。老師失望離開後，媽媽望著三姐，若有所思地半晌說不出話來……。三姐貼心地對媽媽說：

「阿母，不要擔心，我不去讀大學了。我會留在家裡，照顧弟弟和妹妹！」

三姐為了我們這群不同姓氏的弟弟和妹妹，放棄自己的學業，留在家裡，姐代母職。在三姐這一生中，做出很多的犧牲。她的大愛無與倫比！

小時候，我老是被三姐修理，不是沒有道理。因為，在幼年的生活當中，我無法理解三姐的苦處，也不知道她的為難，只知一味調皮搗蛋，做出很多讓三姐傷透腦筋的事。

感謝！當年三姐嚴格管教，沒有放棄我。回溯三姐的一生，盡是犧牲與奉獻！

老天會給予每個人不同的考題，讓我們品嘗出不凡的滋味。沒有任何人可以逃避自己的考題。

「苦就是補」、「不經一番寒徹骨，焉得梅花撲鼻香」，經過時間的淬鍊，我才明白父母和三姐的嚴苛，其實就是一種擔心，更是一種關懷。

23. 愛心禮物

經過一段時間的治療，媽媽的病況逐漸好轉。她把得憂鬱症的大姐叫到眼前，對她說：「老三的這場意外，不是妳、我能夠阻止的。她人走都走了，妳不要老是把自己關在家裡，這麼的痛苦、難過，妳要想開點。」

看著大姐表情凝重、低頭不發一語，媽媽再也管不住自己的脾氣，大聲對大姐嚷嚷著：「老大，我要鄭重告訴妳：我們家老三突然過世，是因為她沒有把自己的身體照顧好，才導致血壓太高，腦溢血身亡。老三的死，不是被新娘沖到的。跟妳娶媳婦毫無關連！有關外人的流言蜚語，指我們家老三是被鬼抓交替的，那純屬無稽之談！我們家老三，明明就是腦中風！現在都什麼年代了，什麼捉交替、鬼魂會來向妳索命，那都是虛幻的。妳不要隨意聽信讒言，來嚇唬妳自己。妳越害怕，人家就越想嚇妳。」

大姐緊抿嘴唇、低垂雙眼，一句話也不回。媽媽深吸了一口氣，禁不住又絮絮叨叨地碎念了起來：「我真不知道，妳到底在怕什麼？人死後，就什麼都沒有了，哪來的鬼？倘若，人死後會成為鬼，也必定都是個好鬼！」

媽媽說到這兒，故意停頓下來，打量大姐一番。見大姐一點反應也沒有，媽媽「唉！」嘆了一聲，又繼續說下去：「鬼，其實一點都不可怕！只有心術不正、老是做壞事的人，才會疑心生暗鬼。也只有做壞事的人，才會心生恐懼而產生各種幻覺，才會誤以為，自己真的撞鬼了！事實上，妳又沒有做任何壞事，又何需怕鬼呢！老大，妳去照照鏡子，看看妳現在，這副要死不活的樣子，讓人看了真難受！妳再這樣頹廢下去，只會讓老三走得更不安心！」

說到這裡，媽媽歪著腦袋、凝視著大姐，讓原本低頭不語的大姐，淚眼婆娑地又把目光轉向牆壁上的掛鐘。

「老大，妳轉過頭來，看著我！我問妳，妳想讓老三，走得放心嗎？」媽媽瞪著銅鈴般的大眼睛，一再的追問著大姐不放。神情落寞的大姐，只好勉為其難，抬起頭，望向自己的母親。

「聽好！如果妳想讓老三，走得毫無牽掛，現在唯一能做的，就是對新媳婦好一點並照顧好妳自己。只有勇敢地好好活下去，這樣，才能對得起死去的老三！」

經過媽媽多次的開導，大半年過後，大姐的心境終於逐步開朗，漸漸的走出陰霾。

由於媽媽一共生了十個女兒，她的觀念又比較保守，深怕我們嫁人後會和婆婆頂嘴，會受小姑欺凌，所以她總是不厭其煩的叮嚀我們：嫁進了夫家，要學會「不計較」這三個字。她不時對著我們說：「妳們這群孩子，都給我聽好：妳們都是女孩子，將來嫁進夫家捧別人飯碗，要切記，以夫家為重。凡事不要斤斤計較，生活才會幸福美滿！」

媽媽常常不厭其煩地對我們說：「如果，妳們希望夫家能把妳們當成自家人看待，妳們就要先學會：時時心懷感恩！要感謝妳們的公婆，養育了妳們的老公二、三十年。千萬不要對長輩大小聲。」

「吃人半斤，還人八兩。」也是媽媽的口頭禪。媽媽總是告訴我們：「做人要知恩圖報。對於有恩於我們的人，要銘記心底，切不可忘記！」

那日，一大清早，弟媳拉著母親的手，提醒叮嚀：「媽媽，別忘記了，今天是妳要去看醫生的日子喔！妳預約的號碼是59號，在很後面。我們不需要那麼早就到診間等候，妳先在家裡等我，我到公司簽個到，再折回來陪您去醫院，好嗎？」

「不用啦！妳去上妳的班，不要每次都為了我，還特別請假！」

「媽媽，妳在家等我一下就好，我去公司交代一下，就趕回來陪您去醫院！」

「唉喲！就已經跟妳講過了，真的不用陪我去醫院。阿蘭，妳就放心吧，我已經會看就診燈號了！妳還是趕緊去上妳的班！」說完，媽媽逕自往雞舍裡走去。弟媳阿蘭一頭霧水，覺得自己婆婆今日怪怪的。於是，她跟在媽媽的背後走著。她發現母親一跨進雞舍，就先撿拾了幾顆雞蛋，然後，抓起一隻體型較大的公雞過來檢視，摸了摸公雞的頭，不知道在想些什麼，又立刻將雞隻放下。媽媽一連換了幾隻公雞，讓雞欄裡的雞隻不安地，咕咕咕的叫個不停……。

阿蘭不解地問：「媽媽，今天不是初一，也不是十五，又不用拜拜，妳來抓雞，是要做什麼？」

「妳來得正好，仔細幫我找找看，我是要選一隻，飽滿有光澤又比較健康的土雞，拿去送給醫生！」

「幹嘛，要送東西給醫生！妳的病，又還沒有完全好！」

「吼！我說，你們這些小孩子，要有感恩的心。我這是慢性病，怎麼可能會完全好？能控制就已經不錯了。人家醫生，他又沒有欠我們！他是在救我們的命！我跟妳說，這位老醫生，人真的很好，有愛心、又很會照顧病人。尤其他對老人家的病症，都會看得很仔細。妳外婆，沒過世前，也是這位醫生幫她看診、做手術的。趁著現在，我還走得動，得趕緊去報答人家！別等到我進棺材，才留下無限遺憾！」

弟媳聽完後，知悉媽媽，時時懷有感激之心，是個懂感恩的人。可是，弟媳顧及雞隻是個活體，帶去醫院，恐會造成醫護困擾，便婉轉給婆婆一些建議：「媽媽，既然妳要送大公雞給醫生，好歹也把這隻公雞宰了，再帶去！」

「唉喲，我說你們這些晚輩，都不知道當醫生的辛苦！這老醫生，是從早上的門診，看到下午。等他看完最後一個病人，都不知道幾點了？把殺好的溫體雞，擺放在醫院裡，不就比死豬還要臭！我帶活體的過去，醫生什麼時間想吃，就什麼時候再殺，這樣雞肉咬下去，才會鮮嫩多汁！」

固執的媽媽，說什麼也要把她的滿懷謝意傳達到。就因為這個緣故，母親執意自己去醫院看診。

不知道公車發車時刻表的她，深怕錯過車班，於是，七早八早就拎著白胖的雞隻，到站牌等待公車。等了好久，車子終於到站了。手提重物，走路搖搖晃晃的母親，好不容易擠上了公車。當她步入車廂時，眼尖的乘客，立刻七嘴八舌、熱情地招喚她：「阿雲，來來來！來這裡坐。」

「來啦！來啦！到我這裡坐才對啦！」

媽媽看著車上的朋友，搶著要和她坐在一起，開心地笑得嘴都合不攏了！

一位貼近媽媽的朋友，一手拉著她的衣角；另一手強勢將媽媽手中的提袋硬拉了過去，並對母親說：「阿雲，帶什麼好東西，怎麼看起來這麼重？來，我幫妳拿！」

捲髮的歐巴桑，一個人就佔據兩個座位。一看到媽媽上車了，立即移開自己私人物品，挪出座位，讓母親坐在她的身旁。接著，好心的她又把媽媽手中另一個大布袋，也一併取了過去。她將麻布袋夾在自己雙腳前方。媽媽見朋友這麼熱情，沒有理由拒絕，便笑嘻嘻地坐了下來。整頭捲髮的歐巴桑，微微彎腰審視媽媽所攜物品：「阿雲，妳是要去哪裡？大包小包的？」

「我要去欣欣醫院看醫生啦！」

「看醫生，就看醫生，幹嘛還背著麻布袋，這是要做什麼啊？」才剛說到這裡，短髮歐巴桑便「嘖」一地，尖叫了一聲：「唉喲！奇怪，這布袋裡裝的是什麼？怎麼還會動啊！」

好奇的她，把手中提袋交還給媽媽，然後彎下腰去，將雙腳前方的麻布袋提了起來。她意圖解開繩索，這突如其來的動作，讓媽媽緊張地喊了出來：「唉呦，不行……妳不能打開啦！……」

捲捲頭的歐巴桑，不管媽媽警告，還是執意拆開布袋口：「我看一下，又有什麼關係！我又不會搶妳的，怕什麼怕！」

捲髮歐巴桑，以迅雷不及掩耳的速度，瞬間解開了繩索。布袋裡的大公雞探出頭，啼叫了一聲！驚慌的公雞，像隻無頭蒼蠅似的橫衝直撞，飛出了布袋。撲向鄰座後，公雞「咯咯咯……」地三步併作兩步亂跳著。乘客被眼前這突來的一幕，嚇了一大跳，紛紛轉過頭來問：「那黑影跳來跳去的，是什麼東西？」

「唉喲！是阿雲的雞！」

媽媽不好意思地立刻起身，對大家鞠躬致歉：「唉喲！拍謝，是我帶來的公雞，一不小心跑出來了！」

捲髮歐巴桑接話說：「快，大家趕快幫忙捉雞！」

全車旅客，手足無措、手忙腳亂地伸出手臂，想要幫忙抓雞。公雞一看，不得了了，竟然有這麼多隻五爪金龍要捕捉牠，緊張得上竄下跳……，從隙縫中，閃過來又閃了過去，然後高高地躍向空中，再從第五排座椅攀越到第七排的靠墊上站著。大公雞，站在椅背上，伸長脖子警戒著。媽媽見機不可失，趕忙從第二排飛奔到第七排，猛力一抓，公雞卻一溜煙地跳開了。此時，一名年輕的男乘客從最後一排跑了過來，使勁揪住了公雞的雞尾。漂亮的羽毛，被撕扯掉好幾根，痛得公雞蹬蹬蹬……的猛踢……還不斷的鼓動著翅膀……。心急的媽媽，怕抓狂的公雞，會刮傷男乘客的手，便吼了一聲：「少年人，你抓著牠的尾巴，牠會很痛，小心，牠會用腳趾踢傷你！」

男乘客被媽媽這麼一嚷，緊抓著的手，瞬間就鬆開了。一旁的媽媽見狀，連忙往前挪了幾步，想一把抓住那隻公雞。但是，此時，她的腳跟卻輕輕拐了一下。快到手的公雞，於是又趁機脫逃，四處亂竄。

「哇！公雞落跑了！」

全車旅客，都站了起來，想幫忙查看公雞的蹤跡。此時，好心的司機大哥，貼心地對大家喊道：「好了好了，大家都暫停一下！我會把公車先停到路邊，等我把車停好了，你們再慢慢找！現在，我要踩煞車了，你們先坐下扶好！」

說完，司機順利地將車輛，停靠到路邊等候。停好車後，熱心的乘客，七手八腳的想要幫忙抓雞，致使雞隻再次受到驚嚇，在座椅間跳來跳去，最後索性躲到座椅底下，讓人摸不到也捉不著。

這時，司機向後喊道：「沒關係！你們慢慢抓，等抓到了，就跟我說一聲！」

「快了，快了！」一位大叔，半跪在地上，將手伸到座椅底下，將蜷縮在椅子底下的公雞，抓了起來，並小心翼翼地放入布袋中。

看到這一幕，乘客們，開心地響起一陣如雷掌聲。媽媽不好意思地連忙拱手道謝：「啊！拍謝，拍謝！耽誤大家時間。以後，我會把雞綁好啦！今天，幸虧是大家的幫忙，不然，我真不知道怎麼辦才好？謝謝大家啦！」

媽媽的話剛說完，沒想到乘客們卻異口同聲說：「唉喲！雞抓到就好，說什麼謝謝！要謝謝，就要謝謝司機先生啦！」

此時，整車的人，不約而同、異口同聲地對著司機大哥說：「大哥！謝謝喔！謝謝！司機先生，你人真好啊！」

乘客們七嘴八舌，對司機稱謝不已。

這時，捲髮的歐巴桑，突然站起來，大聲對乘客們說：「來！我們大家給司機先生鼓鼓掌！謝謝他這麼熱心！」

公車上，立即響起一陣熱烈掌聲，讓司機紅著臉，不好意思的說：「這點小事，不足掛齒，大家平安就好！我要開車了，你們大家快坐好！」

到了醫院，媽媽看完醫生後，對著醫生說：「醫生啊！謝謝你這麼照顧我。以前，我的阿母，生病的時候，你也曾經幫她開過刀，謝謝你，對我們每位病人都這麼好！」

「張阿雲，妳別客氣！這是我應盡的義務。」

媽媽眼眸發亮，不停對醫生笑著：「嘻嘻嘻……！嘻嘻……！」

「張阿雲，妳在笑什麼？是哪裡不對勁嗎？」

媽媽癡癡笑著，對醫生說：「哎喲！醫生，我是笑，我沒有什麼好東西可以送你。」

「張阿雲，妳不必送任何東西給我。只要妳的病情有起色，我就能放心了！」

「不行，這件禮物，我早就已經準備很久了！」

「ㄟ，妳就不用客氣，真的無須送我任何禮物！」

「不，醫生，這是我一點心意！你一定要收下。」說完，媽媽把藏在腳下，灰灰又骯髒的麻布袋拿了出來。

「這……這是什麼啊？……」

「這個嘛……我沒騙你，真的足水ㄟ喔……」母親小心謹慎的打開布袋，一手牢牢抱住雞身，另一手摸了摸公雞頭上的羽毛，開心地對醫生說：「醫生，你看這隻公雞，牠的雞冠紅通通的，真是漂亮！這可是我自己養的喔！」

媽媽得意的邊說邊把公雞遞給了醫生。看到活生生的雞隻，醫生一臉錯愕，一時間愣住了。他沒有即時接住媽媽遞給他的大公雞，反而讓這隻雞有機可乘：調皮的公雞，咯咯……咯……的叫著，才一會兒的功夫，就跳躍到醫生的櫃子上了。媽媽有了前車之鑑，她快速捉住大公雞的雙腳，將公雞倒吊了起來。四腳朝天的公雞，被媽媽緊握住雙腳，極力想要掙脫。牠不斷掙扎，拼命鼓動翅膀。剎那間，急速抖動的雙翅，震翻了醫生桌上的水杯。同時間，牠還「噗！噗！」連續拉了好幾坨白色的雞屎。好巧不巧，兩坨雞屎剛巧就掉落在診間醫師的桌面上！另一坨雞屎，好死不死就掉在醫生的手背上！這連連的狀況，讓媽媽尷尬得不知如何是好：

「唉喲！醫生，足拍謝！失禮！失禮！你趕快去洗手，我幫你擦桌子。」媽媽拿起麻布袋，準備幫醫生擦拭桌面。

「啊！歐巴桑，我來就好，妳不用擦了。」一旁護士，立即推開媽媽的手，拿起棉花擦拭。護士擦拭完後，連忙再用酒精消毒桌椅。

等護士擦好桌面，醫生回到座位上，媽媽滿臉歉意：「醫生拍謝啦！護士小姐，拍謝啦！給妳找麻煩了。」

「沒關係，沒關係！」

媽媽道歉完，繼續對老醫生說：「醫生，這隻公雞羽毛光亮、雞冠鮮紅、身體又很圓潤，是一隻很健康的雞。我現在，已經把牠放在麻布袋裡，用繩索綁緊，打結了。你不用怕，牠真的不會亂飛了！」

「張阿雲，妳來看醫生就好，真的不用帶禮物給我！」

「不。醫生，這隻公雞，是我特意養了八個多月，為的就是要送給你的。你若是不敢殺，

就告訴我。你家住在哪裡？我去你家，再幫你宰殺！」

媽媽邊說邊從另外的袋子中，拿出了她的法寶：「對對對！我差點忘記！這裡，還有兩條魚，是現撈的。你放心，我在魚體表面，另外鋪上了冰塊，保證絕對新鮮！你看！這就是我乾女兒家的漁船，清晨時分才捕到的魚！這兩條魚，鮮味極濃。今天晚上，一條正好給你做生魚片；另外一條，剛好可以給你煮魚湯喝！」媽媽邊說，邊貼心地把塑膠袋打開給醫生看。

「唉喲！張阿雲，這是什麼魚？怎麼那麼大條？魚身，居然比我的小腿還要粗！這要怎麼處理啊？我看，這……這……妳還是拿回去吧！」

一聽到醫生含蓄地說自己不想收禮，媽媽擔心的提高嗓音說：「唉喲！醫生啊！我是特別交代我乾女兒，幫我留意這個魚種，目的就是要讓你品嘗這條魚的鮮味！你是不是看不起我送的魚和雞，覺得牠們是粗俗的物品，所以你才不肯收？還是……？今天我帶來的魚，不是你愛吃的品種？要不然，你告訴我，你想吃什麼魚，我下次再幫你帶來……」

「喔！不不不……不是這樣的！妳的心意，是最珍貴的！這不是金錢能取代的，我怎麼會瞧不起呢！好，好！我收下了，但是，下次妳別再破費了！」

聽醫生這麼說，媽媽樂不可支，笑聲不絕的說：「嘻嘻嘻……醫生，薑絲魚湯不用加味素就很甜了；要是煮成豆腐味噌湯，也很好喝喔！我保證啊，你一口氣至少可以喝個兩三碗。要是好喝，記得再跟我說。」

母親笑嘻嘻開心地回家了。回家後，還得意地對我們大家說：「這隻公雞，讓我感受到：我們這漁村雖然很小，卻有著極濃厚的人情味！妳們都不知道，那整輛公車都是我的朋友，都在替我說好話！哈哈哈……那輛公車，宛如是我的私人轎車！哎呀……你們說，有誰家的轎車，會比我的私房車還大呢！哈哈哈……」

媽媽不斷發出宏亮的笑聲，逗得我們也跟著開懷大笑起來……。

雖然，我的母親只念過兩年書，但是，她經常教導我們：「做人要飲水思源，心存感恩！」

沒有讀過幾年書的她，無法用言語表達感激之情，所以把感謝都化成最直接的表白。記憶中，媽媽的感謝禮物，總是讓人驚惶失措，不知如何拒絕！

電話響了，媽媽接起電話，聽得心驚膽跳……。原來是六姐夫出車禍了，他的肩胛骨骨折，住在長庚醫院。

媽媽自己都抱病了，卻還在操煩擔心六姐家的事。我們幾個兄弟姊妹，跟著媽媽一起火速趕往醫院，探視因車禍受傷的六姊夫；接著，一群人由六姐領著，來到六姐家查看外甥女的狀況。

一到六姐家，媽媽便打開六姐家的冰箱。冰箱裡空空蕩蕩的，只剩一點麵條和醬瓜。媽媽心疼地問：「沒想到，妳日子會過成這樣？」

六姐紅著眼眶說：「沒辦法，最近，阿財工作不順利，心情不好，才會借酒澆愁！」

「再這麼喝下去，遲早會肝硬化，妳要規勸他少喝點！」

「我有叫他不要喝那麼多的酒。但是，阿財偏要喝，喝到爛醉如泥又堅持騎車出門，才會出了這場車禍！」

「為什麼阿財要用喝酒，來糟蹋自己的身體？」

「因為工廠的老闆，老是看不起我們。升官，老是沒有他的份！」

「我看，阻礙你們升職的，應該是你們的工作態度！阿財若是工作非常賣力，我相信老闆應當不會虧待他。」

聽到媽媽竟然護著外人，六姐有些不高興，便轉移話題說：

「那天，阿財問我女兒：寶貝！妳長大以後，想要做什麼呢？我女兒回說：我最喜歡唱歌了，將來長大，我想要當歌星！我家阿財，立刻斬釘截鐵地對我大女兒說：妳別做白日夢了！妳媽媽是個跛腳ㄟ，妳爸爸又是個歪嘴的。這輩子，妳休想成為歌星！」六姐苦悶地說出了心裡話。

媽媽聽完後，深深地嘆了一口氣，目光在六姐的身上，停留了好幾秒鐘。她眼珠子，直勾勾盯著六姐，語重心長地對她說：「老六啊！阿母知道，妳是因為小兒麻痺，心裡不平衡！妳走路會變成跛腳，阿母也有責任，我也是滿心不捨！我們不能因為自己身體上有殘缺，就告訴孩子，她的夢想是沒有希望的！雖然當歌星的夢想，不一定會實現；但是，你們也不能讓這麼小的孩子，對人生感到失望！你們用這種態度教育女兒，將來，要怎麼讓孩子建立自信？妳的腳，會變成殘障，這是老天爺給妳的考題！殘疾人士生的孩子一樣也會有未來！天底下，只有不願意面對困境的人，才會沒有希望。」

聽完媽媽說的話，六姐一臉糾結，不願苟同媽媽的看法。她脫口直言，對媽媽說出自己不同的觀點：「哼！我們會有自卑感，全都是被人笑話出來、被人逼出來的。所有的人，都在笑我，說我這個做媽媽的是個跛腳，說孩子的爸爸是個歪嘴！」

「就算妳是個跛腳又怎樣？就算妳老公是個歪嘴的人又如何？你們，比起那些重殘的人，已經幸運多了！老六，妳看著我，人必自重而後人重之。妳自己都瞧不起自己，要別人怎麼尊重妳！妳別忘了，你們的外婆她可是個如假包換的聾子！我並沒有因為妳外婆，是個聾子而自暴自棄！妳再回頭看看妳的繼父，他也是個殘障的人。妳繼父所生的這四位弟弟妹妹，難道有因為他們的父親是一個獨眼龍而感到丟臉嗎？妳的弟弟妹妹，有因為自己父親有殘缺，就不努力了嗎？妳不能因為自己身上有缺陷，就找藉口！人是萬能的，只要肯努力，就沒有什麼事情，是做不到的！等阿財身體養好了，妳就好好勸慰他，叫他別再鑽牛角尖了。好好努力工作，才是上上之策！」媽媽嘴裡雖然叨唸著六姐，卻從口袋裡，掏出一筆錢，塞進六姐的口袋，並囑咐六姐要好好細心照料六姊夫。

在回程的路上，媽媽憂心地嘆了口氣，對我們說：「唉！也不知道，這老六家是怎麼了？連大女兒都被醫生懷疑，極有可能是得了白血病？接下來，老六的日子要怎麼過？這該怎麼辦才好啊？」

一旁的弟弟，連忙安撫著母親道：「媽媽，您先不要著急，我們這幾個同姓的兄弟姊妹，已經商量過了，會湊個整數，先給六姐應急。」

媽媽面露為難之色說：「這樣好嗎？老是讓你們按月拿錢出來！」

弟弟有感而發對著母親說：「小時候，如果不是三姐，像個老師似的，每天幫我補強課業，我怎麼可能在國小時，連續當了六年的萬年班長！三姐生前，最愛管東管西了，如果她地下有知，也一定會很擔心六姐家的狀況。現在，六姐有了困難，算是我們報答三姐的最佳時機！」

妹妹也接著說：「是啊！媽媽，六姐算是我們姊妹當中，過得最辛苦的一個，現在幫幫她也是應該的。」

我也打破沉默，點了點頭說：「小時候，我跟六姐感情最好。如今她有了困難，我們姊妹責無旁貸，我會盡力想辦法來幫助她！」

我們輪番說出心聲，讓母親眼裡有了淚花，對我們說：「難得妳們這幾個孩子，都能心存感激，熱心助人，我總算沒白教你們了！」

一段時間過去了，六姊夫出院了，他又重新回皮鞋工廠上班了。白血病的女兒，經醫師治療後，證實她得到的並不是什麼絕症，大家只是虛驚一場罷了！媽媽也總算放下了心中的那塊大石頭！

24. 望海的母親

日子一天又一天過去了。阿茲海默症，默默的侵襲媽媽的腦部。媽媽的神智，時好時壞。生病後的母親，常常無法記得最近發生或剛剛提過的事；但她對過去的事，卻如數家珍，記得一清二楚。她總是站在家門口，望著大海，口中念念有詞，思念著不知去向的七姐：「老七，我的心肝，妳怎麼那麼可憐！怎麼還沒出世，就沒了父親！阿母把妳送人，是萬不得已的！我是希望，把妳送去別人家，可以過著大小姐的生活。妳可知道，把妳送人時，我的心也在哭泣……。」

母親一再含著悲傷，重複念著這些字句。清醒時，她會猛然抓牢我的手對我說：「土碳，妳不是說，妳有同事的先生，在電力公司當主管嗎？妳七姐的養父，他也是在臺電上班。只要能找到妳七姐的養父母，就一定能找到妳的七姐！算是我拜託妳了，我真的，很想知道她的下落！我想親口告訴小辣椒（七姐小名），我真的沒有將她賣掉！就算她恨我、不認我這個母親，我也不會埋怨她的！只要告訴她真相，告訴她：我是真的沒有拿她養母家一分一毫，也沒有將她賣掉就好了！把她送人時，我的心也在哭啊！……」

母親悲哀的聲音，讓我的心，也跟著碎了一地……。媽媽說，如果我沒有告訴七姐實情，她會死不瞑目。

為了替母親圓夢，我化名九妹，在網路上寫著：

「小辣椒妳在哪裡？媽媽病了、癱瘓了，但心中唯一沒變的，仍舊是掛念著妳！」

我們到處打聽、向人探訪，就是沒有任何消息傳出。因為老家戶籍資料裡，並沒有七姐的任何記載。所以，也只能經由從前的老鄰居來打探消息。

我們一群人，來到以前七姐小時候的住所。老住戶們對我們說：「你們要打聽的這戶人家，早在三十年前就已搬走了。現在這裡早已重新改建。以前的事，大家都記不清楚了！」

這家探聽不到，我們又轉往另外一戶打聽。一位年邁的老先生，好奇地追問我們：「奇怪，你們為什麼，要打聽老鄭的消息？妳們是老鄭的誰？打聽他的目的又是什麼？」

「伯父您好，我們不是來找老鄭的。我們是想藉由老鄭，找到他的女兒！」

「喔！妳們是來打探老鄭的女兒？有沒有搞錯，老鄭是不會讓生母家的人，來找她女兒的？如果我沒記錯，老鄭這家人，就是擔心他們的心肝寶貝，會被她生母帶回去。所以，才連夜搬走的！」

「伯父，我們知道，老鄭家不讓我們見面。」

「明明知道，他不讓你們會面，你們還來找麻煩！」

「可是，我媽她已經生病了！她老是站在家門口，望著海邊，念著我家七姐！我媽媽一直掛記著我家七姐，希望在臨終前，能再見我家七姐最後一面！如果沒找到我家姐姐，我母親將會抱恨終天，含恨九泉！我拜託您了！如果知道我家七姐的下落，就幫幫我們吧！」

老伯伯聽我們這麼一說，也起了惻隱之心：「哦！原來，老鄭家那個恰北北的女兒，就是妳們家的七姐啊？」

「伯父您認識小辣椒？」

「認識，我記得老鄭家的寶貝女兒，白嫩嫩的好可愛。可惜，脾氣大了點，動不動就愛生氣！不過，我們這一夥人，老是喜歡逗弄她，因為她生氣模樣，真是逗趣、可愛極了！」

「請問，她們搬到哪兒去了？」

「他們搬到哪裡？我是不曉得。不過，那老廖跟他們家最熟了，你倒是可以去問問他！」老先生指著樹下正在下象棋的白髮阿伯，大聲叫喊著：「ㄟ，老廖，先暫停一下，過來這裡，有事問你！」

等老廖走過來，老先生便好心地把我們的尋人啟事，跟老廖詳述了一遍。熱心的老廖聽完後，知道我們是為病母而來，信實地跟我們直言：「大約幾年前，老鄭確實有回來和我們幾個老同事餐敘過！說也奇怪，這幾年，我們舉辦老同事餐會，卻獨缺老鄭！我還記得，前幾年敘舊時，老鄭就坐在我的身旁。他說，他們全家，搬到了青色山莊。他家是幾巷幾號，我倒是給忘記了！他是不是還住在那裡，我就不得而知。不過，我倒是知道青色山莊僅有一個入口。你們若真的想找人，倒是可以去路口等等看！」

得知此項消息後，還是讓我們振奮不已。弟弟下班後，立即趕往山莊的入口，想去圍堵、攔截七姐。然而直到深夜，卻仍不見七姐的蹤影。連續多日守候山莊，卻在社區總幹事的證實下，得知七姐一家人，早已遷離這個地方，移居臺北。

雖然掌握到最新訊息，但臺北這麼大，要去哪裡尋人呢？我們火速動員、四處打聽，到頭來……，還是白忙一場，沒有七姐的任何消息！

不到黃河心不死的弟弟，透過各種管道，間接從友人那裡，打探到七姐一家人，極有可能，已遷居到北投社區的一戶透天厝。弟弟手裡，緊捏著朋友給的小紙條，我們按照字條上的地址，拐了好幾個彎道，穿過一條條狹窄的巷子，本以為馬上就要找到七姐的住所了，然而誰知，一穿越窄巷後，眼前卻變成一條死巷子。我們來來回回走了三、四趟，拐了好幾個彎，才總算找到這戶人家。妹妹站在門外，仔細核對門牌號碼，開心地對我們說：「沒錯，就是這裡了！」

弟弟立刻伸手想按門鈴，卻被妹妹攔了下來。弟弟納悶地問妹妹：「難道，不是這間屋子嗎？」

「是，就是這間沒錯！」

「那為什麼，不能按門鈴呢？」

妹妹一臉顧忌說：「要是七姐一看到我們，就『砰』的一聲，把門給甩上，那該怎麼辦呢？」

妹妹的一番話，讓我們不約而同地互看了一眼。我也開始坐立不安、緊張了起來……。畢竟，我們和七姐已經分離三十幾載了。正在猶豫該不該按下門鈴時，弟弟問心無愧、理直氣壯的說道：「醜媳婦，總得見公婆。都已經到了她家門口，哪有不按門鈴的道理？不管七姐相不相信我們，畢竟，事實就是事實。我們得跟她把話說清楚、講明白！要是七姐她不肯認我們，就算了！眼前最要緊的是，我們得跟她說，媽媽一直很掛念著她！」

說完，弟弟往前按下了門鈴。

「叮咚！叮咚！」無人應門，讓弟弟有些緊張起來。他連續又多按了好幾次門鈴：

「叮咚！叮咚！」

「叮咚！叮咚！叮咚！」連續按下多次門鈴，久久都無人回應。

撐過焦慮緊繃情緒的我們，決定在門口守候。此時，一位社區住戶，看我們一群人賴在門口不走，就斜著眼睛，緊盯著我們這群人瞧，好像我們會偷這家人的東西似的。

這時，剛巧有一位警察路過。這位住戶向前攔住員警去路，小聲嘀咕，邊說還邊朝我們這裡張望。話才一說完，員警便馬上調頭，朝我們走了過來。

「聽說，你們在這戶人家門口，站了許久？不知道，你們是這戶人家的什麼人？來這裡是要找誰？……」

「不好意思，長官，我們是來找人的！」

「你們要找誰？」

我一開口便直接說出七姐的小名。

「小辣椒！」

「小辣椒……！誰是小辣椒？」

「我們是要找……這間房子的主人！」弟弟一聽到我說出口的是七姐的小名，他即刻幫我更正：「長官，你看，這是我們正在找的人，石頭路105巷28號的鄭家珍小姐。」弟弟邊說，邊將手中紙條遞給了員警。

「你手上的地址，是這裡沒錯！不過，這裡住戶是姓賈，不是姓鄭！我們這裡住戶，應該沒有人叫做鄭家珍的！」

妹妹半信半疑的，對警員說：「警察先生，您會不會是弄錯了！我們好不容易才找到這裡！」

「不會弄錯的，我是這裡的住戶，也是這裡的管區，我跟現在新住戶賈先生很熟！姓鄭的住戶，約在半年前，早就把這裡房子轉賣出去了。」

在員警說明下，我們方知，希望又再次落空了！猛然間，讓我們有種人海茫茫，手足之情難續的感覺！

不肯從此斷了尋親念頭的弟弟，不願相信，就這麼和七姐斷了音訊。他再次跑到北部發電廠，去拜託、懇求臺電的老長官，幫忙協尋七姐的養父，期盼能有新的奇蹟出現。然而，不幸的是，得到的答案幾乎一致：

「這位老員工，退休後早已搬離宿舍，不知去向！」

最終，弟弟只好再次前往戶政單位，希望透過戶政事務所的協助查調，能有新的結果。但是，戶口名簿記載裡，確實，我們和七姐是沒有任何血緣關係的。因為無法提供新事證，又與程序不符，所以難以調出戶籍資料。沒能得知七姐落腳處，讓我們感到相當絕望。不到黃河心不死的弟弟，決心再次向戶政人員提出申訴。他感性地向長官訴說，我們是替母親尋找親生骨肉，才終於獲得協助。有了七姐的戶籍所在地，讓我們喜極而泣！不料，就在我們來到了戶籍地時，應門的人卻告訴我們，她並不認識鄭家珍這個人。因此，我們的希望又再次成為泡影！

若干年後，再次從臺電老員工嘴裡輾轉得知，七姐，早在數十年前，就已轉往美國定居。得知這項消息，無疑是宣布，這則尋人啟事，已胎死腹中，也讓我們徹底死了心。

25. 不平凡的愛

在一次器官切除手術中，不知何故，傷及我的臂神經叢，使得我需要做長期的復健與治療。我從長庚醫院轉診國泰醫院。最後，為求方便，我乾脆在住家附近的中醫診所復健。

那一日，我提前到診所復健。在電療時，一位復健師跑了過來，對我說：「我有一位病人，她剛從南非回來。她覺得，妳的長相好熟悉，似乎是她認識的人！她說，她正在拔罐，無法走動，是不是可以請妳走過去，跟她打個招呼？」

直覺告訴我，我從來不認識南非的朋友，這肯定是詐騙集團。我不假思索的告訴復健師：「不用了，我沒有南非的朋友，也不想認識她！」

過了一會兒，復健師又走了過來：「那位小姐說，她好像是妳的親人！」

「親人？」我竊笑了出來，這年頭連用「親人」這種幌子也可以詐騙。我不由自主地往盡頭深處偷偷瞄過去。遠處，坐在椅子上的那位小姐，並不是我熟識的人！我不自然地，咧嘴苦笑一番，對男復健師說：「你是說，那個坐在椅子上，正在拔罐的人嗎？我真的不認識她！你別道聽塗說，被她給騙了！」

經我這麼一說，復健師一臉糊塗，摸不著頭緒，摸了摸自個的頭，拍了拍屁股走了回去。片刻後，復健老師又走了過來，對我說：「剛才那位小姐，要我問妳：妳小時候，是不是有住過望海巷？」

聽到望海巷這三個字，令我心頭一顫，感到不可思議！現在詐騙集團，可真是厲害極了，為達成目的，真的無所不用其極。連我小時候，住過哪裡也查得一清二楚！看來，我得趕緊離開現場不可。身材微胖的復健師，看我沒有回答，他二度問我：「ㄟ，何小姐，妳在發什麼愣？妳小時候，是不是住過望海巷？人家還在等著我回話呢！」

「是，我是住過望海巷，不過，我是真的不認識她！我不想理會那個人，我想要走了。」

說完之後，我馬上拎起皮包到櫃檯領藥，準備離開診所。這時候，那位女士，突然用跑的跑了過來，她緊緊抓住我的手不放：「別走，我真的是妳的親人！」

我被她這突兀的行為，嚇了一大跳：「笑死人了，妳怎麼可能是我的親人？小姐，妳認錯人了吧？」

「真的，是真的，我有可能是妳的姐姐！」

「不，妳怎麼可能是我姐姐？」我冷笑一下，仔細端詳她一番，我真的，不認識這號人物：「別開玩笑了，妳怎麼可能是我的姐姐！」

此時，我的腦海裡，浮現一至八姐的影像……

「真的，是真的，我沒騙妳，我極有可能是妳的姐姐！」

「妳是我的姐姐？我怎麼會不知道呢？」我狐疑了一下，心想，我這麼快就老人癡呆了嗎？她是我的姐姐，我的腦中怎麼會沒有記憶呢？我再次將每位姐姐的影像，一個個閃過我的腦海。我很肯定：我沒有癡呆症。眼前的她，並不是我熟識的姐姐：「小姐，妳真的認錯人了！」

中年小姐，不肯鬆手，用力拉扯住我的手，不讓我離去。她用急促的聲音大聲地問道：「我問妳，妳小時候是不是住在望海巷？妳是不是住在望海巷？」

「是啊！我是住過望海巷！那又怎樣？」

「妳家……妳家以前，是不是在賣煤炭的？」

說到賣煤炭三個字，讓我一時傻住了。琢磨片刻後，總覺得事情有些蹊蹺，於是，我將說話速度慢了下來：「是，我家是賣煤炭的。妳……妳到底是誰？」

小姐一聽到我說，我家是賣煤炭的，她再也按耐不住，就崩潰的哭了出來……。

她斷續抽噎的哭聲，讓我感到非常害怕和心慌。接著，她拭了拭淚，用哽咽的聲音對我說：「真的，我真的，是……是……是妳的姐姐！嗚……我真的是妳的姐姐！」

我覺得眼前這個人，簡直是莫名其妙，居然半路認親。我好奇地仔仔細細、從頭到腳，打量她一遍，搖搖頭對她說：「不是，我很肯定，妳真的，不是我的姐姐！」

她激動地邊哭邊問我：「我問妳，妳……妳是不是姓何？妳是不是姓何？」

剎那間，我呆住了……。

「說啊，回答我，妳是不是姓何？妳是不是姓何？」

「沒錯，我是姓何！那……妳……妳到底是誰？」

她止不住淚水，用顫抖的聲音，一字一字對我說：「我……我……我是……小……小……辣……辣椒！」

意外、震驚、訝異、驚訝！讓我一時間難以置信，以為是自己耳朵聽錯了！緊張和恐慌讓我心跳加快，全身顫抖，連喉嚨也像被鎖住般。我努力吞下口水問道：「妳……妳……妳在說什麼啊？……」

「我是小……辣椒，鄭……鄭鄭……鄭家……珍。」

一時間，我控制不住情緒、渾身顫慄。停頓半晌後，顫抖的我，一句又一句重複她所說的話：「妳說……妳是，小……小……辣椒？」

我無法相信，嗚咽地……再次地問她：「妳……真的……真的是……妳真的是小辣椒嗎？妳真的是小辣椒……鄭……鄭家珍嗎？」

哽咽的她，再也無法說話回答我的問題，只拼命對我點了點頭……。

天啊！那個讓我們費盡千辛萬苦要尋找的人，竟然無預警地站在我的面前！我驚愕地瞪大眼珠，強忍住激動的情緒問她：「妳……妳……妳怎麼會認得我？妳是怎麼會記得我的？」

「是妳的鼻子，就是標記，跟媽媽長得一模一樣！」聽到這裡，我已經知道：沒有錯，正是她，那個我日以繼夜尋找的人。我再也忍受不住，和七姐抱頭痛哭……。

在眾家姊妹帶領下，七姐正式的回家了。病入膏肓躺在病床上的母親，聽到七姐回家了，她緊閉的雙眼，努力地睜開了。望著七姐，久久無法說出話來。這三十幾年的思念，化為淚水流淌著……。

為了答謝中醫診所促成我和七姐相認，我們姊妹倆，送給診所裡每位員工一條歐式蛋糕。

認親的消息被報紙刊登了出來，讓七姐有些為難。她把自己包得緊緊的，躲在鏡頭外，不敢出來見人。七姐對我們說：「請原諒我吧！我無法公開面對鏡頭！畢竟，我的養父母還在，我不能把這份恩重如山的養育之恩，拋諸腦後！更不能讓他們知道，是我回來找你們的！你們必須隱藏我的真實姓名！」

幾十年了，七姐養父母，含辛茹苦、全心全意、無怨無悔把七姐拉拔大。他們把小辣椒這個沒有血緣的人，視如己出，扶養成人，還送七姐出國讀書，實屬不易。七姐養父母的這份恩情，真的遠勝過親生父母。俗話說：「生的放一邊，養育恩情大過天！」

所以，七姐說，她不能做一個忘恩負義的人，也無法拋棄最愛她的人。她的難處，我們姐妹都懂。看到七姐這麼念舊情，讓我著實很感動。

和七姐在診所重逢後，我才知道，原來，她也曾到望海巷找過我們。七姐說：「到美國前，我對生母是否把我賣掉，存有疑惑！出國的前夕，我曾到你們住家附近的公車站徘徊。路人看到我，不斷地來來回回，走過來又走過去，便好心問我：『妳是不是要找人？』我卻假裝是要來買煤炭的。我向遇到的漁民住戶，打探你們到底是住在哪一間？當時，那住戶指著你們家紅色的門給我看。我遠遠望著你們的住家，卻有說不出來的複雜心情！忐忑不安的情緒，使我沒有勇氣按下電鈴！我都已經走到自家門口，卻又躊躇不前。那時候，我真的很希望，會有人走出屋外，發現是我回來了。我在半山腰的斜坡上，苦等了約半個時辰，卻連半個人影都沒碰到！沒想到這一去美國，就是十年整。從美國移民南非前，不自覺地，我又來到你們海邊的老家。我向路人打聽你們的消息。但是，住戶告訴我，你們全都搬走了。我很懊悔，當初，為何沒有勇氣按下門鈴？看著佈滿樹藤，空無一人的屋子，我茫然地站在樹下，淚水忍不住就落下來了……。當時，我不由得問蒼天：阿母，你們去哪裡了？阿母，你們到底搬到哪裡去了？」

唉！……聽著七姐訴說內心深處的痛，我才知道，是我們誤會七姐了。

原先，我還以為七姐肯定恨透了媽媽。後來才知道，原來這麼多年來，七姐的心，還是掛念著我們。竟然是我們錯怪了七姐！沒想到這麼多年來，我們彼此深深惦記著、關切著對方。

奄奄一息的母親，和七姐相認後，病況突然間好轉了。她對我們說：「我肚子好餓，我好想吃地瓜稀飯配豆腐乳！」

孝順的弟媳阿蘭火速趕回家，煮了一鍋稀飯送到醫院。媽媽囫圇吞棗竟連喝了兩碗！吃完稀飯後，母親精神變得超好，她把我們幾個叫到跟前：「我的病，突然間完全好了！不過我還是有話，想要跟你們大家講。」媽媽臉色嚴肅對我們說：「人有生、老、病、死。這是大自然的定律！有生就有死，死是必然的終點！要怎麼個死法，一切都是老天安排好的。妳們這幾個姊妹當中，就屬妳小妹對公婆最為孝順。我記得，你們妹妹結婚時，便馬上幫她公婆，預備了一間孝親房！妳妹妹的婆婆生病時，咱們家小妹，還特別趕到南部把婆婆接到北部來看醫生。她每天上班時，就把婆婆帶在身邊，順便看醫生針灸。我記得，她婆婆在北部住了一段時間後，就說自己的病好像完全好了，想趕緊回鄉下，照顧她家的果樹。沒料到，才回到老家，她婆婆便對他公公說，『我好渴，真想喝一瓶蘆筍汁！』當時，正值中午，烈日當空、驕陽似火。妳妹妹的公公，也算是個大好人，一聽到自己老婆說，要喝蘆筍汁，二話不說，立刻騎著機車，找遍整個小鎮，只想買一罐去冰的飲料，給身體虛弱的老婆喝！哪知，太陽這麼的毒辣，那小鎮裡，根本就沒有商店在賣不冰的飲料。於是，妳小妹的公公，便買了一瓶冰涼涼的果汁，交給自己老婆。天氣實在太熱了，他公公把飲料交給老婆後，就趕緊到門外大樹下，邊躲太陽邊抽根菸。這香菸抽到一半，妳小妹的公公，就聽到屋內『碰！』的一聲，椅子倒了下去！妳妹妹的婆婆，就去西方極樂世界了。知道消息後，妳妹妹很自責，認為是自己沒盡到孝道，沒照顧好自己婆婆，才會發生這種事。婆婆過世後，妳妹妹便把公公接到北部來，想好好孝敬他！但是，她公公才住沒幾日，便說，自己痛風犯了，無法爬樓梯，想回鄉下住。妳妹婿也很孝順，用背的把她的公公背上五樓！妳妹妹為了讓公公可以住得舒適，便拿出積蓄，帶著公公四處去找房子。終於買了一戶公公滿意又有電梯的房子。妳妹妹，把公公視為自己的父親；還教育子女，要把家裡最好的，全都留給爺爺。只要她公公說，哪裡不舒服，妳妹妹便馬上

請假，帶著他看醫生；還背著妹婿，拿出私房錢，給公公花用！你家小妹，把復健器材，全都買齊了，只希望能減輕她公公的病痛！孰知，這公公痛風才稍有好轉，便著急趕回南部！原來是，她公公在南部遇到初戀情人！妳妹妹的公公對他們說，想住在南部，和初戀情人完成以前未完成的夢想！妳們家妹婿知悉後，認為自己爸爸都有些歲數，何須再婚呢？但是，妳妹妹對此事的看法可就不同了。她認為這是一件好事，因為失去配偶的人，是非常孤獨和寂寞的。妳妹妹告訴妳妹夫，畢竟，能在垂暮之年，找到靈魂伴侶的，還真是不多。她奉勸妳妹婿應該給予空間和祝福！就在他們歡天喜地，幫公公籌備婚禮時，她的公公卻微笑地躺在躺椅上，一覺不醒了。親友們都說，是她的婆婆來接走她公公的！妳小妹，難過的哭個不停。但是，我卻告訴她：『妳別哭了，應該感到高興才對！妳公公是含笑離開的。』從佛教角度上來說，妳小妹的公婆，都是有修行的人，才會離開得這麼灑脫！再從另外一個角度上看，妳妹妹是個挺孝順的人，她真心誠意把公婆當成自己爹娘孝順，才有這麼好的福報！總而言之，妳小妹不管是對公公、婆婆、我、還是妳們這幾個姐姐，只要我們當中有人生病了，她總是一肩扛起。陪我們到醫院看醫生，幫我們找熟識的醫生，打理醫療的一切。所以，我認為，這是因果關係，好人必有好報！妳們大家，都要學小妹，善待妳們自己的公婆，將來才會有好的報應！」

話說完，媽媽又轉頭，拉起弟媳的手說：「阿蘭，我知道妳很孝順，這十幾年來，辛苦妳了！我們這個家，錢不多、地不多，就是小姑多。每個人，只要對妳說一句不好聽、不公平的話，就會把妳給淹死！謝謝妳願意來我家，當我的好媳婦！我生病這麼多年，讓妳和阿弟辛苦了！阿母在這裡，要跟妳說聲：謝謝妳！」

「媽媽，這是我應該做的，請不要這麼說。」弟媳不好意思地拉著媽媽的手。

母親又轉向我們大家：「我今天，覺得心情特別好，感覺我的病就快完全好了。趁現在，我還有一口氣，得一次把話說完。免得將來，癡呆症又犯了，我又會忘東忘西！倘若有一天，我要是走了。這表示，老天給我的課業完成了。妳們千萬不要難過，因為，我會化成雲朵，時時在天上，看著妳們，庇佑妳們！」

黃昏時，醫院緊急來電，母親血壓急速降低、心跳變緩慢……媽媽，丟下我們，真的無聲無息的走了……。

我和妹妹又來到老屋前，看著天上的雲朵，好似母親就站在那裡，微笑揮手對著我們說：「大妹，土碳，阿弟，小妹，我們在這裡過得很好……。你們要好好照顧自己……。」

回顧嚴母的一生，盡是「愛」與「付出」。

感謝 爸爸媽媽給了我生命，讓我明白做人的道理。

感謝 三姐為家犧牲奉獻！

感謝眾家姐姐，為我們這群弟弟和妹妹的付出和犧牲！

感謝命運激勵我的鬥志，帶給我無限力量！讓我學會「愛」與「感恩」！

感謝所有愛我的人，這一路上有妳們的鼓勵與陪伴真好！

生命要經過歷練，才能綻放出成功的花朵！

國家圖書館出版品預行編目資料

淬鍊的土碳2 生命之樹/ 土碳 著
--初版-- 臺北市：博客思出版事業網：2021.05
ISBN：978-957-9267-90-8（平裝）

1.土碳 2.回憶錄
783.3886 110001617

心靈勵志 52

淬鍊的土碳2 生命之樹

作　　者：土碳
編　　輯：塗宇樵
美　　編：塗宇樵
封面繪圖：朱恩德
插　　畫：楊紫均
出 版 者：博客思出版事業網
發　　行：博客思出版事業網
地　　址：臺北市中正區重慶南路1段121號8樓之14
電　　話：(02)2331-1675或(02)2331-1691
傳　　真：(02)2382-6225
E—MAIL：books5w@gmail.com或books5w@yahoo.com.tw
網路書店：http://bookstv.com.tw/
https://www.pcstore.com.tw/yesbooks/
https://shopee.tw/books5w
博客來網路書店、博客思網路書店
三民書局、金石堂書店
總 經 銷：聯合發行股份有限公司
電　　話：(02) 2917-8022　傳 真：(02) 2915-7212
劃撥戶名：蘭臺出版社　帳號：18995335
香港代理：香港聯合零售有限公司
電　　話：(852)2150-2100　傳真：(852)2356-0735
出版日期：2021年5月 初版
定　　價：新臺幣280元整（平裝）
ISBN：978-957-9267-90-8